新・会社法実務問題シリーズ 6
CORPORATE LAW

監査役・
監査委員会・
監査等委員会

森・濱田松本法律事務所——編
弁護士 奥田洋一／石井絵梨子／河島勇太——著

中央経済社

序

　当事務所では,平成8年より,「会社法実務問題シリーズ」として,株式会社に関する法制を解説した著書を,全10巻の構成にて編集し,当事務所に所属して会社法を専門とする弁護士が執筆してまいりました。

　会社法（平成17年法律第86号）の平成18年5月施行にあたっては,抜本的に書き改め,「新・会社法実務問題シリーズ」として,刊行いたしました。

　その後,平成26年6月20日に,会社法の一部を改正する法律（平成26年法律第90号）が成立し,同月27日に公布されました。これに関する法務省令の整備を経て,平成27年5月1日に施行されることになります。

　このたびの会社法改正は,コーポレート・ガバナンスや親子会社に関する部分を中心に,多方面にわたっており,会社法の実務に大きな影響を与えるものと思われます。

　また,会社法施行から,約9年が経過しました。この間,会社法に関する新しい実務が形成されるのと併せて,多くの裁判例が蓄積されました。

　さらには,コーポレート・ガバナンス,資金調達,M&Aなどの分野では,金融商品取引法や金融商品取引所のルールなどの改正が繰り返され,会社法の活用もこれらを考慮しつつ行われる場面が多くなりました。

　このような状況を踏まえて,当事務所では,「新・会社法実務問題シリーズ」を改訂し,順次刊行することといたしました。改訂に際しては,会社訴訟・非訟事件が,重要性を増していることに鑑み,従前,第10巻として刊行していた「内部統制」は,他の巻に盛り込み,これに代えて,「会社訴訟・非訟・仮処分」を独立して新たに設けることとしました。

　これまで同様,会社法実務の座右の書として,ご活用いただければ幸いです。

平成27年3月

森・濱田松本法律事務所

はしがき

　本書は，平成18年5月1日施行の「会社法」，平成27年5月1日施行の「会社法の一部を改正する法律」を踏まえ，監査役に加え，「指名委員会等設置会社」の監査委員会および「監査等委員会設置会社」の監査等委員会について解説するものである。

　本書の執筆にあたっては，単に会社法等の関連法規について解説するにとどまらず，監査役・監査委員会・監査等委員会に実際に携わる方々を念頭に置き，できる限り実務に役立つ解説とすることを心掛けた。その主な特徴は次のとおりである。

① 実務上発生が予想される事項に対する解説を可能な限り盛り込んだ。
② 判例・実務をベースに解説し，これに反する学説等については，実務に必要と思われる範囲でのみ言及することとした。
③ 関連する判例については，直近のものを含め，可能な限り盛り込んだ。
④ 実務上作成が必要とされる書式の具体例を随所に盛り込んだ。

　近時，改めてコーポレート・ガバナンスに注目が集まる中，監査役・監査委員会・監査等委員会が果たさなければならない役割もますます大きなものとなっている。本書が，実際にこれらに携わる方々にとって少しでも参考になれば幸いである。

平成27年12月

弁護士　奥　田　洋　一
同　　　石　井　絵梨子
同　　　河　島　勇　太

目　次

第1章　監 査 役

1　監査役制度の概要 —— 2

1　監査役制度の意義 …… 2

1　監 査 役 —— 2
2　監査役会 —— 3

2　監査役制度の変遷 …… 3

1　明治32年旧商法 —— 3
2　昭和25年旧商法改正 —— 4
3　昭和49年旧商法改正 —— 4
4　昭和56年旧商法改正 —— 5
5　平成5年旧商法改正 —— 5
6　平成11年旧商法改正 —— 5
7　平成13年旧商法改正 —— 5
8　平成14年旧商法改正 —— 6
9　平成18年会社法の施行 —— 6
10　平成26年会社法改正 —— 7

3　会社の機関設計ごとの監査制度の仕組み …………………7
　　　　1　機関設計のバリエーション——7
　　　　2　監査役を設置しない場合（監査の範囲を会計に関する事項に限定する場合を含む）——10

2　監査役の資格および選任・終任 ————————11

　　　1　監査役の資格 ………………………………………………11
　　　　1　会社法の規定——11
　　　　2　法定の欠格事由——11
　　　　　(1)　法　　人・12
　　　　　(2)　成年被後見人もしくは被保佐人または外国の法令上これらと同様に取り扱われている者・12
　　　　　(3)　会社法・一般社団法人及び一般財団法人に関する法律の規定に違反し，または金融商品取引法，民事再生法，外国倒産処理手続の承認援助に関する法律，会社更生法もしくは破産法上の特定の規定の罪を犯し，刑に処せられ，その執行を終わり，またはその執行を受けることがなくなった日から2年を経過しない者・13
　　　　　(4)　上記(3)に記載の法律の規定以外の法令の規定に違反し，禁錮以上の刑に処せられ，その執行を終わるまで，またはその執行を受けることがなくなるまでの者，ただし，執行猶予中の者を除く・15
　　　　3　定款による資格制限——15
　　　　　(1)　定款により監査役の資格を株主に限定することの可否・15
　　　　　(2)　定款によるその他の資格制限の可否・15
　　　　4　兼任禁止——16

(1)　会社法上の兼任禁止・16
　　　(2)　常勤監査役の兼任・24
　　　(3)　独占禁止法上の兼任禁止・24
② 監査役の選任 ………………………………………… 25
　1　選任機関――25
　2　選任方法――26
　　　(1)　選任議案の提出・26
　　　(2)　株主総会における決議・31
　　　(3)　選任に関する監査役の同意権・31
　　　(4)　選任議題・議案の提案権・33
　　　(5)　株主総会における意見陳述権・33
　3　就任の効力の発生――34
　4　就任登記――35
　5　職務執行停止の仮処分・職務代行者選任の仮処分――36
　6　監査役の任期――36
　　　(1)　通常の場合・36
　　　(2)　補欠として選任された監査役の任期・37
　　　(3)　補欠監査役の任期・38
　　　(4)　決算期変更の場合の監査役の任期・38
　　　(5)　定款変更による任期の満了・39
　　　(6)　清算株式会社における特則・40
③ 員数および種類 ………………………………………… 40
　1　監査役の員数――40
　2　常勤監査役――41
　　　(1)　常勤監査役の意義・41
　　　(2)　選　任　等・41

　　　　(3) 非常勤監査役との権限・責任の相違・*43*

　　3　社外監査役————*44*

　　　　(1) 社外監査役の意義・*44*

　　　　(2) 社外監査役の要件・*45*

　　　　(3) 選　　任・*47*

　　　　(4) 社外監査役以外の監査役との権限・責任の相違・*47*

　　4　補欠監査役————*48*

　　　　(1) 補欠監査役制度・*48*

　　　　(2) 補欠監査役の選任方法・*48*

　　　　(3) 監査役への就任・*49*

　　　　(4) 任　　期・*49*

　　5　一時監査役————*50*

4　監査役の終任 ……………………………………………… *50*

　　1　終任事由————*50*

　　　　(1) 任期満了・*50*

　　　　(2) 会社法所定の欠格事由の発生・*50*

　　　　(3) 定款所定の資格の喪失・*50*

　　　　(4) 辞　　任・*51*

　　　　(5) 株主総会の決議による解任・*52*

　　　　(6) 解任の訴え・*55*

　　　　(7) 委任の終了事由・*59*

　　　　(8) その他・*59*

　　2　退任登記————*60*

　　3　欠員の場合の処置————*60*

　　　　(1) 退任監査役の権利義務・*60*

　　　　(2) 一時監査役の選任・*61*

　　　　(3) 常勤監査役の欠員・*64*

　　　　(4)　社外監査役の欠員・65
　　4　欠員の場合の監査の効力———66
　　　　(1)　会社法または定款で定められた監査役の員数を欠いた場合・66
　　　　(2)　常勤監査役を欠いた場合・67
　　　　(3)　社外監査役を欠いた場合・67

3　監査役の報酬等 ———————————————————— 68

1　監査役の報酬 ………………………………………… 68
　　1　定款または株主総会の決議による決定———68
　　2　配分の決定———71

2　監査役の賞与 ………………………………………… 73
　　1　監査役の賞与の位置付け———73
　　2　総会決議および配分決定の方法等———73

3　監査役の退職慰労金 ………………………………… 75
　　1　監査役の退職慰労金の位置付け———75
　　2　総会決議および具体的金額の決定等———75
　　3　弔慰金・常勤監査役退任慰労金等———79

4　監査役の報酬等に関する意見陳述権 ……………… 79

5　監査役報酬等の開示 ………………………………… 80

4　監査役会 ———————————————————————— 81

1　監査役会制度の趣旨 ………………………………… 82

2　監査役会の権限 ……………………………………… 82

1　監査役と監査役会との関係——*82*
　　　2　監査役会の権限——*82*
　　　　(1)　基本的権限・*83*
　　　　(2)　関連する権限・*84*

　3　監査役会の運営 …………………………………… *85*
　　　1　招　集——*85*
　　　2　開催の回数——*86*
　　　3　議　長——*86*
　　　4　決議方法——*87*
　　　5　議事録——*88*
　　　6　決議の瑕疵——*93*
　　　　(1)　瑕疵の原因・*93*
　　　　(2)　瑕疵の主張方法・*93*
　　　　(3)　監査役会監査報告作成の決議の瑕疵が計算書類確定に及ぼす影響・*93*

　4　監査役会規則 …………………………………… *94*

5　監査役の職務と権限 ——————————— *101*

　1　監査役の職務 …………………………………… *101*
　　　1　監査の対象——*101*
　　　2　会計監査と業務監査——*102*
　　　　(1)　会計監査・*102*
　　　　(2)　業務監査・*102*
　　　　(3)　定款の定めによる監査範囲の限定・*103*
　　　3　監査役の業務監査は妥当性監査に及ぶか——*104*
　　　4　取締役会による監督と監査役監査の関係——*106*

5　会計監査人による監査と監査役監査の関係———*106*

2　監査役の権限 ……………………………………………*108*
　　1　調査権限———*109*
　　　(1)　事業報告請求権および業務財産調査権・*109*
　　　(2)　子会社調査権・*113*
　　　(3)　社内会議への出席権（取締役会出席権，意見陳述権および招集権等）・*117*
　　　(4)　取締役からの報告受領権・*120*
　　　(5)　会計監査人設置会社における会計監査人からの報告受領権・*121*
　　　(6)　会計監査人設置会社における会計監査人に対する報告請求権・*122*
　　2　是正権限———*123*
　　　(1)　取締役の違法行為差止請求権・*123*
　　　(2)　会社と取締役間の訴訟における会社代表権・*131*
　　　(3)　各種訴えの提起権・*140*
　　　(4)　会社に対する取締役の責任の一部免除に関する議案の同意権等・*141*
　　3　報告権限———*143*
　　　(1)　取締役（会）に対する報告権および取締役会招集権・*143*
　　　(2)　株主総会に対する提出議案等の調査結果報告権・*145*
　　　(3)　監査報告の作成・提出・*147*
　　4　その他の権限———*171*
　　　(1)　監査役の選任に関する同意権・株主総会における意見陳述権等・*171*
　　　(2)　監査役の報酬に関する意見陳述権・*172*

　　　　(3) 会計監査人設置会社における会計監査人に関する権限・*173*

　　　　(4) 監査費用の請求権・*177*

6 監査役の義務と責任 ───────────────── *180*

1 監査役の義務 …………………………………………………… *180*

　　1 善管注意義務───*180*
　　2 監査役の権限と義務の関係───*181*
　　3 内部統制システム構築に関する監査役の義務───*182*
　　4 株主総会における説明義務───*183*
　　　　(1) 株主総会出席義務の有無・*183*
　　　　(2) 説明義務者・*184*
　　　　(3) 説明の範囲と限界・*185*
　　　　(4) 説明義務不履行の場合の株主総会の決議の瑕疵・*187*

2 監査役の責任 …………………………………………………… *188*

　　1 監査役の民事責任───*188*
　　　　(1) 会社に対する責任・*189*
　　　　(2) 第三者に対する責任・*204*
　　　　(3) 連帯責任・*209*
　　2 監査役の金融商品取引法による責任───*210*
　　3 監査役の刑事責任───*211*
　　　　(1) 刑　　罰・*212*
　　　　(2) 行 政 罰・*216*

7 監査実務 ─────────────────────── *217*

1 監査役監査基準 ………………………………………………… *217*

2　監査環境の整備 …………………………………………… *218*
　　3　業務監査 ………………………………………………… *221*
　　　　1　業務監査の対象と内容——*221*
　　　　2　企業不祥事発生時の対応——*225*
　　　　3　事業報告等の監査——*226*
　　　　4　会計監査——*227*
　　　　5　監査の方法等——*231*
　　　　　⑴　監査計画および業務の分担・*231*
　　　　　⑵　内部監査部門等との連携・*232*
　　　　　⑶　企業集団における監査の方法・*233*
　　　　　⑷　日常監査の方法・*233*
　　　　　⑸　会計監査人との連携・*235*
　　　　6　会社の支配に関する基本方針等および第三者割当等の監査——*236*
　　　　　⑴　会社の支配に関する基本方針等についての意見・*236*
　　　　　⑵　第三者割当等の監査・*237*
　　　　7　監査の報告——*238*

第2章　監査委員会・監査等委員会

1　監査役制度との異同 — *242*

2　監査委員会（指名委員会等設置会社） — *246*

　　1　指名委員会等設置会社とは ……………………………… *246*
　　2　監査委員会の構成 ………………………………………… *247*
　　　　1　監査委員の員数・資格——*247*

　　　　(1) 監査委員の員数・*247*

　　　　(2) 監査委員の資格・*248*

　　　　(3) 常勤の監査委員の要否・*248*

　　　　(4) 委員長・議長の要否・*249*

　　　　(5) 監査スタッフの要否・*249*

　　2　監査委員の任期―――*250*

　　3　監査委員の選定・解職等―――*251*

　　　　(1) 監査委員の選定・*251*

　　　　(2) 監査委員の解職等・*251*

3　監査委員会・監査委員の職務等 ……………………………………*252*

　　1　監査委員会・監査委員の職務―――*252*

　　　　(1) 監査および監査報告の作成・*252*

　　　　(2) 取締役会への報告義務・*258*

　　　　(3) 株主総会に提出する議案等の調査義務・*259*

　　2　監査委員会・監査委員の権限―――*259*

　　　　(1) 調査権限・*259*

　　　　(2) 是正権限・*260*

　　　　(3) 会計監査人の選任等および報酬等に関する権限・*261*

　　　　(4) 取締役会の招集権限・*263*

　　　　(5) 監査費用の取扱い・*263*

　　3　監査委員の報酬等―――*263*

　　4　監査委員の責任―――*264*

　　　　(1) 監査委員の責任に関する会社法上の規律・*264*

　　　　(2) 責任の全部または一部の免除・*264*

4　監査委員会の運営 ………………………………………………………*265*

　　1　監査委員会の招集―――*265*

　　　　(1)　招集権者・*265*

　　　　(2)　招集の期限および方法・*265*

　　2　監査委員会の決議方法———*266*

　　3　監査委員会の議事録———*266*

5　監査委員会の実務 …………………………………………*268*

　　1　適法性監査と妥当性監査———*268*

　　2　監査手法（内部統制システムとの関係）———*269*

　　3　監査委員会規則———*271*

3　監査等委員会（監査等委員会設置会社）——— *278*

1　監査等委員会設置会社とは ………………………………*278*

2　監査等委員会の構成 ………………………………………*279*

　　1　監査等委員の員数・資格———*279*

　　　　(1)　監査等委員の員数・*279*

　　　　(2)　監査等委員の資格・*280*

　　　　(3)　常勤の監査等委員の要否・*280*

　　　　(4)　委員長・議長の要否・*281*

　　　　(5)　監査スタッフの要否・*281*

　　2　監査等委員の任期———*282*

　　3　監査等委員の選任・解任———*283*

　　　　(1)　監査等委員の選任・*283*

　　　　(2)　監査等委員の解任・*284*

3　監査等委員会・監査等委員の職務等 ……………………*284*

　　1　監査等委員会・監査等委員の職務———*284*

　　　　(1)　監査および監査報告の作成・*284*

　　　　(2)　取締役会への報告義務・*290*

　　　　(3)　株主総会に提出する議案等の調査義務・*291*

　　2　監査等委員会・監査等委員の権限────*291*

　　　　(1)　調査権限・*291*

　　　　(2)　是正権限・*292*

　　　　(3)　選任等についての意見陳述権・*293*

　　　　(4)　報酬等についての意見陳述権・*294*

　　　　(5)　会計監査人の選任等および報酬等に関する権限・*294*

　　　　(6)　取締役会の招集権限・*296*

　　　　(7)　利益相反取引の事前承認権限・*296*

　　　　(8)　監査費用の取扱い・*297*

　　3　監査等委員の報酬等────*297*

　　4　監査等委員の責任────*298*

　　　　(1)　監査等委員の責任に関する会社法上の規律・*298*

　　　　(2)　責任の全部または一部の免除・*298*

4　監査等委員会の運営 ……………………………………*299*

　　1　監査等委員会の招集────*299*

　　　　(1)　招集権者・*299*

　　　　(2)　招集の期限および方法・*299*

　　2　監査等委員会の決議方法────*300*

　　3　監査等委員会の議事録────*300*

5　監査等委員会の実務 ……………………………………*302*

　　1　適法性監査と妥当性監査────*302*

　　2　監査手法（内部統制システムとの関係）────*303*

　　3　監査等委員会規則────*306*

索　引────────────────────────*313*

凡　　例

1　法令名については，以下の略称を用いた。

法	会社法
会規	会社法施行規則
計規	会社計算規則
整備法	会社法の施行に伴う関係法律の整備に関する法律
商登	商業登記法
商登則	商業登記規則
金商	金融商品取引法
金商令	金融商品取引法施行令
勧誘府令	上場株式の議決権の代理行使の勧誘に関する内閣府令
民	民法
民訴	民事訴訟法
民訴費用	民事訴訟費用等に関する法律
民保	民事保全法
更生	会社更生法
東証上場規程	東京証券取引所有価証券上場規程
独禁	独占禁止法
労組	労働組合法

2　判例の表示は下記によった。

　　最判昭52．6．14判時641―53
　　　　最高裁判所昭和52年6月14日判決（判例時報641号53頁掲載）

　なお，通達・登記先例については，適宜略記した。

3　判例集および雑誌名略称

民集	最高裁判所民事判例集
	大審院民事判例集
集民	最高裁判所裁判集民事
高民集	高等裁判所民事判例集

下民集	下級裁判所民事裁判例集
刑集	最高裁判所刑事判例集
判時	判例時報
判タ	判例タイムズ
金判	金融・商事判例
資料版商事	資料版商事法務
労判	労働判例
LLI/DB	LLI統合型法律情報システム・データベース

4 文献略称

文献については,正式な引用形式ではなく,特定可能な範囲で適宜略記した。

第1章

監査役

1

監査役制度の概要

1 監査役制度の意義

1 監査役

　監査役は，株主総会で選任され（法329Ⅰ），株主および会社債権者等のために取締役の職務の執行の監査にあたる，取締役の業務執行とは一線を画した立場に立つ独任制の機関である（法381Ⅰ）。

　会社法の下では多様な機関設計が認められ，監査役を設置しない，監査等委員会設置会社および指名委員会等設置会社（注1）の制度が存在している。また，それ以外にも監査役を設置しない機関設計が許容されている。もっとも，会社の規模，公開会社（注2）か否か，他に設置する機関等により一定の場合には監査役の設置が義務付けられており，結果として現在も多くの会社において監査役が設置されている。

（注1）　監査等委員会設置会社は，監査等委員会を置く株式会社をいう（法2⑪の2）。指名委員会等設置会社は，指名委員会，監査委員会および報酬委員会を置く株式会社をいう（法2⑫）。これらは監査役設置会社とは異なるガバナンス形態であることから，以下，本章において特段の記載がない場合には，監査等委員会設置会社および指名委員会等設置会社以外の会社を前提に述べるものとする。

(注2) 発行する株式（発行済株式以外も含む）のすべてについて定款上譲渡制限が付されている会社が「非公開会社」であり，それ以外の会社が「公開会社」である（法2⑤）。会社法においては，「公開会社」か否かは株式譲渡制限の有無にかかっており，金融商品取引所に上場しているか否かとは無関係である点に留意が必要である。

2　監査役会

監査役会は，独任制の機関である監査役全員で組織される機関である（法390Ⅰ）。監査役が組織的・効率的な監査を行い，よりレベルの高い監査を実現するための機能を果たすことが期待されている。

大会社（注3）である公開会社においては，監査等委員会設置会社および指名委員会等設置会社を除き，監査役会の設置が義務付けられている（法328Ⅰ）。

(注3) 最終事業年度に係る貸借対照表に，資本金として計上した額が5億円以上，または負債の部に計上した額の合計額が200億円以上である会社が「大会社」である（法2⑥）。

その他の類型の会社においても，任意で監査役会を設置することが認められるが，取締役会を設置しない会社においては，監査役会の設置は認められない（法327Ⅰ②）。

2　監査役制度の変遷

監査役制度は，権限その他について，明治32年の旧商法制定以来，幾度にわたり変遷を重ねてきた。その概要は次のとおりである。

1　明治32年旧商法

監査役は，株主の中から株主総会によって選任され，会社の業務および会計を監査する常置の機関として規定された。この制度は，ドイツ法の制度を参考に導入されたものであり，監査役の権限としては，取締役に対する営業報告請

求権，会社の業務および財産状況の調査権が定められ，任期は，当初は1年とされていたが，明治44年の旧商法改正により最長2年に伸長された。また，昭和13年の改正により，取締役とともに，監査役は株主の中から選任される必要はないものとされた。

2 昭和25年旧商法改正

第2次大戦の終了を契機にアメリカ法の制度を広範に取り入れた旧商法の改正が行われ，監査役制度にも大幅な変革が加えられた。監査役はそれまで会社の業務および会計を監査する機関であったが，この改正により，業務監査権限が外され，専ら会計監査権限を有するものとされた。取締役会制度が導入されたことに伴い，業務執行に関する監査権限は，この取締役会が有することとされ，監査役の権限が縮小されたのである。また，監査役の任期も最長2年から1年に短縮された。

3 昭和49年旧商法改正

昭和30年代後半から昭和40年代にかけて，山陽特殊製鋼事件等の粉飾決算事件や倒産事件が相次ぎ，会社の不正，不祥事が明るみに出たことを契機として，監査役制度全般について抜本的な改正が行われた。すなわち，旧商法上，監査役の権限が再び会計監査のみならず業務監査まで拡張され，かつ監査役の任期も再び2年に伸長され，その地位が強化された。

他方，同時に「株式会社の監査等に関する商法の特例に関する法律」（いわゆる「旧商法特例法」(注4)）が制定され，大会社（(当時の規定上)資本金5億円以上の会社）の計算書類およびその附属明細書につき，監査役の監査ほか，会計監査人の監査を受けなければならないものとされ，小会社（(当時の規定上)資本金1億円以下の会社）では従来どおり，監査役の権限を会計の監査に限ることとされた。

(注4) 会社法の施行に伴い廃止された。

4　昭和56年旧商法改正

　昭和50年代に入ってから、いわゆるロッキード事件、KDD事件等、大企業の企業資金の不正使用が問題となる大型事件が相次いで発生したことを契機として、監査役の権限とその独立性が一層強化された。

　また、旧商法特例法も改正され、大会社（資本金5億円以上または負債総額200億円以上の会社）について複数監査役（2人以上）、常勤監査役の制度が設定されるなど、監査役体制の更なる強化が図られた。

5　平成5年旧商法改正

　証券・金融不祥事の発生等を契機として、監査役制度の実効性をさらに高めることを目的として、監査役の任期が2年から3年に伸長された。また、旧商法特例法も改正され、大会社については、監査役は3名以上とされ、最低1人の社外監査役を置くことが義務付けられ、さらに監査役会制度が導入された。

6　平成11年旧商法改正

　平成9年の独占禁止法の改正による持株会社の解禁や平成11年の旧商法改正による株式交換制度および株式移転制度の創設に伴い、親子会社が多数出現し、子会社の経営状況等が親会社の株主の利益に重大な影響をもたらす場合が増加することが予想された。そのため、親会社の監査役の子会社に対する権限を拡充することが妥当であると考えられ、親会社の監査役は、子会社に対し、営業の報告を求めることなく、直ちにその業務および財産の状況を調査することができるとされ、かつ、それに関連する監査役の監査報告書の記載事項が改正された。

7　平成13年旧商法改正

　監査役の独立性の一層の強化を図ることとされ、監査役の任期が3年から現在と同じ4年に伸長され、辞任した監査役に対して、辞任後最初の株主総会に出席して、その旨および理由を述べることができる意見陳述権が認められた。

また，監査役選任議案に対する監査役会の同意権，監査役会の監査役選任議案の提案権も併せて認められた。さらに，大会社については，監査役の半数以上を社外監査役にするものとされ，社外監査役の要件も厳格化された（注5）。

(注5) 社外監査役の要件は，「その就任前5年間会社またはその子会社の取締役または支配人その他の使用人でなかった者」から「その就任前に会社またはその子会社の取締役または支配人その他の使用人になったことがない者」に変更された。

8　平成14年旧商法改正

監査役制度と競合する形で，アメリカ型の「委員会等設置会社」（会社法上の「指名委員会等設置会社」）の制度が創設された（注6）。委員会等設置会社においては，社外取締役が過半数を占める三委員会（指名委員会・監査委員会・報酬委員会）が業務執行に対し強い監督権を有し，かつ，取締役会は執行役に権限を大幅に委任することができるものとされている。この場合，監査委員会が業務執行を監視するため，別途監査役は設置しないものとされた。

(注6) 平成14年改正旧商法においては，旧商法特例法上の大会社・みなし大会社が定款で定めることにより「委員会等設置会社」の形態を選択できるものとされていたが，会社法の下では，(i)取締役会設置会社（法327Ⅰ③）かつ(ii)会計監査人設置会社（法327Ⅴ）は，定款の定めにより指名委員会等設置会社を採用することができるものとされている（法326Ⅱ）。

9　平成18年会社法の施行

平成18年5月1日に会社法が施行され，株式会社における機関設計の自由化が図られた。これにより，監査役を設置しない機関設計も可能となった。また，会計参与の制度が導入された。

監査役に関する諸規定は大半が引き継がれたが，一部さらにその地位の独立性の強化が図られた。例えば，旧商法時代は，小会社（資本金1億円以下かつ資産総額200億円未満の会社）の監査役は会計監査だけを行うものとされていたが，企業規模を問わず，監査役は原則として会計監査と業務監査の双方を行う

ものと整理された（法381）。

10　平成26年会社法改正

新たな機関設計として，監査役を設置しない「監査等委員会設置会社」が創設された。

また，社外監査役の要件を厳格化し，株式会社の親会社等の関係者および兄弟会社の業務執行者や，株式会社の一定の業務執行者等の近親者は，社外監査役となることができないこととされた。他方，監査役への就任前における株式会社またはその子会社との関係に係る要件の対象となる期間を，原則として10年間に限定することとされた。

③　会社の機関設計ごとの監査制度の仕組み

1　機関設計のバリエーション

上記のとおり，平成26年会社法改正後の会社法においては，「株式会社は，定款の定めによって，取締役会，会計参与，監査役，監査役会，会計監査人，監査等委員会又は指名委員会等を置くことができる」（法326Ⅱ）とされ，自由な機関設計が可能となっており，監査役の設置は原則として義務付けられていない。

もっとも，会社の規模，公開会社か否か，他に設置する機関等により，会社が採用しうる機関設計には一定の制約が存在するところ，選択可能な機関設計は以下のとおりである。

8　第1章　監査役

	取締役	取締役会	監査役	監査役会	会計監査人	会計参与	三委員会	監査等委員会
非公開会社（大会社を除く）								
1	○	―	―	―	―	(―) 任意の設置が可能	―	―
2	○	―	○*	―	―	(―)	―	―
3	○	―	○	―	○	(―)	―	―
4	○	○	―	―	―	○	―	―
5	○	○	○*	―	―	(―)	―	―
6	○	○	○	○	―	―	―	―
7	○	○	○	―	○	―	―	―
8	○	○	○	○	―	(―)	―	―
9	○	○	―	―	○	―	○	―
10	○	○	―	―	○	(―)	―	○
非公開会社である大会社								
11	○	―	○	―	○	(―)	―	―
12	○	○	○	―	○	(―)	―	―
13	○	○	○	○	○	(―)	―	―
14	○	○	―	―	○	(―)	○	―
15	○	○	―	―	○	(―)	―	○
公開会社（大会社を除く）								
16	○	○	○	―	―	(―)	―	―
17	○	○	○	○	―	(―)	―	―
18	○	○	○	―	○	(―)	―	―
19	○	○	○	○	○	(―)	―	―
20	○	○	―	―	○	(―)	○	―
21	○	○	―	―	○	(―)	―	○
公開会社である大会社								
22	○	○	○	○	○	(―)	―	―
23	○	○	―	―	○	(―)	○	―
24	○	○	―	―	○	(―)	―	○

上記のとおり，一定の場合，監査役・監査役会を設置しない機関設計も可能である。また，監査役会設置会社（注7）および会計監査人設置会社（注8）を除く非公開会社（上記図表の2と5の＊）については，定款により監査役の監査の範囲を会計に関する事項に限定することが可能とされている（法389Ⅰ）。なお，会社法の定義上，業務監査権を有する監査役を置く会社のみが「監査役設置会社」に含まれる点に留意が必要である（法2⑨）。

(注7) 監査役会を置く株式会社または会社法の規定により監査役会を置かなければならない株式会社をいう（法2⑩）。

(注8) 会計監査人を置く株式会社または会社法の規定により会計監査人を置かなければならない株式会社をいう（法2⑪）。

 取締役会設置会社については，指名委員会等設置会社および監査等委員会設置会社を除き，監査役を置かなければならない（法327Ⅱ）。取締役会設置会社においては，所有と経営が分離するため，株主に代わって取締役の業務執行を監視すべき者が必要と考えられるためである。

 また，会計監査人設置会社については，指名委員会等設置会社および監査等委員会設置会社を除き，監査役を置かなければならない（法327Ⅲ）。この点，公開会社である大会社には会計監査人の設置が義務付けられているため（328Ⅰ・Ⅱ），指名委員会等設置会社および監査等委員会設置会社以外の大会社においては，監査役の設置が義務付けられることになる。会計監査人設置会社に監査役の設置が義務付けられるのは，会計監査人による会計監査の制度を有効に機能させるためには，監査対象である取締役からの会計監査人の独立性の確保が重要であり，そのためには，監査役による業務監査が不可欠と考えられるためとされている。

 そして，公開会社である大会社において監査役を設置する場合は，監査役会を設置することが義務付けられる（法328Ⅰ）。

 機関設計については，会社法上設置が要求される機関を含め定款に記載することが求められる（法326Ⅱ）。

 また，機関設計については登記が求められる。具体的には，監査役設置会社

を選択した場合においては，その旨の，監査役会設置会社を選択した場合においては，その旨の登記がそれぞれ必要である（法911Ⅲ⑰⑱）。また，平成26年会社法改正により，監査役設置会社において監査役の監査の範囲を会計に関するものに限定する旨の定款の定めがある場合には，その旨の登記をすべきことが追加規定された（法911Ⅲ⑰イ）。

2 監査役を設置しない場合（監査の範囲を会計に関する事項に限定する場合を含む）

指名委員会等設置会社および監査等委員会設置会社を除き，監査役を設置しない会社（監査の範囲を会計に関する事項に限定する場合を含む）においては，監査役が果たす機能を株主に委ねるべく，株主の監査権限が強化される。具体的には，①取締役は，会社に著しい損害を及ぼす可能性のある事実があることを発見したときは，直ちに当該事実を各株主に報告しなければならない（法357Ⅰ），②各株主は，会社に「著しい損害」が生じるおそれのある取締役の行為を差し止めることができる（法360Ⅰ），③各株主は，取締役が法令・定款違反の行為等をするおそれがあると認めるときは，取締役会の招集を請求することができる（法367Ⅰ），④各株主は，裁判所の許可なしに取締役会議事録の閲覧を請求できる（法371Ⅱ），⑤取締役・取締役会の決定による役員等の責任の一部免除ができない（法426Ⅰ）。

なお，指名委員会等設置会社および監査等委員会設置会社については，それぞれの特徴，監査役設置会社との異同を含め，第2章で述べる。

2

監査役の資格および選任・終任

1 監査役の資格

1 会社法の規定

監査役の資格については，会社法上何らの積極的資格も要求されていない。しかし，一定の兼任禁止の定め（法335Ⅱ等）があり，さらに，取締役と同様に一定の欠格事由が定められている（法335Ⅰ・331Ⅰ）。また，公開会社においては，取締役と同様に，定款をもってしても監査役が株主たることを要する旨を定めることはできないとされている（法335Ⅰ・331Ⅱ）。

2 法定の欠格事由

監査役の欠格事由については，取締役についての規定が準用されている（法335Ⅰによる331Ⅰの準用）。

欠格事由に該当する者を監査役に選任する株主総会の決議は，決議の内容が法令違反であるから無効事由となる（法830Ⅱ）。したがって，選任された監査役は監査役でないことになり，その者の行った監査は無効である。このことによって会社に損害が生ずることもありうるが，その場合には欠格事由があることを秘して監査役に就任した者は賠償責任を負うことはもちろん，その者を監査役候補者に推薦した取締役等も，推薦するにあたって欠格事由のあることを

知りまたは知りうべきであったときは，やはり賠償責任を負うことがありうる。

なお，監査役に選任され就任している者が欠格事由に該当することとなったときは，資格を喪失し当然に退任することとなる。したがって，その結果，監査役が法律または定款に定める員数を欠くに至った場合には，早急に株主総会を開催して後任監査役を選任するか，裁判所に一時監査役の選任を申し立てなければならない（法346Ⅱ）。

では，どのような場合が法定の欠格事由に該当するかを以下に具体的に述べる。

なお，会社法は，旧商法においては欠格事由とされていた「破産の決定を受け復権しない者」を欠格事由から除外している。債務者に再度の経済的再生の機会をできるだけ早期に与えることが国民経済上有益であるとの観点からの改正である。したがって，このような立場の者を監査役に選任することの当否については，当該会社における株主総会の判断に委ねられることになる。ただし，会社と監査役との関係は委任に関する規定に従うこととされており（法330），破産手続開始の決定は民法上の委任の終了事由に該当するので（民653Ⅱ），在任中の監査役が破産手続開始の決定を受けた場合には，委任は終了しその地位を失うことには留意が必要である。したがって，この者を継続的に監査役に就任させたい場合には，あらためて株主総会で監査役として選任することが必要となる。

(1) 法　人

監査役については，自然人であることが予定されている（法335Ⅰ・331Ⅰ①）。

旧商法においては，明文の規定がなかったため，自然人に限られるのか，あるいは法人もなりうるのかについて見解が分かれていたが，会社法により明定された。

(2) 成年被後見人もしくは被保佐人または外国の法令上これらと同様に取り扱われている者

成年被後見人とは精神上の障害により事理を弁識する能力を欠く常況にあるもので，本人，配偶者，四親等内の親族，未成年後見人などからの請求に基づ

き家庭裁判所において後見開始の審判を受けた者である（民7・8）。

被保佐人とは精神上の障害により事理を弁識する能力が著しく不十分である者で、後見開始の審判と同様の手続で保佐開始の審判を受けた者である（民11・12）。

これらの者は民法上行為能力を制限されており、会社財産を管理する能力を欠き、賠償能力もないため、監査役の地位の重要性に鑑み、監査役不適格とされたのである（法335Ⅰ・331Ⅰ②）。

外国の法令上これらと同様に取り扱われている者についても同様の扱いとされる。

なお、後見開始の審判、保佐開始の審判を受けていない精神上の障害により事理を弁識する能力を欠く常況にある者、これが著しく不十分である者については、欠格事由に該当せず、解任の正当事由になるにとどまる。

また、未成年者も欠格事由には該当しない。ただし、その就任には法定代理人の許可が必要である（民823Ⅰ）。

(3) **会社法・一般社団法人及び一般財団法人に関する法律の規定に違反し、または金融商品取引法、民事再生法、外国倒産処理手続の承認援助に関する法律、会社更生法もしくは破産法上の特定の規定の罪を犯し、刑に処せられ、その執行を終わり、またはその執行を受けることがなくなった日から2年を経過しない者**

旧商法においては、いわゆる商法犯を行った者だけを、会社法秩序を破った者として欠格者としていたが、会社法では、金融商品取引法違反、各種倒産法違反の罪も追加された。金融商品取引法はわが国の証券取引の基本法であり、株式会社のうち金融商品取引所に上場されている会社に関する秩序と密接不可分である。また、倒産法制は株式会社の清算処理手続を規律する法制である以上、会社法秩序と密接不可分の関係にあるといえる。そこで、会社法は、これらに定める罪についても、会社法犯と同義に取り扱うこととしたのである。

もっとも、金融商品取引法に定める罪には、業態変更の認可に関する罪（金商31Ⅳ・198①）のような基本的に法人（証券会社等）であることが想定されている罪も存在する。また各種倒産法制に定める罪についても、破産管財人等の

特別背任罪（破産267）など，会社法秩序との関連性が薄い罪が存在する。そこで，これらの罪については対象から除外することとし，結局対象とする罪は次のとおりとされている（法335Ⅰ・331Ⅰ③）。

金融商品取引法　197条，197条の2第1号〜10号の3・13号〜15号，198条8号，199条，200条1号〜12の2号・20号・21号，203条3項，205条1号〜6号・19号・20号
民事再生法　255条，256条，258条〜260条，262条
外国倒産処理手続の承認援助に関する法律　65条，66条，68条，69条
会社更生法　266条，267条，269条〜271条，273条
破産法　265条，266条，268条〜272条，274条

　これらの罪により刑に処せられ，その執行を終わり，またはその執行を受けることがなくなった日から2年を経過しない者が欠格者ということになるが，ここにいう「刑に処せられ」には，罰金，拘留，科料に処せられた者を含むが，過料に処せられた者は含まない。刑の執行猶予中の者はこれに含む。ただし，執行猶予の判決を受けた者が，これを取り消されることなく，猶予期間を満了したときは，刑の言渡し自体が効力を失うので（刑27），2年の経過を待つことなくその時点で欠格者に該当しないことになる。

　なお，刑に「処せられ」とは，刑が言い渡され判決が確定したことをいうので，刑の言渡しはあったもののそれに対し控訴等がなされた場合は，その時点においては欠格事由に該当しないことになる。刑の「執行を終わり」とは懲役，禁錮，拘留などでは刑の執行を受け刑期を終了したことをいい，罰金，科料では当該金額を納付したことを指す。刑の「執行を受けることがなくなる」とは，刑の時効（刑31），外国において刑の執行をしていた場合（刑5）などの理由による刑の執行免除などを指す。

(4) 上記(3)に記載の法律の規定以外の法令の規定に違反し，禁錮以上の刑に処せられ，その執行を終わるまで，またはその執行を受けることがなくなるまでの者，ただし，執行猶予中の者を除く

　上記(3)に記載の法律以外の罪を犯した者についての欠格事由である（法335Ⅰ・331Ⅰ④）。刑の種類が禁錮以上に限定されており，罰金，拘留，科料に処せられた者や刑の執行猶予中の者は欠格者とされていない。

3　定款による資格制限

(1)　定款により監査役の資格を株主に限定することの可否

　株式会社は定款の規定をもってしても，監査役の資格を株主に限定することはできない。ただし，非公開会社においては，この限りでない（法335Ⅰ・331Ⅱ）。これは，公開会社においては，企業の所有と経営の分離を徹底させ，企業の経営を専門的知識を有する者に委ねようとしたものである。もっとも，公開会社においても，事実上株主の中から監査役を選任することは差し支えない。

(2)　定款によるその他の資格制限の可否

　会社法は，監査役の資格を株主に限定することを禁止する以外は，定款による監査役の資格制限について何らの禁止条項も置いていない。したがって定款で監査役の資格制限をすることは，公序良俗に反する定めや，当該定款の定めの結果，監査役を選出することができなくなるような定めなど，不合理なものでない限り，原則として許されると解される。

　具体的に，各種の資格制限の可否を検討すると，次のとおりである。ただし，これはあくまで一般論であり，その制限が特定の監査役候補を排除するための狙い撃ちの手段等であってはならないことは当然である。

①　国籍による制限

　有効と解される。通説もそのように解しており，判例も有効としたものがある（名古屋地判昭46.4.30判時629―28）。

　現在の国際経済社会も各国の国民経済を単位としてそれを前提として営まれているのであるから，企業が外国人の自社への関与について一定の制約を課す

ことも，企業の自主的な判断に委ねてよいと考えられるからである。

ただし，この点に関しては，すでに会社に外国人株主が存在する場合には，当該外国人株主の同意を要するなどの見解もある。

② **居住場所による制限**

例えば，「本店所在地（都道府県）に居住する者に限る。」と定款で規定することについても，有効と解するのが通説である。取締役会はさほど頻繁に開かれるものではないので，このような居住場所の限定をする必要は一般的には少ないともいえるが，この定めを公序良俗に反するとまでいう必要はないからである。

③ **年齢による制限（定年制）**

会社の従業員における定年制と同様に考えてよい問題である。会社の規模，経営内容，監査役の新陳代謝を図ることの必要性等を考慮し，それなりの合理性が認められる限り，原則として有効と解してよいと考えられる。

④ **一定期間以上従業員であった者に限るとする制限**

監査役に広く適材を求める会社法335条1項，331条2項の趣旨から，公開会社においては無効と解する見解が有力である。

ただし，同条が「株主」に限ることのみを禁止していることを重視し，有効とする見解もあり得る。

⑤ **その他の制限**

思想信条による制限，一定の公的資格または社内資格による制限など様々なものが考えられるが，上記のとおり，不合理な制限にあたらないか否かを，制限内容ごとに個別に判断することになる。

4 兼任禁止

(1) 会社法上の兼任禁止

監査役はその会社もしくはその子会社の，取締役もしくは支配人その他の使用人または当該子会社の会計参与（会計参与が法人であるときは，その職務を行うべき社員）もしくは執行役を兼ねることができない（法335Ⅱ）。また，監

査役はその会社またはその親会社の会計参与を兼ねることもできない（法333Ⅲ①）。

監査役は取締役などの職務執行の監視機関であり、その取締役からの独立性を確保することが重要だからである。

もっとも、当該規定は監査役の欠格事由を定めたものではない。したがって、兼任禁止に違反したとしても、当然に監査役としての地位を失うわけではなく、監査役に対し、他の役職への就任の受諾を禁止しているにすぎない。

以上のほか、子会社の会計監査人も親会社の監査役となることができない（法337Ⅲ①）。親会社の会計監査人も子会社の監査役となることができない（法337Ⅲ②）。

① 使用人の範囲

兼任禁止の対象となる「使用人」とは、会社との雇用契約により職務の遂行につき会社の指揮を受ける者をいうのであるから、対外的代理権を有する使用人だけでなく、一般にいう従業員はすべてこれに含まれると考えるべきである。

また、雇用関係がなくても使用人に準ずる継続的な関係があるなどし、実質上従属関係があると認められる場合には、やはり兼任禁止の対象となると解すべきである。

以下、具体例について述べることとする。

イ 顧問弁護士

顧問弁護士のうち、特定の顧問会社の法律事務のみを専属的に処理し、他の依頼者からの事件を受任しないような顧問形態をとる場合には、会社との間に使用人に準ずる関係が生じるため、兼任禁止の対象となりうる。これに対し、必ずしも特定の顧問会社のみに拘束されない一般的な顧問形態がとられている場合には、会社との間に従属関係は認められず、兼任禁止の対象とならないと考えるべきである。

なお、会社と雇用契約を締結している社内弁護士が兼任禁止の対象になることは当然である。

ロ　コンサルティング契約を締結している者

　基本的にはイと同様に考えるべきである。コンサルティング契約の内容・性質等にもよるが，継続的にコンサルティング業務を行い，報酬を受領する場合，実質的に従属関係が認められる場合がありうる。

ハ　相談役・会長等

　会社によっては任意に相談役あるいは会長といった役職を設けている例があるが，その地位は，中には単に名目上の存在にすぎない場合もあるものの，会社の業務執行全般についての諮問機関的性格を有するものとして設けられている場合が多く，その場合，これらの者も会社の業務に直接または間接に関与する地位にあるということができ，取締役に準ずる地位にある者として兼任禁止の対象となりうると考えるべきである。

ニ　顧問・嘱託

　勤務時間等の拘束もなく自由な立場から独自の判断で業務を処理する形態の嘱託で，専属的でない顧問弁護士と同じような立場にある者は，使用人には該当しないと考えられる。このような顧問・嘱託は，会社の指揮命令系統下に置かれているものではないと考えられるからである。これに対し，一定の勤務条件の下に会社の指揮命令に従って継続的に会社の業務に従事している形態の顧問・嘱託は，その実質において従業員と同一であり，兼任禁止の対象になりうると考えるべきである。

　また，顧問については，上記の相談役・会長等と同じく，会社の業務執行全般についての諮問機関的性格を有するものとして設けられている場合もあり，その場合は，取締役に準ずる地位にある者として兼任禁止の対象となりうると考えるべきである。

ホ　労働組合の委員長，書記長その他の役員

　これらの組合役員が会社の従業員である場合は兼任禁止の対象となることは明らかである。これに対し，会社との雇用関係を何ら持たない組合役員については兼任禁止の対象とはならないと考えられる。労働組合の目的は，もっぱら組合員の労働条件の維持・改善その他経済的地位の向上を図ることにあり（労

組2)，その活動自体は，会社の業務執行とは別個のものと考えられ，労働組合の役員たる地位は使用人には該当しないと考えられるからである。ただし，会社との雇用関係を一時中断した形のいわゆる専従者の場合は，その実態によっては，必ずしも雇用関係を持たないとはいえないと解される可能性がある。

② **監査役の特定の業務執行への関与の可否**

　会社法335条2項が監査役の兼任禁止を規定した趣旨からすると，監査役が代表取締役等から特定の業務執行を個別的ないし臨時的に委任されることまで禁じられるか否かも問題になる。

　この点については見解が分かれており，会社法335条2項の立法趣旨を，監査役が取締役のように継続的に業務執行を行う地位を兼ねてはならないこと，もしくは監査役が継続的に業務執行に関与すべきではないことを定めたものであると解する立場からは，監査役が代表取締役等から，特定の事項につき個別的・臨時的に業務執行の委任を受けることは，原則として同条の禁ずるところではないとされる。これに対し，たとえ特定の事項についての一時的かつ個別的な委任に基づく業務執行行為であっても，会社の業務執行に関与することによって，監査役の公正な監査を期待できなくなることに変わりはないから，会社法335条2項は，特定事項についての一時的・臨時的な委任をも含め，監査役が会社の業務執行に関与することを一切否定する趣旨であるとする見解もある。

　思うに，会社法335条2項の文言上，個別的ないし臨時的委任まで禁じられていないことは明らかであり，兼任にはあたらないとする前説が妥当である。判例にも，代表取締役から特定の手形について手形裏書の代理権を与えられた監査役が代表取締役の名称で約束手形に裏書きした事案について，「(筆者注：旧) 商法276条は，監査役が会社の業務を執行する恒常的な地位を兼任するのは不適当とするものにすぎないから，特定の事項につき特に会社から個人として委任を受け，その代理人としてなした手形裏書行為が，同条違反として無効に帰するということはできない」とするもの (大阪地判昭33.1.21下民集9―1―52)，「276条の規定は，弁護士の資格を有する監査役が特定の訴訟事件につ

き会社から委任を受けてその訴訟代理人となることまでを禁止するものではない」とするもの（最判昭61.2.18判時1185—151）がある。

　ただし，監査役の特定の業務執行への関与が会社法335条2項によって禁じられる兼任にはあたらないとしても，監査役である以上，そこにはおのずと限界があることには注意を要する。すなわち，監査役がその業務執行を行うことによって，取締役の業務執行と深く関わりを持つに至ったためにその監査が公正に行われなくなったときは，監査役には任務懈怠の責任（法423Ⅰ）の問題が生じうる。また，違法とまではならないとしても，監査役としての職務遂行の公正性，独立性に疑問が持たれること自体問題である。したがって，監査役としては，いずれにしても取締役とは一定の距離を置いてその職務を行うべきであり，取締役の業務執行と深く関わりを持つことは避ける必要がある。

　なお，コンプライアンスに関する委員会や対策チームへの参加，株主総会対策チームへの参加などについては，監査役としての立場に基づく参加にとどまる限りは当然に可能である。ただ，これらの委員会やチームは業務執行を分担するものとして位置付けられるものであるから，チームの構成員として意思決定に加わったり業務に従事したりすることは場合により避けるのが妥当である。

③　**取締役からの横すべり監査役**

　取締役がそのまま監査役となる，いわゆる「横すべり監査役」についても，それが監査役と同時に取締役となるのでなければ，会社法335条2項に違反するものではない（最判昭62.4.21商事法務1110—79）。

④　**子会社の範囲**

　監査役は，自社の取締役や使用人を兼ねることができないのみならず，子会社の取締役，使用人，会計参与（会計参与が法人であるときは，その職務を行うべき社員）や執行役をも兼ねることができない。

　これは，親会社の監査役が，子会社の取締役，使用人等を兼任すると，その地位は親会社の取締役に従属するという関係に立ち，監査役としての任務遂行に公正を期することが難しいこと，また，監査役の子会社に対する事業報告徴収権ならびに業務および財産状況調査権（法381Ⅲ）の行使にあたり，監査者

と被監査者とが同一人に帰し，「自己監査」の危険があるのでその適正を期しがたいことなどによる。

　ここにいう「子会社」の定義については，会社法2条3号の定めるところによる。すなわち，子会社とは，会社がその総株主の議決権の過半数を有する株式会社その他の当該会社がその経営を支配している法人として法務省令で定めるものをいう（法2③）。

　ここにいう「法務省令で定めるもの」とは，具体的には，「会社が他の会社等の財務及び事業の方針を支配している場合における当該他の会社等（注9）」をいい，いかなる場合にかかる支配関係が認められるかについて詳細が定められている（会規3Ⅰ・Ⅲ）。このように，会社法の制定により子会社の判定にあたり一定の実質基準が導入されたことにより，例えば，ある会社と子会社で合算して，他の会社の総議決権の50％以上を保有する場合や，当該会社（子会社による保有分を含む）が他の会社の総議決権の40％以上を保有し，これに緊密者の計算において保有する分を加算すれば50％を超過するような場合等も，当該他の会社は子会社に該当することになる。もっとも，法的安定性を図る観点から，完全な実質基準が導入されたわけではなく，「子会社」に該当するためには，会社法施行規則に規定された一定の客観的な要件を充足する必要がある（会規3Ⅲ①～③参照）。

　（注9）　ここにいう「会社等」とは，会社（外国会社を含む，組合（外国における組合に相当するものを含む）その他これらに準ずる事業体をいうものとされている（会規2Ⅲ②）。

⑤　禁止されない兼任

　兼任禁止は，以上の範囲であるから，親会社の監査役が子会社の監査役を兼任すること，または親会社の取締役または使用人が子会社の監査役を兼任することは許される。

　また，会社が全額出資の子会社を設立するにあたって，監査役が子会社の発起人となることなどについても必ずしも禁止されていない。

⑥ 兼任禁止に違反する選任の効力等

　前記のとおり，兼任禁止は監査役の欠格事由を定めたものではない。兼任禁止に違反したとしても，当然に監査役としての地位を失うわけではなく，監査役に対し，他の役職への就任の受諾を禁止しているにすぎない。したがって，株主総会が，取締役等である者を監査役として選任した場合も，その選任決議は有効と解すべきである。そして，監査役に選任された者が就任を承諾したときは，一般的には監査役との兼任が禁止される他の役職を辞任したものと解すべきであるが，仮に他の役職を辞任しなかった場合であっても，株主総会の選任決議の効力に影響を及ぼすことはない（最判平元.9.19判時1354―149参照。なお，同判決は，（筆者注：旧）商法276条は，監査役の欠格事由を定めたものではないと解すべきであるのみならず，監査役選任の効力は，株主総会における選任決議のみで生ずるものではなく，被選任者が就任を承諾することによって発生するものというべきであって，会社または子会社の取締役または支配人その他の使用人の地位にある者を監査役に選任する場合においても，その選任の効力が発生する時点までに取締役等の地位を辞任していれば，右兼任禁止規定に触れることにはならないのであり，監査役に選任される者が兼任の禁止される従前の地位を辞任することは，株主総会の監査役選任決議の効力発生要件ではないと判示している）。

　もっとも，監査役は，違法な兼任状態を回避すべき義務を負うことは当然であり，この義務を怠った場合，任務懈怠の責任を負う（法423Ⅰ）。

　なお，この点，監査役就任承諾により他の役職の辞任を擬制すべきとする有力見解もあるが，条文上の根拠に欠けるのみならず，実務的にも，同一会社の取締役等の場合はともかく，子会社の取締役等の場合にそのような擬制を認めることは適当でなく，結局，そのような見解は採りえない。

　逆に，監査役がその会社の取締役または使用人や子会社の取締役，使用人，会計参与または執行役に選任された場合は，その者が取締役等への選任について就任を承諾したときは，一般的には監査役を辞任したものと解すべきであるが，仮に監査役を辞任しなかった場合にあっても，同様に辞任を擬制することは適当でなく，監査役は当然にはその地位を失わないと解すべきである。もっ

とも，この点についても，取締役等就任承諾により監査役の辞任を擬制すべきであるとの有力な見解があるので留意が必要である（法務省担当者もこの見解を述べる）。

　この場合も，監査役は違法な兼任状態を回避すべき義務を負うことは当然であり，この義務を怠った場合，任務懈怠の責任を負う（法423Ⅰ）。

　なお，違法な兼任状態が生じた後に行った監査の効力については，法の趣旨からして無効であるとの見解が有力であり，下級審の判例においても，「（筆者注：旧）商法第267条の規定は株式会社の会計監査の職務の公正な執行を保障するため監査役が自身監査すべき監査の対象となる会社の業務を執行することは，会計監査の公正を期しがたいという理由から業務を執行する取締役または支配人その他の使用人を兼任することを禁止した…規定であるから，監査役が取締役，支配人その他の使用人として業務を執行したときは，以後監査役として職務執行をすることが期待しがたいので，監査役として，その職務を執行することができず，かりに執行したとしても，その監査はもちろん無効であると解すべきである」と判示したものがあり（福岡高判昭36.12.14下民集12—12—2942），実務上はこの見解を踏まえた慎重な対応が必要である。

⑦　**後発的に兼任禁止に触れることになる場合の監査役の地位**

　ある会社が他の会社の株式を買い取るなどした結果，後発的にある会社同士が親子会社関係になり，兼任禁止の規定に違反する状況となることがありうる（監査役が取締役等を兼任していた会社が子会社となったような場合など）。この場合，監査役の地位がどうなるかが問題になるが，前記のとおり会社法335条2項は監査役の欠格事由を定めたものではないのであるから，この場合においても監査役の地位は当然には失われないと解すべきである。

　この場合も，当該監査役は違法な兼任状態を回避すべき義務を負うことは当然であり，この義務を怠った場合，任務懈怠の責任を負う（法423Ⅰ）。

　また，会社は，場合によっては，辞任しない監査役または取締役等を解任することにより，違法な兼任状態を解消させることも必要となる。

　なお，この場合についても，⑥と同じく，違法な兼任状態が生じた後に行っ

た監査の効力については，法の趣旨からして無効であるとの見解が有力であり，実務上はこの見解を踏まえた慎重な対応が必要である。

(2) 常勤監査役の兼任

監査役会設置会社における常勤監査役（法390Ⅲ）は，原則として他の会社の常勤監査役を兼ねることはできない（多数説）。常勤監査役における「常勤」とは，その監査役が原則として勤務する場所（通常は本社）における営業時間中，常に監査役の職務に従事できるような態勢にあるものをいうと解されるからである。ただし，この点，常勤監査役とは，継続かつ一貫した業務監査ならびに会計監査を遂行しうるに必要なだけの時間を被監査会社に割り当てる勤務状態の監査役であると解することにより，あるいは，会社の事業時間や常勤監査役の勤務時間は会社ごとに異なることを捉え，常勤監査役の兼務もありうるとの有力説も存在する。また，親子会社などの関係にあり，本店が同一で，双方の監査を常時行いうる等の事情があれば，例外的に常勤監査役の兼任を認めてよいとの説も存在する。

これに対し，常勤監査役が他の会社の非常勤監査役を兼ねることは可能である。実務上も，親会社の常勤監査役が子会社などの非常勤監査役を兼任している例は少なくない。しかし，だからといって，他社の非常勤監査役をあまりに多数掛けもつということになると，実際上監査が不可能になることが明らかであり，そこにはおのずから限界があると考えるべきである。自らの監査能力を超える数の非常勤監査役を兼務した場合，監査役としての任務懈怠（法423Ⅰ）をもたらすおそれが大きいことを覚悟しなければならない。

(3) 独占禁止法上の兼任禁止

独占禁止法上，取締役の場合と同じく監査役についても役員兼任制限がある。すなわち，他会社の支配は，株式所有とともに役員の兼任によっても行われるため，監査役もまた，国内の会社の役員を兼ねることにより，一定の取引分野における競争を実質的に制限することとなる場合は兼任を禁止されるのである（独禁13Ⅰ）。

ここにいう「役員」とは，理事，取締役，執行役，業務を執行する社員，監

事もしくは監査役もしくはこれらに準ずる者，支配人，または，本店もしくは支店の事業の主任者とされている（独禁2Ⅲ）。

「一定の取引分野」とは，非常に捉えにくく難しい概念であるが，一定の競争の場，すなわち競争市場を意味する。具体的には，取引の対象，地域，取引の相手方，業態などを基準としつつ，独占禁止法の立法趣旨と取引通念に照らして決めるべきことになる。

「競争を実質的に制限する」とは，前に述べたような市場の競争機能に影響を与えることをいい，特定の企業が市場支配力を形成，維持，強化することがこれにあたる。

2 監査役の選任

1 選任機関

監査役は株主総会において選任される（法329Ⅰ）。

ただし，会社が設立される際の最初の監査役は，発起設立の場合は発起人が選任し（法38Ⅱ），募集設立の場合は創立総会で選任される（法88）。

また，非公開会社（指名委員会等設置会社を除く）においては，定款の定めに従い，種類株主総会で監査役を選任することができる（法108Ⅰ⑨・Ⅱ⑨・347Ⅱ）（注10）。

(注10) 以下，種類株主総会により選任された場合については，逐一言及しないこととするが，株主総会により選任された場合の議論が概ね妥当する。

なお，監査役の選任について他の機関や第三者の承認を条件とすることが許されるか否かについては，そのような制限はたとえ定款規定または株主総会決議によったとしても株主総会の監査役選任権を不当に侵害することとなり許されないとする判例がある（取締役につき東京高決昭24.10.31高民集2—2—245）。しかし，現在では，何らかの必要性をみてとることができる限り，原則として有効と解してよいとか，株主総会の権限に関するこの種の制限は，会社自治の自主的制限であり，株主総会が決議したうえで，その決議の効力の発生を他の

機関や第三者の承認等にかからしめることまでも否定するものではないというのがむしろ多数説となっている。

2 選任方法
(1) 選任議案の提出

定時総会において任期満了となる監査役がいる場合，期中において監査役が欠員となった場合，監査役の増員を行う場合などに，監査役の選任議案が株主総会の目的とされる。

株主総会の議案の提案権は原則的には取締役会にあるので（法298・299），監査役選任の議案も取締役会で決定され，株主総会に付議されることとなる。

選任されるべき員数も，株主総会の目的たる事項として，取締役会で決定される必要があると解される。

株主総会の招集通知には，「議案の概要」の記載が義務付けられている。ただし，議案が確定していない場合には，その旨を記載すればよい（会規63⑦）。監査役選任議案における「議案の概要」の意義は明確でないが，監査役候補者の氏名に加え，その生年月日および略歴等もこれに含むと解すべきである。したがって，監査役候補者が確定している場合には，取締役会においてこれも含めて決議する必要がある。

この点，(i)株主総会に出席しない株主が書面によって議決権を行使することができることとする場合，または(ii)株主総会に出席しない株主が電磁的方法によって議決権を行使することができることとする場合には，法務省令で定めるところにより，招集通知に加えて株主総会参考書類を交付する必要がある（法301・302・298Ⅰ③④）。そして，大会社か否かにかかわらず，議決権を有する株主数が1,000名以上の会社においては，書面投票を可能とすること（上記(i)）が義務付けられているため，株主総会参考書類の交付が必要となる（法298Ⅱ）。

株主総会参考書類には，議案，提案の理由の他，取締役の選任の場合と同様，候補者について概ね次の事項を記載しなければならない（会規73Ⅰ・76Ⅰ）。

① 候補者の氏名，生年月日および略歴

② 株式会社との間に特別の利害関係があるときは，その事実の概要
③ 就任の承諾を得ていないときは，その旨
④ 議案が監査役の請求により提出されたものであるときは，その旨
⑤ 監査役の意見があるときは，その意見の内容の概要
⑥ 候補者と会社との間で責任限定契約を締結しているときまたは締結する予定がある時は，その契約の内容の概要

また，当該株式会社（株主総会参考書類を作成する会社。以下同じ）が公開会社である場合には，上記に加えて以下の事項を記載しなければならない（会規76Ⅱ）。

① 候補者の有する当該株式会社の株式の数（種類株式発行会社にあっては，株式の種類および種類ごとの数）
② 候補者が当該株式会社の監査役に就任した場合において会社法121条8号に定める重要な兼職に該当する事実があることとなるときは，その事実
③ 候補者が現に当該株式会社の監査役であるときは，当該株式会社における地位

また，当該株式会社が，公開会社であり，かつ，他の者の子会社等であるとき，上記に加えて以下の事項を記載しなければならない（会規76Ⅲ）。

① 候補者が現に当該他の者（自然人であるものに限る）であるときは，その旨
② 候補者が現に当該他の者（当該他の者の子会社等（当該株式会社を除く）を含む）の業務執行者であるときは，当該他の者における地位および担当
③ 候補者が過去5年間に当該他の者の業務執行者であったことを当該株式会社が知っているときは，当該他の者における地位および担当

さらに，監査役候補者が社外監査役候補者であるときは，社外監査役に期待される役割等に関連し，概ね以下の事項の記載が要求される（会規76Ⅳ）。

① 当該候補者が社外監査役候補者である旨
② 当該候補者を社外監査役候補者とした理由

③ 当該候補者が現に当該株式会社の社外監査役（社外役員に限る。以下同じ）である場合において、当該候補者が最後に選任された後在任中に当該株式会社において法令または定款に違反する事実その他不正な業務の執行が行われた事実（重要でないものを除く）があるときは、その事実ならびに当該事実の発生の予防のために当該候補者が行った行為および当該事実の発生後の対応として行った行為の概要

④ 当該候補者が過去5年間に他の株式会社の取締役、執行役または監査役に就任していた場合において、その在任中に当該他の株式会社において法令または定款に違反する事実その他不正な業務の執行が行われた事実があることを当該株式会社が知っているときは、その事実（重要でないものを除き、当該候補者が当該他の株式会社における社外取締役（社外役員に限る）または監査役であったときは、当該事実の発生の予防のために当該候補者が行った行為および当該事実の発生後の対応として行った行為の概要を含む）

⑤ 当該候補者が過去に社外取締役または社外監査役となること以外の方法で会社（外国会社を含む）の経営に関与していない者であるときは、当該経営に関与したことがない候補者であっても社外監査役としての職務を適切に遂行することができるものと当該株式会社が判断した理由

⑥ 当該候補者が次のいずれかに該当することを当該株式会社が知っているときは、その旨

　イ　過去に当該株式会社またはその子会社の業務執行者または役員（業務執行者であるものを除く）であったことがあること

　ロ　当該株式会社の親会社等（自然人であるものに限る）であり、または過去5年間に当該株式会社の親会社等であったことがあること

　ハ　当該株式会社の特定関係事業者（注11）の業務執行者もしくは役員（業務執行者であるものを除く）であり、または過去5年間に当該株式会社の特定関係事業者（当該株式会社の子会社を除く）の業務執行者もしくは役員であったことがあること

ニ　当該株式会社または当該株式会社の特定関係事業者から多額の金銭その他の財産（これらの者の監査役としての報酬等を除く）を受ける予定がありまたは過去2年間に受けていたこと

　ホ　次に掲げる者の配偶者，三親等以内の親族その他これに準ずる者であること（重要でないものを除く）

　　(1)　当該株式会社の親会社等

　　(2)　当該株式会社または当該株式会社の特定関係事業者の業務執行者または役員（業務執行者であるものを除く）

　ヘ　過去2年間に合併等により他の株式会社がその事業に関して有する権利義務を当該株式会社が承継または譲受けをした場合において，当該合併等の直前に当該株式会社の社外監査役でなく，かつ，当該他の株式会社の業務執行者であったこと

⑦　当該候補者が現に当該株式会社の監査役であるときは，監査役に就任してからの年数

⑧　上記①～⑦に掲げる事項に関する記載についての当該候補者の意見があるときは，その意見の内容

（注11）　親会社，兄弟会社，主要な取引先等をいう（会規2Ⅲ⑲）。

　なお，金融商品取引法の規定に基づき，上場株式にかかる議決権行使について委任状を勧誘する場合には，議決権のある株式の株主総数が1,000名を超える場合であっても，書面による議決権行使は強制されず，会社法上の株主総会参考書類の交付は義務付けられない。もっとも，金融商品取引法に基づき委任状の勧誘を行う場合には，法定の事項を記載した参考書類を交付して行わなければならないものとされており，当該書類には，監査役の選任議案につき，株主総会参考書類と同様の事項を記載しなければならないものと規定されているため（金商194，金商令36の2，勧誘府令4），結局，株主に対して開示する情報は同様となる。

【監査役選任議案の記載例】

通常の場合

第○号議案　監査役2名選任の件

　本総会終結の時をもって、監査役○○○○氏の任期が満了となり、また監査役○○○○氏が辞任されますので、新たに監査役2名の選任をお願いいたしたいと存じます。

　なお、本議案につきましては、監査役会の同意を得ております。

　監査役候補者は、次のとおりであります。

候補者番号	氏名（生年月日）	略歴、地位及び重要な兼職の状況	所有する当社の株式の数
1	○○○○ （昭和○年○月○日生）	昭和○年○月当社入社 平成○年○月当社取締役 平成○年○月当社常務取締役 現在に至る （重要な兼職の状況） ○○株式会社取締役副社長	○○株
2	○○○○ （昭和○年○月○日生）	昭和○年○月○○○○入社 平成○年○月当社監査役 現在に至る	○○株

（注）　各候補者と当社との間に特別の利害関係はありません。

補欠としての選任の場合

第○号議案　監査役1名選任の件

　本総会終結の時をもって、監査役○○○○氏が辞任されますので、その補欠として監査役1名の選任をお願いいたしたいと存じます。

　なお、本議案につきましては、監査役会の同意を得ております。

　監査役候補者は、次のとおりであります。

氏名（生年月日）	略歴、地位及び重要な兼職の状況	所有する当社の株式の数
○○○○ （昭和○年○月○日生）	昭和○年○月当社入社 平成○年○月当社取締役 平成○年○月当社常務取締役 現在に至る （重要な兼職の状況） ○○株式会社取締役副社長	○○株

(注) 1．候補者と当社との間に特別の利害関係はありません。
　　 2．候補者は補欠として選任されることとなりますので，当社定款の規定により，その任期は辞任する監査役の残任期間となります。

(2) 株主総会における決議

　株主総会における監査役の選任決議は，原則として，通常決議の方法による。すなわち，議決権を行使することができる株主の議決権の過半数にあたる株式を有する株主が出席して，その議決権の過半数をもってこれを決する。通常決議に関しては定款をもって定足数を軽減または排除することができるのが原則であるが（法309Ⅰ），監査役の選任決議については，取締役の場合と同様に，定款の規定によっても，定足数を完全に排除することは認められず，これを軽減する場合にも，3分の1未満にすることができない（法341）。

　定足数を完全に排除し，または議決権の3分の1未満にしている定款の規定は無効である。ただし，かかる無効な定款の規定がある場合には，監査役の選任決議は，会社法309条1項の規定に従い，議決権を行使することができる株主の議決権の過半数を有する株主の出席があることを要するものと解すべきではなく，合理的意思解釈を行い，議決権の3分の1以上の株式を有する株主の出席をもって足りると解すべきである（もっとも，これについては定款の規定が無効である以上，会社法309条1項の規定に従うことになるとの反対説もありうる）。

　取締役の選任の場合，累積投票による選任が法定されているが，監査役についてはこのような規定は存在しない（法342参照）。

　なお，監査役の選任について，株主総会決議により，これを議長に全面的に白紙委任することは許されず，そのような選任決議は，当然無効となるか，少なくとも取消事由があることになる（選任決議の取消しを認めたものとして，東京地判昭33.1.13下民集9―1―1）。

(3) 選任に関する監査役の同意権

　取締役は，監査役の選任に関する議案を株主総会に提出するには，監査役（監査役が2名以上いる場合にあってはその過半数，監査役会設置会社にあっ

ては監査役会)の同意を得なければならない(法343Ⅰ・Ⅲ)。かかる規定により,監査役(会)は,監査役の選任議案につき拒否権を有することになり,監査役の地位の強化が図られている。

当該同意を欠くことは,監査役選任決議の取消事由となる(東京地判平24.9.11金判1404―52)。

なお,取締役が,監査役の候補者を特定せず,監査役選任の議題のみを株主総会に提出する場合には,監査役(会)の同意は必要とされていない。かかる場合には,取締役の恣意が入り込む余地が少なく,また,監査役に欠員が生じたような場合には,取締役はその選任を株主総会の議題とする義務があることから,これについても監査役(会)の同意を要求するのは不適当であると考えられたからである。

これを踏まえ,実務においては,取締役が株主総会の招集を決定する取締役会が行われる前に監査役(会)に対して監査役選任議案についての同意を求め,監査役(会)がこれに同意する旨の書面を提出するなどすることが多い。

【監査役選任議案に関する監査役会の同意書の記載例】

```
                                              平成〇〇年〇月〇〇日
〇〇〇〇　株式会社
代表取締役社長　〇　〇　〇　〇　殿
                              〇〇〇〇　株式会社　監査役会
                                  常勤監査役　〇　〇　〇　〇　㊞
                                  監　査　役　〇　〇　〇　〇　㊞
                                  監　査　役　〇　〇　〇　〇　㊞

                    監査役選任議案に関する同意書

　当監査役会は,平成〇年〇月〇日開催の第〇回定時株主総会に提出予定の監査役選任議案について,会社法第343条第1項及び第3項に基づき審議した結果,〇〇〇〇氏,〇〇〇〇氏,〇〇〇〇氏を監査役候補者とする議案の提出に同意いたします。

                                                      以　上
```

【監査役選任議案に関する監査役会の同意についての監査役会議事録の記載例】

> 第○号議案　監査役選任議案に関する監査役会の同意の件
> 　議長から，○月○日付にて○○○○代表取締役社長から第○回定時株主総会に提出予定の監査役選任議案について，会社法第343条第1項及び第3項に基づき監査役会の同意を求めてきたので，お諮りしたい旨前置きの上，監査役候補者として，○○○○氏，○○○○氏，○○○○氏の各略歴等を説明し，提案があった。
> 　審議の結果，全員異議なく同意した。

(4) 選任議題・議案の提案権

監査役（監査役会設置会社にあっては監査役会）は，取締役に対し，監査役の選任を株主総会の目的とするよう請求することができる。これは，特定の候補者を示すことなく「監査役の選任の件」を株主総会に付議することを請求するものである（法343Ⅱ前段）。また，候補者を特定して，選任議案を株主総会に提出するよう請求することもできる（法343Ⅱ後段，会規76Ⅰ④）。

これらの請求を受けた取締役は，要件を満たす請求であれば，請求にかかる事項を株主総会の目的とし，または当該請求にかかる議案を株主総会に提出しなければならない。取締役がこれを怠った場合には，任務懈怠の責任（法423Ⅰ）を負うとともに，過料の制裁（法976㉑）を科せられる。

(5) 株主総会における意見陳述権

株主総会に監査役の選任が議題として上程された場合には，現任監査役は株主総会において監査役の選任につき意見を述べることができる（法345Ⅳ・Ⅰ，会規76Ⅰ⑤）。これは監査役が株主総会で監査役の選任につき意見を述べる機会を与えることにより，株主総会決議にその意見を反映させようとする趣旨であるが，候補者の提案権を有する取締役会をして候補者選定について慎重ならしめる効果をも考えたものである。ただし，取締役も株主総会も監査役の意見に拘束されるものではない。

その意見は，適法・違法についてのものであると，当・不当についてのものであるとを問わない。監査役は，他の者の任免についてのみならず，自己の任免についても意見を述べることができる。選任は，増員，交代，再任のいずれ

の場合であるかを問わない。再任の場合，自己の選任について意見を述べることもできる。

特に意見がないときは意見を述べる必要はないが，監査役候補者に明らかな不適格事由があることを知りながら意見を陳述しない場合には，任務懈怠となることもありうる。また，兼任禁止に反するなど，その選任行為が違法性を有するときは，株主総会に意見を報告する義務がある。監査役が意見の陳述を求めたにもかかわらず，陳述の機会を与えないで選任決議が行われた場合は，決議方法の法令違反と考えられ，株主総会決議の取消事由となる（法831Ⅰ①）。

3　就任の効力の発生

上記のとおり，監査役は株主総会において選任されるが，選任によって直ちに就任の効力が生ずるわけではない。監査役と会社との関係は，委任の関係にあるので（法330，民643），被選任者の就任の承諾によってはじめて就任の効力が生ずる。

そこで，株主総会における監査役選任決議が成立した後に，会社から被選任者に対し就任の承諾を求め，被選任者は，株主総会の席上直ちにその就任を承諾するか，または後日あらためて就任承諾書を会社宛てに提出する方法がとられる。

また，監査役候補者が株主総会において監査役に選任される以前に，あらかじめその就任を承諾した場合でも，その就任承諾は当然に有効な承諾となる。したがって，その旨を記載した就任承諾書は，その作成日付が株主総会以前の日付であっても有効であり，実務上はむしろこのように事前に承諾を得ておくケースが多い。

なお，株主総会参考書類ないしは金融商品取引法施行令36条の2第1項に規定される参考書類の作成が義務付けられる場合，参考書類の送付時点において就任の承諾が得られていない場合には，その旨を記載しなければならないものとされている（会規76Ⅰ③，勧誘府令4）。

【監査役の就任承諾書の記載例】

事後承諾の例

```
           就任承諾書

  私は，平成○年○月○日開催の貴社
 第○期定時株主総会において，貴社の
 監査役に選任されましたので，その就
 任を承諾いたします。

  平成○年○月○日

  東京都○○区○○町○丁目○番○号
                  ○○○○㊞

  ○○○○株式会社御中
```

事前承諾の例

```
           就任承諾書

  私は，平成○年○月○日開催の貴社
 第○期定時株主総会において，貴社の
 監査役に選任されました場合は，その
 就任を承諾いたします。

  平成○年○月○日

  東京都○○区○○町○丁目○番○号
                  ○○○○㊞

  ○○○○株式会社御中
```

4　就任登記

　監査役の選任のあった場合はその氏名を登記しなければならない。会社を設立した場合は，設立登記において最初の監査役を登記する必要があり（法911Ⅲ⑰⑱），設立した後に監査役を選任した場合は，会社登記事項の変更登記をする必要がある。従来の監査役が再選された場合も，変更登記は必要である。

　監査役の就任による変更登記は，2週間以内に，本店所在地の管轄法務局でしなければならない（法915Ⅰ）。

　登記申請は代表取締役がなすことを要するが，代理人を使うことも可能である（商登17Ⅱ）。

　登記申請には，監査役の選任に係る株主総会の議事録（商登46Ⅱ），就任承諾書および本人確認証明書（商登54Ⅰ，商登則61Ⅴ）が添付書類として必要となる。

　なお，監査役は上記のように株主総会により選任されるべきものであるので，実際に株主総会が開催されない限り，何人も監査役に就任することはできない。

したがって，実際に監査役として選任されたことのない者が形だけ監査役として登記されているとしても，その登記は何の実体も伴わないものであり無効である。

5　職務執行停止の仮処分・職務代行者選任の仮処分

監査役の選任決議の不存在・無効の確認もしくは取消しの訴えが起こされた場合，当事者は，その監査役が訴訟係属中引き続きその地位にあることにより著しい損害または急迫の危険が生ずることを避けるため必要があるときには，裁判所に対し，監査役の職務の執行を停止し，さらに監査役の職務代行者を選任する仮処分の申立てをすることができる（民保23Ⅱ）。申立ての相手方は，会社と対象監査役の双方となる。この場合，保全の必要性の疎明が必要である。職務代行者には，弁護士が選任されるのが通例である。

監査役の職務執行停止，職務代行者選任の仮処分およびその変更・取消しは，嘱託登記される（法917①，民保56）。

6　監査役の任期
(1)　通常の場合

監査役の任期は，原則として，選任後4年以内に終了する事業年度のうち最終のものに関する定時株主総会の終結の時までである（法336Ⅰ）。

設立当初の監査役の任期についても，会社法上特則は設けられていない。

公開会社については，この任期は定款をもってしても変更できない強行規定である。したがって，この任期は最長限であると同時に最短限であって，たとえ定款または株主総会の決議をもってもこれを伸長または短縮することはできない。これは監査役の地位を保証し，独立性を担保するためである。

これに対し，非公開会社については，定款で，この任期を選任後10年以内に終了する事業年度のうち最終のものに関する定時株主総会の終結の時まで伸長することができる（法336Ⅱ）。定款により，個々の監査役ごとに異なる任期を定めることも，当該定款の内容が明確であれば可能であると解される。

この「選任」とは，株主総会の選任決議の日の意味であり，就任承諾がされた日ではない。

なお，定時株主総会が所定の時期に招集されなかった場合に，当該株主総会終結の時に任期満了する監査役の身分はどうなるかについては，定時総会が開かれるべきであった期間（通常決算期から3ヶ月以内）の終了の時に満了すると解される（岡山地判昭34．8．22下民集10―8―1740，昭38．5．18民事甲第1356号法務省民事局長回答）。したがって，監査役はその時に退任することになる。もっとも，当該監査役が退任することにより法令または定款上の監査役の員数に欠員が生じる場合には，後任の監査役が就任するまで，なお監査役としての権利，義務を有する点には留意が必要である（法346Ⅰ）。

上記の扱いは，最初（すなわち設立時）の監査役の任期についても同様である。

なお，特例有限会社については任期に関する制約がない（整備法18）。

(2) 補欠として選任された監査役の任期

補欠として選任された監査役についても，原則として，選任時から4年間（または非公開会社においては定款で定めた期間）が任期となる。もっとも，任期満了前に退任した監査役の補欠として選任された監査役の任期については，定款により，退任した監査役の本来の任期の満了時までとすることができる（法336Ⅲ）。これを受けて，定款上以下の定めを置くことが考えられる。

> 第○条（任期）
> 1．監査役の任期は，選任後4年以内の最終の事業年度に関する定時株主総会の時までとする。
> 2．任期の満了前に退任した監査役の補欠として選任された監査役の任期は，退任した監査役の任期の満了する時までとする。

当該規定の趣旨は，補欠として選任された監査役と他の在任中の監査役との任期をそろえ，全監査役につき同時に改選決議をなすことを可能にすることにある。したがって，監査役全員が任期途中で退任した場合（あるいは1人しかいない監査役が任期途中で退任した場合）の後任として新たに選任された監査

役の任期には本条は適用されない。登記実務上もそのように解されている（昭36．8．14民事甲第2016号法務省民事局長回答，昭30．8．8民事甲第1665号法務省民事局長回答）。

また，監査役の増員により新たに追加選任された監査役の任期も，原則に従うことになるため，定款によっても，他の在任監査役の任期と同一にするために従来の在任者の残存期間とすることはできない。したがって，増員の場合に監査役全体の任期を揃えるためには，他の在任監査役の任期の満了の時に増員された監査役が辞任するなどの対応が必要となる。

なお，会社法336条3項の定款の定めがない場合はもちろん，その定めがあっても補欠として選任しなかった場合は，本来の原則に従った任期となる。したがって，補欠選任としたい場合には，株主総会招集通知の議案および株主総会議事録においてその趣旨を明確にしておく必要がある。さらに，例えば，監査役1名の退任に伴い2名を選任する場合，選任決議の際にいずれが補欠かを明らかにしないと2名とも補欠に該当しないと解され，したがって，その任期は2名とも本来の原則に従った任期と解されることにも注意しなければならない。

(3) 補欠監査役の任期

「補欠として選任される監査役」とは別に，会社法329条2項の規定により，株主総会であらかじめ選任される補欠監査役の任期については，後記③4（48頁）を参照。

(4) 決算期変更の場合の監査役の任期

監査役選任後の決算期の変更により結果として監査役の任期の短縮が生ずることがある（4年より短くなることもありうる）が，これは会社法336条1項の解釈上当然のことであり，特に問題はない。

また，年2回決算の会社が，決算期の直前に年1回決算に定款変更をしたような場合には，定款変更後最初に到来する決算期が監査役の選任時から4年以内のものでなくなる事態が起こりうる。

例えば，3月末日，9月末日の年2回決算の会社が平成27年9月28日開催の

臨時株主総会において3月末日年1回の決算期に変更した場合，もし変更がなければ平成27年9月末日までの事業年度が選任後4年以内に終了する事業年度のうち最終のものになるはずの監査役（平成23年12月選任）については，この定款変更により，当該監査役の選任後4年以内に終了する事業年度のうち最終のものは平成27年3月末日までの事業年度であることになる。そうすると，形のうえでは当該監査役は，すでに経過した定時株主総会の終結の時に任期が満了したことになり，9月28日開催の臨時株主総会の時点では監査役の地位になかったということになってしまう。しかし，株主総会の決議は将来に向かって効力を生ずるもので，すでに経過した時点まで遡って効力を生ずるものではありえず，当該監査役の任期を会社法336条1項の規定どおりの4年以内に終了する事業年度のうち最終のものに関する定時株主総会の終結の時までとすることは不適当なことはいうまでもない。他方，監査役の任期が会社法所定の限界を超えて平成28年3月末日までないしは同年6月まで及ぶとするのも相当ではない。この点については，変更前の決算期に関する定時株主総会の終結すべかりし時に終了するという見解などもありうるが，このような定款変更が違法といえない以上，変更前の決算期を基準に考えるのは困難といわざるをえず，結局決算期変更決議の効力が生じた時点（平成27年9月28日時点）で当該監査役の任期が満了すると解することが妥当であろう。

(5) **定款変更による任期の満了**

上記にかかわらず，下記の内容の定款変更をした場合には，監査役の任期は，当該定款変更の効力が生じた時に満了する（法336Ⅳ①～④）。

① 監査役を置く旨の定款の定めを廃止する定款変更
② 監査等委員会または指名委員会等を置く旨の定款変更
③ 監査役の監査の範囲を会計に関するものに限定する旨の定款の定めを廃止する定款変更（積極的に会社法389条1項の定款の定めを廃止する定款変更を行う場合はもちろんのこと，監査役の権限の範囲を限定することができなくなり，会社法389条1項の定款の定めが効力を失うこととなる場合を含む）

④　非公開会社が公開会社となる定款変更

(6) 清算株式会社における特則

　清算株式会社（法476参照）に関しては，以下の規定が定められている。

　清算株式会社においては，その旨の定款の定めがある場合に監査役・監査役会を置くことができるが（法477Ⅱ），清算会社となった時点において公開会社または大会社であった会社については，監査役の設置が義務付けられている（法477Ⅳ）。

　ここにいう公開会社または大会社への該当性は，解散時点において判断され，その後の変動は考慮されない。よって，例えば会社が解散後に負債を返済し，大会社の要件を充足しなくなった場合であっても，監査役の設置義務は消滅しない。

　解散前，定款において監査役・監査役会を置く旨を定めていた場合，当該規定は解散後も引き続き適用され，従前の監査役が引き続き監査を行う。

　もっとも，清算株式会社の監査役には上記の会社法336条の任期の定めは適用されないため（法480Ⅱ），辞任・解任等の終任事由が発生しない限り，清算の結了時まで在任することになる。

③　員数および種類

1　監査役の員数

　監査役会を設置しない会社においては，監査役の員数に制限はない。したがって，1人以上選任すればよい。ただし，定款で定員を定めることもできるし，最小人数，最大人数を定めることも可能である。例えば，定款で4名以下の監査役を置くと規定したとすれば，株主総会では，その範囲内で適宜に選任すればよい。その範囲を超えて選任した場合は，その決議は定款違反による決議取消の対象となる。

　監査役会設置会社においては，3名以上の監査役が必要とされ，そのうち半数以上は社外監査役でなければならないものとされている（法335Ⅲ）。ただし，

各監査役は単独で会社の機関を構成し，各自が単独で監査役としての職務権限を行使する（監査役の独任制）。複数の監査役が監査の基礎となる調査等を職務分担することは当然許されるが，あくまでも各監査役はそれぞれ独立して取締役の職務執行全般につきその職務権限を行使するのであり，それぞれの監査役は，他の監査役の分担部分を合わせて監査全体に対し責任を負わなければならない。ただし，後記（6②1(1)③）のとおり，任務違反の有無は，職務分担に従い各監査役ごとに個別に判断されることになる。

2　常勤監査役

(1)　常勤監査役の意義

　監査役会設置会社では，監査役会において，監査役の中から常勤監査役を定めなければならない（法390Ⅲ）。

　「常勤」の意義については見解が分かれるが，前記のとおり，多数説は，その監査役が原則として勤務する場所（通常は本社）における営業時間中常に監査役の職務に従事できるような態勢にあるものをいうと解している。したがって，常勤監査役はその職務の遂行に支障がない限り，他の会社の非常勤の取締役または監査役を兼ねても義務違反となることはないが，他の会社の常勤の取締役または監査役となる等，他に常勤の職務に就くことはできない。もっとも，常勤監査役に選定された者の実際の勤務状態が上記の「常勤」の定義に該当しない場合であっても，その選定や監査は無効となるわけではなく，常勤監査役の善管注意義務違反の問題が発生するにとどまる。

　なお，実務では，常任監査役という名称も使用されるが，それは常勤とは異なり，上席の監査役という意味を持つことも多い。

(2)　選　任　等

　常勤監査役は，監査役会の決議により，監査役の中から選定される。社外監査役を常勤監査役に選定することも可能である。

　ただし，常勤の監査役は常勤の義務を負うことから，就任についてその者の承諾を必要とする。常勤の監査役は1名で足りるが，慎重を期するため2名以

上選任することも可能であり，またそれが望ましい。監査役全員を常勤の監査役とすることも可能である。また，常勤の監査役は，監査役の任期の中途で常勤となることもでき，したがって，任期の中途で常勤の監査役を交替することも可能である。

　常勤監査役は，代表取締役に対し常勤であることについての辞意を表明することにより，理由の如何を問わずいつでも常勤であることを辞任し，非常勤監査役に転ずることができる。ただし，会社のために不利益な時期に辞任した場合には，辞任するについてやむをえない事由がある場合を除き，会社に生じた損害を賠償する責任を負う。常勤監査役の解職についても，監査役会の決議により可能である（法390Ⅱ②）。

　また，いったん常勤監査役を選任した以上，その後他の監査役のメンバーの変更（監査役の増員も含む）があったとしても，従来どおりの監査役が常勤監査役を務めているのであれば，あらためて監査役会において常勤監査役を選定する必要はない。したがって，特に終任事由が生じない限り，監査役としての任期が常勤監査役としての任期となる。

　なお，常勤監査役を選任しなかった場合，監査役に対し100万円以下の過料の制裁がある（法976㉔）。

【常勤監査役選定書の記載例】

常勤監査役選定書

平成○年○月○日

　　　　　　　　　　　　　　　　　　○○○○　株式会社　監査役会
　　　　　　　　　　　　　　　　　　常勤監査役　　○○○○　㊞
　　　　　　　　　　　　　　　　　　監　査　役　　○○○○　㊞
　　　　　　　　　　　　　　　　　　監　査　役　　○○○○　㊞

　会社法第390条第3項及び当社定款第○条に基づき，監査役会において下記のとおり常勤の監査役を選定し，選定された監査役は就任を承諾いたしました。

記

1．常勤監査役　　○○○○

2．就任日　　　　平成○年○月○日

以上

(3) 非常勤監査役との権限・責任の相違

　常勤監査役と非常勤監査役とでは，法律上，その職務権限に何の区別もない。非常勤であるが故にその権限が弱いということはなく，各監査役はそれぞれ独立して取締役の業務執行を監査すべき権限を有し，かつ会社の計算書類等を監査する権限を有する。

　監査役としての職務を遂行するために与えられている諸権限は，すべて非常勤監査役にも与えられている。

　また，監査役の責任についても，常勤監査役であるか非常勤監査役であるかによる法律上の区別はない。したがって，非常勤監査役は，常勤監査役に対し必要な報告を求め常勤監査役の日常の監査業務が適正に行われているかどうかを監視すべき義務を負っており，すべてを常勤監査役に委せきりにしていたのでは，任務懈怠の責任を免れることができない。また，常勤の監査役がその職務を怠っているときは，非常勤監査役は，常勤監査役をしてその職務を尽くすように監視をして警告を発するとともに，その監査役が常勤監査役として職務を遂行することが期待できないときは，監査役会の決議により他の監査役を常勤監査役に定めるようにしなければならない。また，その場合，非常勤監査役は，必要に応じ，常勤監査役の職務不履行を補うべく自らも監査役としての職務を尽くさなければならない。これを怠るときは，非常勤監査役も任務懈怠の責任を負うことがありうる。

　しかし，実際には，非常勤監査役が日常の監査業務をある程度常勤監査役に委ねることは，実務上広く行われていることであり，これは非常勤であることの性質上やむをえないことでもある。このような実情に照らし，監査役会設置会社においては，監査役会が，各監査役の常勤・非常勤等の区別なども考慮し，各監査役の職務の分担を定めることができるものとされている（法390Ⅱ③）。したがって，その分担決議の内容そのものが合理的なものである限り，非常勤

監査役はその決議に従って職務を行えば任務懈怠の責任を問われることは原則的にはないと考えられ、また常勤監査役の監査結果の報告内容が合理的なものである限り、その報告に基づいて自己の監査意見を形成すれば、やはり任務懈怠の責任を問われることは原則的にはないものと考えられる。

3 社外監査役
(1) 社外監査役の意義

監査役会設置会社では、監査役は3人以上いなければならず、そのうち半数以上は、社外監査役でなければならない（法335Ⅲ）。

監査役のメンバーに業務執行担当者の影響を受けない第三者的な立場にあるものを加えることにより、業務執行に対する監査機能を高めることを目的とするものである。したがって、社外監査役には、会社の過去のしがらみにとらわれず判断ができ、業務執行担当者にも直言できることが期待されている。大会社である公開会社は、監査役会の設置が強制されるため、当然にこの社外監査役義務付けの対象となる。

当然ながら社外監査役は非常勤でよい。

定款において、社外監査役の員数を定めることも可能であるが、法令・定款に定める員数を満たさずになされた監査は、資格要件を欠く監査役によりなされたという点で、手続的な瑕疵を帯びる。

なお、東京証券取引所等の金融商品取引所に上場する上場会社には、一般株主保護のため、上場規則により、「独立役員」（独立取締役または独立監査役）を1名以上確保するべきことが義務付けられている（東証上場規程436の2等）。したがって、当該会社においては、「独立取締役」を選任しないのであれば、社外監査役よりも資格要件が厳しい「独立監査役」（主要取引先等の業務執行者、当該会社から役員報酬以外に多額の金銭その他の財産を得ているコンサルタント、会計専門家または法律専門家等は、原則としてその資格を満たさない）を選任する必要がある。

(2) 社外監査役の要件

　社外監査役として認められるためには，以下の要件をいずれも満たすことが要求される（法2⑯）。

① その就任の前の10年間当該株式会社またはその子会社の取締役，会計参与（会計参与が法人であるときは，その職務を行うべき社員。以下②において同じ）もしくは執行役または支配人その他の使用人であったことがないこと

② その就任の前10年内のいずれかの時において当該株式会社またはその子会社の監査役であったことがある者にあっては，当該監査役への就任の前10年間当該株式会社またはその子会社の取締役，会計参与もしくは執行役または支配人その他の使用人であったことがないこと

③ 当該株式会社の親会社等（自然人である者に限る）または親会社等の取締役，監査役もしくは執行役もしくは支配人その他の使用人でないこと

④ 当該株式会社の親会社等の子会社等（当該株式会社およびその子会社を除く）の業務執行取締役等（業務執行取締役，執行役または支配人その他の使用人）でないこと

⑤ 当該株式会社の取締役もしくは支配人その他の重要な使用人または親会社等（自然人である者に限る）の配偶者または二親等内の親族でないこと

　平成26年会社法改正前は，過去に一度でも当該株式会社またはその子会社の取締役，使用人等になったことがあると，それから何十年経過していても，社外監査役の要件を満たさないという，合理性に欠ける制度となっていた。そこで，平成26年改正会社法では，上記①のとおり，取締役，使用人等を辞めて10年が経過すれば，社外監査役になることができることとされた。

　ここでの取締役，使用人等の意味については，会社法335条2項の監査役の兼任禁止規定の解釈と同様に解される。したがって，使用人か否かは名称によるべきではなく，会社と本人との実質的な関係に従って判断される。よって，顧問や嘱託等についても，会社との従属性の有無によって判断することになる（具体例の検討については16頁の兼任禁止参照）。なお，ここでの取締役には社外

取締役も含むことにも留意が必要である。

　また，就任前の10年以内の期間に，当該株式会社またはその子会社の監査役になっていた場合は，社外監査役の制度の趣旨を没却する脱法行為を防止する趣旨から，上記②のとおり，当該監査役に就任する前の10年間，当該株式会社またはその子会社の取締役，使用人等でなかったことを要するものとされている。

　上記③～⑤は，平成26年改正会社法によって新たに加えられた要件である。これらについては，現職のみが問題とされており，過去要件はない。

　まず，上記③の「親会社等」とは，親会社または株式会社の経営を支配している者（法人である者を除く）として法務省令で定める者のことで，要するに，親会社とオーナー株主などである（会規3の2Ⅱ・Ⅲ）。上記③のとおり，親会社等の関係者（ただし，現任に限る）も，子会社の社外監査役になることができない。この点，業務執行をしていない監査役や社外取締役であっても例外でないことに留意が必要である。

　次に，上記④のとおり，兄弟会社（親会社等の子会社等）の業務執行者（ただし，現任に限る）も他の兄弟会社の社外監査役になることができない。ただし，親会社関係者とは異なり，業務執行に携わっていない限り，兼任は制限されない。したがって，監査役や社外取締役は，他の兄弟会社の社外監査役を兼任することが可能である。

　さらに，上記⑤のとおり，取締役もしくは支配人その他の重要な使用人またはオーナー株主などの「配偶者および二親等内の親族」についても，社外監査役になることができない。「重要な使用人」とは，例えば執行役員のような取締役や執行役等に準ずる地位にある者を指す。ラインの部長や支店長等については，会社の権限分掌等に照らして個別に判断することが必要であり，当然にこれに該当するものではない。「二親等内の親族」には血族に加え姻族も含むため，本人の両親，祖父母，兄弟姉妹，子供，孫の他，配偶者の同じ範囲の者がこれにあたる。なお，親会社や子会社の取締役等の近親者は含まれていないことには留意が必要である。

社外監査役が，就任後に上記のいずれかの要件を満たすことになった場合は，社外監査役としての地位を失う。この点，上記①と②については，「就任の前の10年間」とされており，条文上は必ずしも明確でないが，社外監査役の制度趣旨からして，当然にそのように解すべきである。

なお，過去にある会社の取締役等であった場合において，当時は監査役に就任予定の会社と当該会社とは親子会社の関係になく，要するに親子関係にある間に子会社の取締役等でなかったのであれば，その後の資本構成の変化等により就任時に親子会社関係にあっても，要件を満たすと考えられる。

(3) 選　　任

社外監査役の選任は，通常の監査役選任の手続と同様である。

ただし，株主総会で監査役を選任する際には，株主が候補者が社外監査役であるかどうかが分かるようにする必要があり，また社外監査役としてふさわしい人物か否か判断するための情報提供が求められるため，上記のとおり，株主総会参考書類には，社外監査役に関する一定の情報を記載することが義務付けられている（会規76Ⅳ）。また，金融商品取引法の規定に基づき委任状勧誘を行うために株主総会参考書類の作成が免除される場合においても，同法36条の2第1項に規定する参考書類には，上記と同様の記載が必要となる（勧誘府令4Ⅳ）。

監査役会設置会社では，監査役が社外監査役である旨も登記される（法911Ⅲ⑱）。

なお，社外監査役を所定の人数選任しなかった場合，100万円以下の過料に処せられる（法976⑳）。

(4) **社外監査役以外の監査役との権限・責任の相違**

社外監査役とそれ以外の監査役とでは，法律上，その職務権限および責任に何の区別もない。

したがって，社外監査役だからといって，行うべき監査業務や注意義務の程度に他の監査役との相違があるわけではない。社外監査役より独立性が高いゆえに，客観的，第三者的立場からの監視がより期待されているにすぎないので

ある（参考判例として，大阪高決平9.11.18判夕971—216（大和銀行株主代表訴訟第二次担保提供命令事件抗告審決定））。

ただし，社外監査役は，非常勤監査役であることが多く，上記のとおり，監査役会は，各監査役の職務の分担を定め，非常勤取締役である社外監査役に対してはその職務を限定していることが一般である（法390Ⅱ③）。したがって，その分担決議の内容そのものが合理的なものである限り，社外監査役はその決議に従って職務を行えば任務懈怠の責任を問われることは原則的にはないと考えられ，また常勤監査役の監査結果の報告内容が合理的なものである限り，その報告に基づいて自己の監査意見を形成すれば，やはり任務懈怠の責任を問われることは原則的にはないものと考えられる。

4 補欠監査役

(1) 補欠監査役制度

補欠監査役とは，監査役が欠けた場合，または会社法もしくは定款で定めた監査役の員数を欠くことになる場合に備えて，あらかじめ株主総会において選任される補欠の監査役である（法329Ⅲ，会規96）。

後記のとおり，監査役の法定人数を欠いた状態で作成された監査報告書は監査手続に瑕疵があるものとして無効と解されるが，不測の事態により監査役の員数を欠くことになった場合には，臨時株主総会を開催して後任を選任するか，裁判所による一時監査役の選任（法346Ⅱ）を申し立てるしかなく，緊急時における対応は困難である。そこで，会社法の制定により，補欠監査役の制度が明文化され，不測の事態に備えることが可能となった。なお，ここにいう員数を欠くことになる場合には，監査役会設置会社において所定の社外監査役の員数が欠けた場合も含まれる。

(2) 補欠監査役の選任方法

補欠監査役は株主総会において選任されるが，手続の詳細については会社法施行規則96条が規定している。選任決議にあたっては，当該候補者が補欠の監査役である旨，社外監査役として選任するときは，その旨を併せて決定しなけ

ればならない。

　1人または2人以上の特定の監査役の補欠として選任することも可能であるが，その場合にはその旨およびその特定の監査役の氏名を併せて決定する必要がある。もちろん，監査役を特定しないことも可能である。また，同一の監査役につき2人以上の補欠監査役を選任することも可能であるが，その場合には，その旨，および当該補欠の監査役相互間の優先順位を決定しなければならない。

　補欠監査役の選任の取消しについては，就任前にその選任の取消しを行う場合があることとそのための手続を，選任決議に併せて決定しておけば，その方法によることができる。具体的には，株主総会の普通決議による方法や取締役会決議による方法等が考えられる。なお，予備的選任時に選任の取消しについて定めておかなくても，選任後に開催された株主総会で補欠監査役の選任を取り消すことができ，または追加的に選任の取消しに関する手続を定めることもできる。

(3) 監査役への就任

　補欠監査役の選任決議の有効期間は，株主総会で短縮の決議をしない限り，決議後最初の定時株主総会の開催時までである（会規96Ⅲ）。ただし，定款で定めれば，有効期間を伸長することができる。

　補欠監査役は，選任決議の有効期間中に監査役が欠けた場合または員数を欠くことになった場合に監査役に就任する。補欠監査役の就任承諾については，時期的制約はない。補欠監査役として選任された時でも，補欠の対象となる監査役が欠けた後でもよい。

　なお，補欠監査役は，就任するまでは何らの権限や責任を持たないため，登記は行われない。

(4) 任　　期

　補欠監査役が監査役に就任した場合の任期は，当該補欠監査役の選任の時から起算して4年以内に終了する事業年度のうち最終のものに関する定時株主総会の終結の時までである。なお，非公開会社で監査役4年の任期を定款で伸長していたときは，その満了までとなる。

ただし，補欠監査役は，補欠として選任された監査役であるから，定款の定めをすることにより，前任者の任期満了時までとすることができる（法336Ⅲ。上記37頁参照）。この場合，補欠監査役選任時から起算される任期が前任者の任期の残存期間より短いときには，補欠監査役選任時から起算される任期満了時に退任することになることには注意を要する。

5 一時監査役

監査役の退任によって法律または定款において定めた員数を欠くに至った場合に，裁判所は，必要があると認めるときは，利害関係人の申立てにより，一時監査役の職務を行うべき者を選任することができる（法346Ⅱ）。当該手続によって選任された監査役は，一般に一時監査役と呼ばれている。

一時監査役選任の要件，資格等については，後記4 3(2)（61頁）をご参照いただきたい。

4 監査役の終任

1 終任事由

監査役は，任期満了，会社法所定の欠格事由の発生，定款所定の資格喪失，辞任，解任および委任の終了事由（民656・653），その他の事由によって退任する。以下，各終任事由について述べる。

(1) 任期満了

任期については前記のとおりである（前記2 6（36頁）参照）。

(2) 会社法所定の欠格事由の発生

会社法所定の欠格事由については前記のとおりである（前記1 2（11頁）参照）。監査役在任中にこれらの事由が生じた場合は，当然に監査役たる資格を失い退任することになる。なお，会社法335条2項の兼任禁止の規定を欠格事由の定めと解すべきでないことについては前記のとおりである。

(3) 定款所定の資格の喪失

例えば、日本国籍を有する者に限るという定款規定がある場合に国籍を失った場合などである。監査役在任中に資格を失った場合は、当然に監査役たる資格を失い退任することになる。いかなる資格の定めが許容されるかについては前記のとおりである（前記①3（15頁）参照）。

(4) 辞　　任

監査役と会社とは委任関係に立つ（法330）。したがって、監査役はいつでも辞任することが可能である（民651Ⅰ）。辞任は単独行為であり相手方つまり会社の承諾を必要としない。したがって、一方的に意思表示をすれば、会社にその意思表示が到達した時にその効力が生じる（民97Ⅰ）。また条件や効力発生期限を定めたり、代表取締役の決定に一任したりすることも可能である。意思表示の相手方は原則として代表取締役であり、辞任の意思表示の受理権限を与えられた代理人が存在する場合は別として、通常は代表取締役本人に到達することが必要である。

ただ、やむを得ない事情があって辞任する場合以外は、会社のために不利益な時期に辞任した場合には、辞任により会社に生じた損害を賠償しなければならないことに注意を要する（民651Ⅱ）。

監査役は、株主総会において、自らおよび他の監査役の辞任について意見を述べることができる（法345Ⅰ・Ⅳ）。また、辞任した監査役は、辞任後最初に招集される株主総会に出席し、辞任した旨およびその理由を述べることができる（法345Ⅱ・Ⅳ）。そのため、取締役は、辞任した監査役に対し、株主総会の招集等が決定された取締役会後、速やかに株主総会を招集する旨および日時・場所・議案等の通知を行い、意見を述べるか否かを確認しなければならない（法345Ⅲ・Ⅳ）。

【監査役の辞任届の記載例】

> 辞 任 届
>
> 　私は，今般一身上の都合により，本日をもって（または「来たる○月○日に開催される定時株主総会の終結と同時に」）監査役を辞任いたします。
> 　上記のとおりお届けします。
> 　平成○年○月○日
> 　　　　　　　　　　　　　　　　　　　　　　監査役　○○○○　㊞
>
> ○○○○株式会社
> 　代表取締役○○○○　殿

(5) **株主総会の決議による解任**

　監査役の解任とは，監査役本人の意思に関係なくその資格を第三者の意思により喪失させることである。

　株主総会はその決議によって監査役を解任できる。その理由，任期，時期のいずれを問わず，任意に，いつでも解任できる（法339Ⅰ）。ただし，その決議は特別決議によらなければならない（法339Ⅰ・309Ⅱ⑦・343Ⅳ）。特別決議とは，議決権を行使することができる株主の議決権の過半数（3分の1以上の割合を定款で定めた場合にあっては，その割合以上）を有する株主が出席し，出席した当該株主の議決権の3分の2（これを上回る割合を定款で定めた場合にあっては，その割合）以上に当たる多数をもって行う決議方法である（法309Ⅱ）。監査役の解任は，ことの性質上慎重を要するため，通常決議ではなく特別決議を要することとしたのである。

　当該監査役が種類株主総会において選任された者である場合，種類株主総会の決議により解任が可能である。種類株主総会において選任された監査役を，株主総会において解任することは原則としてできないが，定款において別段の定めをした場合，および，当該監査役の任期終了前に当該種類株主総会において議決権を行使することができる株主が存在しなくなった場合には，株主総会による解任が可能である（法347Ⅱ・339Ⅰ）。解任決議の要件については，株主

総会の場合と同様である（法324Ⅱ）。

　解任はしないという合意を代表取締役が監査役としていた場合にも，監査役の任免権は株主総会の専権事項であるので，株主総会は何らそれに拘束されず，自由に解任できる（東京高判昭27.2.13高民集5—9—360）。

　解任決議の対象となる監査役も株主として議決権行使をなしうる。

　株主総会の招集通知には，「議案の概要」の記載が義務付けられている。ただし，議案が確定していない場合には，その旨を記載すればよい（法298Ⅰ⑤，会規63⑦）。

　この点，株主総会参考書類の交付が義務付けられる会社において，監査役の解任を決議する場合には，議案の他，(イ)監査役の氏名，(ロ)解任の理由，(ハ)監査役が監査役の解任について意見があるときは，その意見の内容の概要を株主総会参考書類に記載しなければならない（会規73Ⅰ・80）。また，金融商品取引法の規定に基づき委任状勧誘を行うために株主総会参考書類の作成が免除される場合においても，同法36条の2第1項に規定する参考書類には，上記と同様の記載が必要となる（勧誘府令8）。

【監査役の解任議案の記載例】

第○号議案　監査役○○○○解任の件
　(1)　解任する監査役の氏名
　(2)　解任の理由
　　　　（略）
　(3)　当該監査役の略歴

氏名	略歴
○○○○	平成○年○月当社監査役 現在に至る。

　(4)　監査役の意見

　株主総会に監査役の解任が議題として上程された場合には，自己の解任であるか他の監査役の解任であるかを問わず，監査役は株主総会においてこれにつき意見を述べることができる（法345Ⅳ・Ⅰ）。

監査役が意見の陳述を求めたにもかかわらず，陳述の機会を与えないで，解任決議が行われた場合は，決議方法の法令違反と考えられ，株主総会決議の取消事由となる（東京高判昭58．4．28判時1081—130）。

　解任の効力がいつ生ずるかにつき，判例は解任決議の成立と同時に解任の効力を生ずるものとしているが（代表取締役につき，最判昭41.12.20民集20—10—2160），学説には，被解任者に対し告知をしたときと解すべきとする見解もある。

　解任決議に取消事由があって決議取消の訴えが提起されても，解任の効果の発生により被解任者はその監査役の資格を喪失してしまっており，被解任監査役は，その取消判決が確定した場合に，遡ってその資格に変動がなかったこととなるにすぎない。

　なお，解任された監査役は，株主総会決議に瑕疵があると考えた場合，決議の日から3ヶ月以内に決議取消の訴えを起こすことによりこれを争うことができる（法831①）。

　また，株主総会の解任決議が現実には何ら存在せず，または解任決議の手続における法令違背が著しく，法律上株主総会決議と評価しえないにもかかわらず，商業登記簿等にあたかも解任決議が存在したかのような外観が存している場合には，株主総会決議取消の訴えによるまでもなく，その解任決議は不存在と解されることになる（大阪高判平3．9．20判時1410—110）。

　さらに，監査役が任期中に解任された場合，その解任が正当な事由に基づくものでないときには，その監査役は会社に対し，解任によって被った損害の賠償を求めることができる（法339Ⅱ）。例えば，解任のときから本来の任期満了時までの監査役報酬相当額が，その損害といえる。

　「正当な事由」とは，要するに監査役に在任させることが客観的にみて社会通念上適切でないと認められる事由を意味するが，具体的に何を指すかについては必ずしも明確でない。正当な事由として認められる典型例は，例えば，次のようなものである。

　①　故意または過失によって法令・定款に違反したとき
　②　著しい任務懈怠

③ 監査役としての職務を行うに堪えないほどの心身の故障
④ 監査知識または監査能力の著しい欠如
⑤ 監査役たるにふさわしくない著しい非行

(6) **解任の訴え**

① **解任の訴えの要件**

　監査役が職務の遂行に関し不正の行為をなし，または法令もしくは定款に違反する重大な行為をしたにもかかわらず，株主総会または種類株主総会（注12）がその監査役の解任を否決した場合，または，監査役の解任につき種類株主総会の決議があることを必要とする旨の定めがあり，種類株主総会の決議が得られないために解任決議の効力が発生しない場合（法323）には，(i)総株主の議決権の３％以上にあたる株式を有する株主（ただし，当該監査役を解任する旨の議案について議決権を行使できない株主および当該請求に係る監査役である株主は除かれる），または(ii)発行済株式の３％以上にあたる株式を有する株主（ただし，当該株式会社である株主および当該請求に係る監査役である株主は除かれる）は，当該株主総会の日から30日以内に，裁判所にその監査役の解任を請求することができる（法854Ⅰ①②・Ⅱ・Ⅳ）。この３％の要件については，定款においてこれより低い割合を定めることが可能である。

　(注12)　種類株主総会により選任された監査役は，原則として当該種類株主総会の決議により解任される（52頁参照）。旧商法においては，種類株主総会において選任された監査役については，総株主の議決権の３％以上にあたる株式を有する株主は，種類株主総会の解任議案の否決を経ることなく，解任の訴えを提起することが可能とされていたが（旧商法257の３Ⅳ①），会社法の下では，このような趣旨の規定は存在しない。

　この解任の訴えは，少数株主を保護するために認められたものであるが，公開会社においては，６ヶ月前から引き続き３％以上にあたる株式を保有していることが要件となる（法854Ⅰ・Ⅱ）。この６ヶ月の保有期間制限についても，定款においてこれより短い期間を定めることが可能である。

　上記の６ヶ月前とは，訴えの提起の時から６ヶ月前という意味である。引き

続きとは、6ヶ月前から判決確定時までの間継続して3％以上の株式を持っているという意味である（口頭弁論終結時とする見解もある）。したがって、訴訟係属中に保有株式が3％を割った場合には原告適格を失い、訴えは却下となる。ただし、訴訟提起後に会社の新株発行ないし自己株処分によって持株比率が低下して保有株式が3％を割った場合については、原告適格を失わないとする有力な見解がある。

株主である限り、解任決議が否決された株主総会に出席したと否とを問わず、また決議に賛成したと否とも問わない。解任決議に関し議決権を有さない議決権制限株主を保有する株主でもよい。解任決議によって当該株主の利益が害されたか否かも問題とされない。

ここにいう「職務の執行に関し」とは、職務の遂行自体のみならず、会社の承認のない競業取引など、その遂行に直接間接に関連してなされた行為も含む。また、「不正の行為」とは、会社に対する忠実義務に違反して会社に損害を生ぜしめる故意の行為をいう。法令もしくは定款に違反する行為が「重大」か否かは、各々の具体的な場合ごとに社会通念により判断するしかない。これには過失の場合を含み、過失による任務懈怠も重大な違反である場合には解任事由に該当しうる。

また、監査役解任議案が否決されたことが解任請求の要件とされていることから、当該要件を充足するために、解任請求に先行して、株主総会招集請求（法297・325）または株主提案権（法303・325）を行使して、監査役解任議案を株主総会または種類株主総会に付議する場合も多い。

② **訴え提起の方法・判決の効果**

解任の訴えの被告は、会社と対象監査役の双方となる（法855）。

監査役の解任の訴えは会社の本店所在地を管轄する地方裁判所の専属管轄となる（法856）。

解任の訴えの係属中に当該監査役が任期満了、辞任等により退任にした場合は、訴えの利益が失われるため請求は却下される。訴訟係属中に、当該監査役が退任した後に、新たに株主総会で再任された場合についても、株主総会に

よって適性に関する新たな判断がなされている以上，特別の事情がない限り，原則として訴えの利益を欠くとされる（神戸地判昭51.6.18判時843—107）。

解任の訴えの認容判決が確定すると，解任の効果は当然に生じる（形成判決）。ただし，この判決は，監査役としての欠格事由とはされていないので，解任された監査役が株主総会により再任されることは妨げられない。

【監査役解任の訴えの訴状の記載例】

訴　　状

〒〇〇〇—〇〇〇〇　　東京都〇〇区〇〇町〇丁目〇番〇号
　　　　　　　　　　　　　　　　原告　　　　　　　　〇〇〇〇
（送達場所）　〒〇〇〇—〇〇〇〇　東京都〇〇区〇〇町〇丁目〇番〇号
　　　　　　　　　　　　　　上記代理人弁護士　　〇〇〇〇
　　　　　　　　　　　　　　　TEL　〇〇—〇〇〇〇—〇〇〇〇
　　　　　　　　　　　　　　　FAX　〇〇—〇〇〇〇—〇〇〇〇
〒〇〇〇—〇〇〇〇　　東京都〇〇区〇〇町〇丁目〇番〇号
　　　　　　　　　　　　　　　　被告　　　　株式会社〇〇〇〇
　　　　　　　　　　　　　　上記代表者代表取締役　　〇〇〇〇
〒〇〇〇—〇〇〇〇　　東京都〇〇区〇〇町〇丁目〇番〇号
　　　　　　　　　　　　　　　　被告　　　　　　　　〇〇〇〇

取締役解任請求事件
訴訟物の価額　　金160万円
ちょう用印紙額　金1万3,000円

第1　請求の趣旨
1　被告会社の監査役〇〇〇〇を解任する
2　訴訟費用は被告等の負担とする
との判決を求める。

第2　請求の原因
1　原告は，被告会社の発行済株式総数〇株の100分の3以上に当たる〇株を6ヶ月前から所有する株主である（甲〇）。
2　被告会社は，〇〇〇〇を目的とする株式会社であるが，別紙物件目録記載の

物件（以下「本件物件」という。）を所有してこれを賃貸しており，その賃料収入が会社の唯一の収入となっていた（甲○）。

3　しかるに，被告会社の代表取締役○○○○（以下「○○」という。）は，平成○年○月○日，取締役会の決議を経ることなく，独断で本件物件を○○所在の○○株式会社に売却した（甲○）。本件物件は被告会社の唯一の主要な資産であり，この行為は明らかに会社法第362条4項1号に違反する違法行為である。

4　ところが，被告会社の監査役である被告○○○○は，○○の上記売却につき，事前に認識していたにもかかわらず，○○と親しい関係にあることから，これを容認し，監査役としてなすべきこれを止めさせる行為を一切行わなかった（甲○）。

5　そこで原告は，上記事由を理由に，被告○○○○の監査役解任のための株主総会招集を被告会社に求め，平成○年○月○日，株主総会は開催された。しかし，被告○○○○の監査役解任の議案は否決された（甲○）。

6　しかしながら，すでに述べたとおり，被告○○○○の行為は，故意により監査役としての任務を懈怠したものであり，これにより被告会社には重大な損害が生じており，監査役としての職務の執行に関する不正の行為または法令もしくは定款に違反する重大な行為に該当することは明らかである。

7　よって，会社法854条1項に基づき本訴に及んだ。

証拠方法

1　甲1号証　履歴事項全部証明書
2　甲2号証　株主名簿
3　甲3号証　売買契約書
4　甲4号証　事業報告書
5　甲5号証　株主総会議事録写

附属書類

1　履歴事項全部証明書　　1通
2　訴訟委任状　　　　　　1通

平成　　年　　月　　日

○○地方裁判所　御中

原告代理人弁護士　　○○○○　㊞

③ 職務執行停止の仮処分・職務代行者選任の仮処分

　株主は，監査役解任の訴えを起こすに際し，その監査役が訴訟係属中引き続きその地位にあることにより著しい損害または急迫の危険が生ずることを避けるため必要があるときには，裁判所に対し，監査役の職務の執行を停止し，さらに監査役の職務代行者を選任する仮処分の申立てをすることができる（民保23Ⅱ）。申立ての相手方は，会社と対象監査役の双方となる。この場合，保全の必要性の疎明が必要である。職務代行者には，弁護士が選任されるのが通例である。

　監査役の職務執行停止，職務代行者選任の仮処分およびその変更・取消しは，嘱託登記される（法917①，民保56）。

(7) 委任の終了事由

　会社と監査役の関係は，委任である（法330）。したがって，委任の法定終了事由により監査役は退任する。すなわち，監査役が死亡した場合，監査役が破産手続開始決定を受けた場合，監査役が後見開始の審判を受けた場合である（民653）。監査役が後見開始の審判を受けた場合については，会社法331条1項2号の欠格事由と重複している。

　ただし，会社が破産手続開始決定を受けた場合については，会社財産面以外の業務執行権限は取締役に残り取締役は資格を失わず，その業務執行を監査すべき監査役も資格を失わないとするのが判例（最判平21.4.17判時2044―74）および実務の運用である。なお，会社の解散は，取締役の場合と異なり，監査役の終任事由とはならない（法480Ⅰ参照）。したがって，解散・清算中の会社における監査役であっても，監査役に関する登記事項に変更を生じた場合は，その旨の変更登記を要することになる。

(8) その他

　上記以外の終了事由として，会社更生手続における更生計画認可決定時の退任などがある（更生211Ⅳ）。

2　退任登記

監査役の退任のあった場合はその旨の変更登記をしなければならない（法911Ⅲ⑰・915Ⅰ，商登54Ⅳ）。

監査役の退任による変更登記は，退任の効果が生じた後2週間以内に本店所在地を管轄法務局で行わなければならない（法915Ⅰ）。

登記申請は代表取締役がなすことを要するが，代理人を使うことも可能である（商登17Ⅱ）。例外として，解任の訴えで解任判決が確定した場合は，裁判所が嘱託登記を行う（法937Ⅰ①ヌ）。

辞任した監査役は，会社に対して，委任契約の終了に伴う契約上の義務としては，その旨の登記手続をすることを請求することができる（東京高判30.2.28高民集8—2—142）。

登記申請に必要な添付書類は，退任を証する書面とされ（商登54Ⅳ），具体的には，辞任したときは辞任届，死亡したときは死亡届・戸籍謄本等，株主総会において解任した場合には株主総会議事録（任期満了による場合は原則不要）などである。

ただし，任期満了または辞任により退任した場合で，会社において法または定款で定める監査役の員数に欠員を生ずる場合には，退任した監査役は，後任の監査役が就任するまではなお引き続き監査役としての職務を行わなければならないため（法346Ⅰ），そのような場合の監査役の退任の登記の申請は，後任監査役の就任登記の申請と同時でなければ受理されないものとされている（最判昭43.12.24民集22—13—3334）。

そこで，この場合，会社が後任の監査役を選任しないときは，退任監査役としては，退任の登記を実現するためには，裁判所に対し一時監査役の選任を申請しなければならないこととなる（法346Ⅱ）。

3　欠員の場合の処置

(1)　退任監査役の権利義務

法律または定款において定められた監査役の員数を欠くに至った場合におい

て，任期の満了または辞任によって退任した監査役は，新たに選出された監査役が就任するまで，なお監査役としての権利義務を有する（法346Ⅰ）。

この場合，取締役（取締役会設置会社において取締役会）は遅滞なく株主総会を招集して後任の監査役を選出しなければならず，それを怠ったときは過料に処せられる（法976㉒）。

任期の満了または辞任によって退任した監査役は，後任者が就任するまでは，なお監査役としての権利義務を有するから，その限りにおいて実質的に監査役の資格が継続しているのと異ならない。したがって，上記のとおり，その間は退任による変更登記をなすことはできない。また，同じ理由から，退任登記の申請期間の起算点も後任者の就任の時となる。

(2) **一時監査役の選任**

監査役の退任によって法律または定款において定めた員数を欠くに至った場合に，裁判所は，必要があると認めるときは，利害関係人の申立てにより，一時監査役の職務を行うべき者を選任することができる（法346Ⅱ）。

当該手続によって選任された監査役は，一般に「一時監査役」または「仮監査役」などと呼ばれる。

管轄する裁判所は，会社の本店所在地の地方裁判所である（法868Ⅰ）。

利害関係人には，取締役，監査役，株主をはじめ，会社の債権者，使用人なども含むと解されている。なお，会社自身は含まれない。

一時監査役の選任は，必要性が要件とされているが，どのような場合に監査役選任のための臨時株主総会の開催によらないで一時監査役選任の必要性を認めるかは問題である。この点，東京地裁は，会社の規模や株主数にもよるが，定時株主総会開催まで3ヶ月ほどを切っているような場合には必要性があると認めるが，これに対し，定時株主総会開催まで6ヶ月以上あるような場合は原則としては認めない（ただし，最終的には，会社の規模や株主数を考慮して要否を判断する）としている。

一時監査役の資格については法律上制限がないが，実務的には中立的な立場にある弁護士または公認会計士が選任されることが多い。ただし，監査役は業

務執行権を有しておらず，会社内部の勢力争いに影響を与える可能性も低いことから，会社（取締役）が，後任監査役に選任される予定の者を候補者として推薦してきた場合には，その公正さが確保される限り，同人の選任も認められる。

　一時監査役の選任にあたり，審問のための期日の開催は法律上要求されていない。この取扱いは裁判所により異なるが，一時監査役の行うべき事務が単純である場合，申立書および添付資料の書面審査だけとし，期日は開かれない場合も多い。審問のための期日が開かれる場合，期日は申立ての日から1週間から10日程度の間に指定されることが多い。選任決定は審問の結果により直ちに行われることが一般である。

　一時監査役の権限は通常の監査役と何ら変わりがない。一時監査役の選任については，本店の所在地において裁判所の嘱託により登記がなされる（法937Ⅰ②イ）。

　裁判所は，会社および一時監査役の意見を聞いて，一時監査役に対する報酬を，会社に支払わせることができる（法870Ⅰ①）。実際には，予納させていた金額の範囲内で，実際の業務量から判断されることになろう。

　一時監査役は，新たに選任された監査役が就任したときは，これにより当然その地位を失う。したがって，新たに選任された監査役の就任登記と同時に一時監査役の登記は職権で抹消される（商登則68Ⅰ）。

【一時監査役選任申立書の記載例】

一時監査役選任申立書

〒〇〇〇―〇〇〇〇　東京都〇〇区〇〇町〇丁目〇番〇号
　　　　　　　　　　　　　　申立人　　　　〇〇〇〇
（送達場所）〒〇〇〇―〇〇〇〇　東京都〇〇区〇〇町〇丁目〇番〇号
　　　　　　　　　　　　上記代理人弁護士　〇〇〇〇
　　　　　　　　　　　　TEL　〇〇―〇〇〇〇―〇〇〇〇
　　　　　　　　　　　　FAX　〇〇―〇〇〇〇―〇〇〇〇

申立ての趣旨

株式会社○○○○の監査役の職務を一時行うべき者の選任を求める。

申立ての理由

1 株式会社○○○○（以下「本件会社」という）は，資本金○○億円（発行済株式総数○○万株）で，○○○を目的とする監査役会設置会社である。
2 申立人は，本件会社の取締役である。
3 本件会社の定款○条○項によれば，監査役は4名以内とされ，平成○年○月○日の株主総会において，○○○○，○○○○，○○○○の3名が選任され就任していた。
3 ところが，平成○年○月○日，上記○○○○が死亡したため，会社法第335条第3項所定の監査役の員数を欠くに至った。
4 本件会社としては，後任監査役の選任手続をすべきところ，本件会社の定時株主総会は平成○年○月○日開催の予定であり，同日までに臨時株主総会を開いて監査役を選任することは困難であるので，会社法第346条第2項の規定に基づき上記定時株主総会まで一時監査役の職務を行う者を選任されたく申し立てる次第である。

疎明方法

1 登記事項証明書
2 定款写し
3 死亡診断書
4 陳述書

添付書類

1 委任状　　　　　　1通
2 登記事項証明書　　1通
3 申立書副本　　　　1通
4 甲号証写し　　　各1通

平成○年○月○日

東京地方裁判所民事第8部御中

上記申立人代理人
弁護士　○　○　○　○　㊞

　本記載例は一時監査役候補者を推薦しない場合のものであるが，候補者を推薦する場合はその旨を記載し，候補者の履歴書，就任承諾書，会社が任意に報

酬を支払いまたは申立人が直接立替払をする場合には，候補者の報酬放棄書，さらに，事案により，推薦者を一時監査役に選任することについて会社に争いがないことを明らかにする資料を添付する。なお，除籍謄本があれば死亡診断書に代えて，除籍謄本を添付する。

(3) 常勤監査役の欠員

監査役会設置会社においては，半数以上の社外監査役を含む3名以上の監査役を置かなければならず，かつ，監査役会は，監査役の中から常勤の監査役を選定しなければならない（法390Ⅲ）。この常勤監査役に欠員が生じた場合の取扱いは次のとおりである。

① **退任常勤監査役の権利義務**

常勤監査役の退任により，常勤監査役の欠員のみならず，法律または定款において定められた監査役の員数自体が欠員となる場合においては，任期の満了または辞任によって退任した常勤監査役は，新たに選出された監査役が就任するまで，なお監査役としての権利を有し義務を負う（法346Ⅰ）。そして，当該監査役はあらためて監査役会の決議によるまでもなく常勤監査役の任を負担していると解される。

これに対し，常勤監査役の退任により，常勤監査役の欠員となるものの，法律または定款において定められた監査役の員数自体は欠員とならない場合においては，常勤監査役制度の要請を欠いているのみであり，会社法346条1項の「法律または定款で定めた監査役の員数が欠けた場合」には該当しない。したがって，この場合は，会社法346条1項の適用はない。

② **常勤監査役欠員の場合の対応**

常勤監査役が欠員となる場合としては，上記の常勤監査役退任の場合のほか，常勤監査役が常勤であることを辞任した場合などが考えられる。

この場合，監査役は速やかに監査役会の決議により後任の常勤監査役を選任しなければならない。その選任が不可能な場合（監査役全員がどうしても他社の常勤を辞めることができない場合など）には，株主総会において後任の常勤することが可能な監査役を速やかに選任し，新たに選任された監査役を加えた

監査役会の決議により，新たな常勤監査役を選任することになろう。

③ 一時常勤監査役の選任

常勤監査役の退任により，常勤監査役の欠員のみならず，法律または定款により定められた監査役の員数自体も欠員となる場合においては，会社の本店所在地の裁判所は，必要があると認められる場合，取締役等の利害関係人の請求により一時常勤監査役の職務を行うべき者（一時常勤監査役）を選任することができる（法346Ⅱ）。

これに対し，常勤監査役の退任により，常勤監査役の欠員となるものの，法律または定款で定めた監査役の員数自体は欠員とならない場合においては，残った監査役の中から常勤監査役を選任し直せば足りるのであるから，原則として一時常勤監査役を選任する必要はない。しかし，常勤監査役と非常勤監査役とでは，その勤務形態，期待される役割に大きな違いがあり，他の監査役は非常勤であることを前提に監査役を引き受けていることも多い。その場合，残った監査役の中から常勤監査役を選任することは事実上困難であり，このような場合にも，一時常勤監査役の選任を認めるべきである（法346Ⅱの類推適用。東京地裁もこの取扱いを認める）。ただし，この点については，これは常勤監査役制度の要請を欠いているにすぎず，会社法346条1項にいう「法律または定款で定めた監査役の員数が欠けた場合」には該当しない以上，一時常勤監査役の選任は認められないとする反対説がある。

(4) 社外監査役の欠員

監査役会設置会社においては，半数以上の社外監査役を置かなければならない（法335Ⅲ）。この社外監査役に欠員が生じた場合の取扱いは次のとおりである。

① 退任社外監査役の権利義務

社外監査役の退任により社外監査役に欠員が生じた場合は，「法律または定款で定めた監査役の員数が欠けた場合」に該当すると解される。したがって，任期の満了または辞任によって退任した社外監査役は，新たに選出された社外監査役が就任するまで，なお社外監査役としての権利を有し義務を負う（法

346Ⅰ)。ただし，この点については，これは会社法346条1項にいう「法律または定款で定めた監査役の員数が欠けた場合」に該当せず，権利義務の継続は認められないとする反対説がある。

② **社外監査役欠員の場合の対応**

社外監査役が欠員となる場合としては，社外監査役が退任した場合のほか，社外取締役が社外監査役としての要件を満たさなくなりその地位を喪失した場合などが考えられる。この場合，株主総会において後任の社外監査役を速やかに選任することが必要となる。

③ **一時社外監査役の選任**

社外監査役が欠員となる場合においては，会社の本店所在地の裁判所は，必要があると認められる場合，取締役等の利害関係人の請求により一時社外監査役の職務を行うべき者（一時社外監査役）を選任することができる（法346Ⅱ。法務省担当者，東京地裁もこの取扱いを認める）。ただし，この点についても，これは会社法346条1項の定める場合に該当せず，一時社外監査役の選任は認められないとする反対説がある。

4　欠員の場合の監査の効力

(1)　会社法または定款で定められた監査役の員数を欠いた場合

監査役が一時的に法律または定款で定められた監査役の員数を欠くことになったことによって，当然に監査役監査に瑕疵を生ずるということはない。

しかし，監査役会設置会社において，監査報告の作成時点で会社法で定めた監査役の員数を欠く場合は，監査役の員数を欠く監査役会は適法な監査役会とは言えず，監査役会の監査報告に瑕疵が生じる（無効となる）ことになる。

したがって，この場合，非会計監査人設置会社においては，株主総会の計算書類承認決議について取消事由があることになる（最判昭54.11.16判時952—113）。また，会計監査人設置会社においては，会社法439条が適用されず，会社としては，貸借対照表および損益計算書について定時総会での報告事項とすることはできず，それらの計算書類を定時総会に提出して承認を求めなければ

ならないことになる（法438Ⅱ）。さらに，株主総会の承認決議を得れば，それで問題はないかというとそうではなく，そのような瑕疵のある監査報告を前提にした株主総会の計算書類承認決議については取消事由があることになる。

(2) 常勤監査役を欠いた場合

監査役会設置会社において，常勤監査役がおよそ定められなかった場合（常勤と定められた者が欠けた場合に，あらためて常勤者を定めなかった場合を含む）には，会社の監査役の職務に専念する者がいなかったことになるので，(1)の監査役の欠員の場合と同様に扱うべきである（ただし，有力な反対説がある）。

これに対し，常勤監査役と定められた者が事実上常勤をしなかったにとどまるときは，その者の任務懈怠の問題であり，それにより監査に瑕疵が生じることはないと解すべきである。

(3) 社外監査役を欠いた場合

監査役会設置会社において，必要な社外監査役の員数が欠けた場合についても，(1)の監査役の欠員の場合と同様に扱うべきである。このような監査の効力をそのまま認めるときは，会社法が監査役会設置会社について半数以上の監査役は社外監査役でなければならないとして，独立性の高い監査役の選任を強制し監査の実効性を高めようとした趣旨を没却させること，社外監査役の員数を欠く監査役会は適法な監査役会とは言えないこと，などによる。

3 監査役の報酬等

1 監査役の報酬

1 定款または株主総会の決議による決定

監査役の報酬等（報酬，賞与その他の職務執行の対価として会社から受ける財産上の利益）は，定款にその額を定めていないときは株主総会の決議をもって定めなければならない（法387Ⅰ）。ここで要求される株主総会の決議は普通決議である（法309Ⅰ）。

監査役の報酬の決定を定款または株主総会の決議によるものとしたのは，取締役の場合のように取締役会に委ねるとお手盛りの弊害が生ずるのと異なり，監査役については，取締役会に委ねると取締役に対する独立性が確保されないことを主たる理由とする。

実際には，定款に監査役の報酬等の額を記載する例は稀であるから，監査役の報酬等は基本的には株主総会の決議によることとなる。

監査役の報酬は，取締役の報酬と区別して定められる必要があり，取締役の報酬と一括して定めることは認められない。これに反する株主総会の決議は内容が違法なものとして無効である。ただし，取締役と監査役の両方の報酬を改定する場合に，両者を分けて2つの議案にする必要まではなく，「取締役および監査役報酬改定の件」とすることは認められる。

報酬の額は，監査役の各個人別に決議する必要はなく，監査役に対する報酬の総額を限度として定めればよい。

なお，監査役には必ず報酬を支払わなければならないものではなく，無報酬であってもよいが，無報酬というのは監査役の重大な職責からみて本来妥当ではなく，例外的な場合に限られるべきである。

監査役については，取締役と異なり，不確定金額方式や非金銭方式による報酬の決定は認められていない（法361Ⅰ参照）。この点，不確定金額報酬については，監査役は経営の意思決定に参画しないことなどから，業績連動報酬は必ずしも適合しないとして不確定金額報酬の支給を否定する見解（法務省担当者）と，これを禁止する積極的な理由はないことや，ベンチャー企業において人材を得るために利用するなど現実のニーズもあることなどから，不確定金額報酬の支給も許容され，取締役に関する会社法361条1項を類推すべきであるという見解がある。業績連動報酬を含む不確定金額報酬を支払うためには，前者の見解に立つ場合は，確定額として報酬の上限額を定めてその範囲内で支払うよう制度設計を工夫すべきことになる。後者の見解に立つ場合は，「具体的な算定方法」を定めることで可能である。

一方，現物報酬等の非金銭報酬については，会社法がこれを否定しているとは考えられず，時価を算定し，確定額報酬として支給することが許容される（法務省担当者）。

これに関連し，会社法下のストック・オプションの付与については，新株予約権と引き替えに金銭の払込みを要しないこととして新株予約権を付与する無償方式と，新株予約権の公正価額を払込金額として発行し，同時に割当てを受ける新株予約権に相当する報酬を付与し，新株予約権の払込金額と報酬とを相殺する相殺方式とがあるが，無償方式による場合，取締役については，会社法361条1項1号の確定額報酬かつ同項3号の非金銭報酬（新株予約権の公正価値が具体的な金額として算出可能な場合）または同項2号の不確定金額報酬かつ同項3号の非金銭報酬（新株予約権の公正価値を算式で表示する場合）に基づく株主総会決議が必要とされているのに対し，監査役については，上記の不

確定金額報酬の支給の可否に関する前者の見解によれば，新株予約権の公正価値が具体的金額として算出可能であることを前提に，これを算出し確定額報酬かつ非金銭報酬として株主総会決議を得るべきこととなる。

他方，相殺方式による場合には，支給されるのは新株予約権の払込価額相当額の金銭報酬となるので，確定額報酬として株主総会決議を得るべきこととなる。

ここで要求される株主総会の決議は，普通決議による（法309Ⅰ）。

監査役は，株主総会において，監査役の報酬について，意見を述べることができる（法387Ⅲ）。この意見陳述は，その株主総会において監査役の報酬が議題になっているかどうかを問わず可能である。また，その報酬が自己に関するかどうかを問わず可能である（後記4参照）。

株主総会の招集通知には，「議案の概要」の記載が義務付けられている。ただし，議案が確定していない場合には，その旨を記載すればよい（法298Ⅰ⑤，会規63⑦）。

この点，書面または電子投票による議決権行使を認める場合（議決権を有する株主の数が1,000以上の場合は原則として義務付けられる）に招集通知に添付する株主総会参考書類には，議案，提案の理由の他，報酬額算定の基準または変更の理由を記載しなければならない（会規73Ⅰ・84Ⅰ①②）。議案が2人以上の監査役の報酬の総額を定める場合には，監査役の員数も併せて記載しなければならない（会規84Ⅰ③）。さらに，監査役の報酬改定の議案について監査役の意見があるときは，その意見の内容の概要も記載しなければならない（会規84Ⅰ⑤）。

金融商品取引法の規定に基づき委任状勧誘を行うために株主総会参考書類の作成が免除される場合においても，同法施行令36条の2第1項に規定する参考書類には，上記と同様の記載が必要となる（勧誘府令12）。

【監査役の報酬改定議案の記載例】

> 第○号議案　監査役報酬改定の件
>   当社の監査役の報酬額は，平成○年○月○日開催の第○回定時株主総会において，「月額○○万円以内」と決議いただき，今日に至っておりますが，その後の経済情勢の変化等諸般の事情を考慮いたしまして，これを「月額○○万円以内」と改定し，平成○年○月支払分から適用させていただきたいと存じます。
>   なお，現在の監査役は○名でありますが，第○号議案を原案どおりご承認いただきますと，監査役は○名となります。

2　配分の決定

　監査役が2人以上いる場合に，定款または株主総会の決議でその総額のみが定められ，各監査役の受けるべき報酬の額が定められていないときは，その額は上記報酬総額の範囲内において監査役の協議をもって定める（法387Ⅱ）。「協議」とは，全員一致の合意をいう。その趣旨は，監査役の個別的報酬の決定についても，取締役の関与を排除し，監査役の独立性を保障するとともに，監査役相互の間においてもその職務の遂行につき独立性を確保することにある。それゆえ，監査役の協議には監査役全員が参加して，その配分額を各個人ごとに決定しなければならない。この場合，取締役会または代表取締役が配分原案を提示し，その原案に従って任意に決定することは差し支えないが，その場合も監査役はその原案に拘束されるものではなく，あくまで，全監査役の協議に最終決定権が残されていることが必要である。監査役全員が，その合意をもって，配分は監査役の多数決による旨を定め，あるいは特定の監査役に決定を一任する旨を定めることは差し支えない。また，監査役全員の合意をもって，その配分を監査役以外の第三者に委ねることができるかも問題となるが，会社法387条1項および2項の趣旨からすれば，監査役の報酬の配分は監査役自身が決定すべき事項と解さざるを得ず，報酬額の決定を代表取締役または取締役会に一任することは許されないと解すべきである。

　総会で定められた総額は報酬の最高限度額であり，そのすべてが監査役に配

分される必要はない。

　監査役の協議により各監査役の報酬額が具体的に定まったときは，その時点で監査役の会社に対する報酬請求権が発生する。したがって，監査役は，遅滞なく代表取締役にその額を通知して，その請求権の発生を明確にしておく必要がある。そのため，実務としては，協議書を作成し，代表取締役に提出するのが通例である。各監査役間の協議が成立しなければ，各監査役は会社に対して報酬の支払を請求することができない。この場合には，監査役は裁判所に会社を被告として訴えを提起し，株主総会の決議の範囲内でその額を決定してもらうことができるとする有力な見解もあるが，監査役間で協議が調わないときは，民法の共有物の分割請求（民258Ⅰ）のように協議に代わる裁判ができるという規定も存せず，そのような扱いは不可能と考えるべきである。したがって，どうしても協議が成立しないときは，あらためて株主総会を開き，各監査役の報酬額を決めるしかない。

　なお，監査役会設置会社においては，実務上監査役会において，監査役全員の同意を前提として配分の協議が行われているが，持ち回りによるなど，他の方法によっても差し支えない。

【監査役報酬の配分の協議書の記載例】

協　議　書

平成○年○月○日

○○○○株式会社
代表取締役○○○○殿

　　　　　　　　　　　　　　　　　　　○○○○株式会社
　　　　　　　　　　　　　　　　　　　監査役　○○○○　㊞
　　　　　　　　　　　　　　　　　　　監査役　○○○○　㊞
　　　　　　　　　　　　　　　　　　　監査役　○○○○　㊞

　平成○年○月○日開催の当社第○○回（期）定時株主総会で決議された監査役の報酬額について，会社法第387条第2項に基づき各監査役が受ける報酬額を，監査役○名全員の協議により下記のとおり決定いたしましたので報告いたします。

記

各監査役の受ける報酬額
 監査役○○○○　　　月額　○○円
 監査役○○○○　　　月額　○○円
 監査役○○○○　　　月額　○○円
ただし，平成○年○月以降支給される報酬より適用する。

以上

② 監査役の賞与

1　監査役の賞与の位置付け

　会社法361条は「報酬，賞与その他の職務執行の対価として株式会社から受ける財産上の利益」を「報酬等」と定義しており，賞与も報酬等の一種であり，その支給には株主総会の決議が必要となる（法387Ⅰ）。

　この点，監査役は取締役と違って監査を行うのみで，利益をあげる業務執行自体には関与していないのであるから，監査役が賞与を支給されるのは不合理であるとの指摘もあるが，監査役も監査を通して会社の業績や発展に寄与しているのであり，監査役に対して賞与を支給することにも合理性があると考えられ，実務もこの立場に立っている。

2　総会決議および配分決定の方法等

　株主総会で決議した報酬枠に余裕があれば，これを利用して賞与を支給することが可能であるが，独立した株主総会の賞与支給議案で決議することも可能である。この場合，監査役の賞与は，取締役の賞与とは区別して定める必要がある。

　数人の監査役に対する賞与がその総額のみをもって定められたときは，各人の受ける賞与の額は監査役全員の協議によって定めなければならない。賞与の額につき協議が成立したときは，報酬の場合と同様，協議書を作成し，代表取締役に提出するのが通例である。なお，監査役はその賞与に関して株主総会に

おいて意見を述べることができる。

【監査役賞与支給議案の記載例】

> 第○号議案　監査役報酬改定の件
> 　当期末の監査役○名に対し，当期の業績等を勘案して，監査役賞与として総額○○○○円を支給いたしたいと存じます。
> 　なお，各監査役に対する金額は，監査役間の協議にご一任願いたいと存じます。

【監査役賞与の配分協議書の記載例】

> 　　　　　　　　　　　　　協　議　書
>
> 　　　　　　　　　　　　　　　　　　　　　　　　平成○年○月○日
> ○○○○株式会社
> 代表取締役○○○○殿
>
> 　　　　　　　　　　　　　　　　　　　　　　○○○○株式会社
> 　　　　　　　　　　　　　　　　　　　　　監査役　○○○○　㊞
> 　　　　　　　　　　　　　　　　　　　　　監査役　○○○○　㊞
> 　　　　　　　　　　　　　　　　　　　　　監査役　○○○○　㊞
>
> 　平成○年○月○日開催の当社第○○回（期）定時株主総会で承認決議された監査役の賞与について，会社法第387条2項に基づき各監査役が受ける賞与額を，監査役○名全員の協議により下記のとおり決定いたしましたので報告いたします。
> 　　　　　　　　　　　　　　　記
> 　各監査役の受ける賞与額
> 　　監査役○○○○　　　　○○万円
> 　　監査役○○○○　　　　○○万円
> 　　監査役○○○○　　　　○○万円
> 　　　　　　　　　　　　　　　　　　　　　　　　　　　　　以上

③ 監査役の退職慰労金

1 監査役の退職慰労金の位置付け

監査役の退職慰労金も，監査役の職務執行の対価として会社から受ける財産上の利益であり，報酬等の一種であるから，その支給には株主総会の決議が必要となる（法387Ⅰ）。

2 総会決議および具体的金額の決定等

監査役の退職慰労金の決定を監査役ないし監査役会に無条件に一任する株主総会決議は許されないと解されている。

これに対し，監査役の退任慰労金について，その客観的でかつ合理的な算定基準（例えば，在職年数や退任時の報酬月額を基準とし，これに一定係数を乗ずるなどの方法により，また功労加算の上限も30％程度に定められているなど）が会社の内規（例えば，役員退職慰労金支給規程など）において明確に定められており，かつ上記内規の存在および内容を株主が閲覧などの方法により容易に知りうる状況にあるならば，株主総会においては退職慰労金を支給すべきことのみを決議し，支給すべき具体的金額については，これを内規や慣行に従うこととして，監査役の協議に一任することは差し支えないと解されており（最判昭39.12.11民集18―10―2143等），会社法施行規則もこれを認めることを前提にしている（会規84Ⅱ）。このような方法であれば，監査役の職務の独立性を害することにはならないし，また，お手盛り的な退職慰労金の支給を生ずるおそれもないからである。会社の実務においても，そのような株主総会決議が行われるのが一般的な慣行となっている。なお，内規の作成は，会社の業務執行の一内容であるから，取締役ないし取締役会が定めることができる。

同一人が取締役を退任したのち監査役に就任し，または逆の場合，あとの監査役（取締役）を退任したときに，取締役（監査役）在任中の分も含め一括して退職慰労金を支給することが可能かも問題となるが，会社法387条が，監査

役の職務の独立性を保障するため，株主総会において，監査役の報酬を取締役の報酬と区別して決議すべき趣旨を定めている点に照らせば，本来それぞれの役員を退任したときに，それぞれの退職慰労金を支給するのがより適切であり，最近の実務ではこの方法がとられていることが多い。ただし，一括支給の方法も許容されると解されており，一括支給の方法によるときは，「退任監査役○○○○氏に退職慰労金を贈呈することとし，その具体的金額，贈呈の時期，方法等については，取締役在任中の分については取締役会の決議に，監査役在任中の分については監査役の協議にそれぞれ一任する」旨の議案となる。

　書面または電子投票による議決権行使を認める場合（議決権を有する株主の数が1,000人以上の場合は原則として義務付けられる）に招集通知に添付する株主総会参考書類には，対象となる退職する（した）監査役の略歴を記載することが義務付けられている（会規84Ⅰ④）。また，支給する退職慰労金の額を内規等の一定の基準に従い支給することを取締役，監査役その他の第三者に一任する場合は，その一定の基準の内容も参考書類に記載する必要がある（会規84Ⅱ）。ただし，その基準を本店に備え置き株主の閲覧に供するなど各株主が当該基準を知ることができるようにするための適切な措置を講じている場合には，参考書類への記載の必要がない（同但書）。金融商品取引法施行令36条の2第1項に規定する参考書類についても同様である（勧誘府令12Ⅱ）。実務は基本的にこの但書の方法によっている。

　なお，上記の措置を講じている場合において，株主総会の場で株主から基準の内容を質問された場合には，会社は原則としてそれに回答しなければならない。

【監査役に対する退職慰労金贈呈議案の記載例】

> 第○号議案　退任監査役に対し退職慰労金贈呈の件
> 　監査役の○○○○氏は，本定時総会終結の時をもって退任されますので，在任中の労に報いるため，当社における一定の基準に従い，相当額の範囲内において退職慰労金を贈呈いたしたいと存じます。
> 　なお，その具体的金額，贈呈の時期，方法等は，監査役の協議にご一任願いた

いと存じます。
　退任監査役の略歴は次のとおりであります。

氏名	略歴
○○○○	平成○年○月　当社経理部長 平成○年○月　当社監査役 現在に至る

【退職慰労金内規の例（ただし，基本条項のみ）】

監査役退職慰労金に関する内規

第1条（目的）
　この内規は，当会社の監査役が退任したときに，株主総会の決議に基づき贈呈する退職慰労金について必要な事項を定める。

第2条（定義）
1．この内規にいう退任とは，当会社の監査役がその地位を離れることをいい，2期以上引き続いて監査役に選任された場合の各任期の満了は退任とはしない。
2．この内規にいう退職慰労金とは，退任した当会社の監査役に対して贈呈する基本額と功労加算金の合計額をいう。

第3条（基本額）
　退職慰労金の基本額は，当該監査役が在任した役位ごとに，次の算式により算出した額の合計額とする。
　　役位別算定基準額×役位別在任年数
　なお，役位別算定基準額は，別表のとおりとする。

第4条（功労加算金）
　在任中特に功績が顕著であった場合は，前条により算出された基本額の30％を限度として，監査役が協議のうえこれを増額することができる。

第5条（贈呈時期）
　退職慰労金は，この内規に基づき計算された額を，原則として，株主総会の決議の日から○ヶ月以内に支払う。

第6条（贈呈の方法）
1．退職慰労金は，本人指定の銀行口座に振り込み贈呈する。

2．本人が在任中に死亡した場合は，特段の定めなき限り，法定相続人に対し，その相続分に応じて支払うものとする。

別表

役位	金額
常勤監査役	○○万円
監査役（非常勤）	○○万円

　株主総会において退職慰労金贈呈を決議した後の具体的な金額等の決定は，監査役の協議による。監査役は，退職慰労金の具体的な金額等につき協議が成立したときは，協議書を作成し，代表取締役に提出するのが通例である。

　具体的金額の決定を監査役の協議ではなく取締役その他の第三者に一任することの可否も問題になりうるが，会社法施行規則84条2項によれば，これも否定はされていないと解される。もっとも，この点については，監査役の報酬制度の趣旨からして，取締役等に一任することが許されるのは，株主総会が決定した一定の基準から機械的に額が算出できる場合に限られる（功労加算等をする余地がある場合は認められない）と解する説も存在するので留意を要する。

【退職慰労金の協議書の記載例】

協　議　書

平成○年○月○日

○○○○株式会社
代表取締役○○○○殿

　　　　　　　　　　　　　　　　　　　　○○○○株式会社
　　　　　　　　　　　　　　　　　　　　　監査役　○○○○　㊞
　　　　　　　　　　　　　　　　　　　　　監査役　○○○○　㊞
　　　　　　　　　　　　　　　　　　　　　監査役　○○○○　㊞

　私ども監査役は，平成○年○月○日開催の当社第○○回（期）定時株主総会で決議された監査役○○○○氏の退職慰労金について，当社役員退職慰労金内規に基づき，その金額，贈呈の時期及び方法について協議した結果，下記のとおり決定いたしました。

```
                記
 1  退任監査役○○○○氏に対する退職慰労金の金額
     金   ○○○○  円
 2  同贈呈時期及び方法
     上記内規に定めるところによる。
                                    以上
```

3 弔慰金・常勤監査役退任慰労金等

　一般的に，役員が在任中死亡した場合に，生前退任の場合の退職慰労金と同様の趣旨で遺族あるいはその他の受給権者に支払われる金銭を弔慰金という。この実質は，死亡による退職に伴う退職慰労金であり，退職慰労金と同様に取り扱えば足りる。

　常勤監査役が，監査役の地位にとどまりつつ，「常勤」の地位のみを退いた場合においても退職慰労金を支給することも許される。このような取扱いを認めるか否かは，株主総会で株主自らが決すれば足りる問題であり，それを否定する理由はないからである。

4 監査役の報酬等に関する意見陳述権

　監査役は，株主総会において，報酬等について意見を述べることができる（法387Ⅲ）。

　この監査役の意見陳述は，通常は監査役の報酬等に関する議案が上程される際になされるが，その場合に限られるものではなく，既定の報酬額を変更する必要があるのにその議題が総会に提出されない場合などにも，監査役はそれについての意見を随時の総会において陳述することができる。

　その意見は，適法・違法についてのものであると，当・不当についてのものであるとを問わない。また，監査役は，その報酬等が自己に関するものであるかどうかを問わず意見を述べることができる。

　この監査役の意見の内容の概要は，株主総会参考書類に記載しなければなら

ない（会規84 I ⑤）。

　監査役が意見の陳述を求めたにもかかわらず，陳述の機会を与えないで，監査役の報酬等に関する株主総会決議が行われた場合は，決議方法の法令違反と考えられ，総会決議の取消事由となる（法831 I ①）。

5 監査役報酬等の開示

　公開会社においては，監査役の報酬等は，事業報告において開示される。具体的には，会社法施行規則119条および121条により，監査役の報酬等の額またはその算定方法に係る決定に関する方針を定めているときは，当該方針の決定の方法およびその方針の内容の概要の他，当該事業年度に係る監査役ごとの報酬等の額（監査役の報酬等の総額を掲げることとする場合にあっては，監査役の報酬等の総額および員数），当該事業年度において受け，または受ける見込みの額が明らかとなった監査役の報酬等などの記載が要求されている。また，同規則124条により，社外監査役に係るものは，別途詳細な記載が要求されている。

4

監査役会

　公開会社である大会社においては，監査役会の設置が義務付けられ，監査役は全員で監査役会を組織する（法328Ⅰ・390Ⅰ）。

　その他の場合については，監査役会の設置は義務付けられていないが，必要に応じ，任意に設置することは差し支えない。ただし，特例有限会社は，取締役会を置くことができないため（整備法17Ⅰ），任意でも監査役会を設置できない。任意に監査役会を設置した場合，当該会社は会社法上の「監査役会設置会社」に該当し，監査役会の設置が義務付けられる会社と同様の規律に服することになる（法Ⅱ⑩）。監査役会を任意に設置するメリットとしては，下記のとおり，これにより組織的・効率的な監査が期待できるほか，定款の定めにより剰余金の配当等を取締役会が決定するものとするためには，監査役会設置会社であることが要件であることなどがあげられる（法459Ⅰ）。

　上場会社は，証券取引所（金融商品取引所）の規則により，監査役会設置会社，監査等委員会設置会社または指名委員会等設置会社である必要がある（東証上場規程437Ⅰ②）。

　監査役会設置会社においては，たとえ非公開会社であっても，監査役による監査の範囲を会計に関するものに限定することはできない（法389Ⅰ）。

　監査役会設置会社は，監査役は3名以上で，そのうち半数以上が社外監査役でなければならない（法335Ⅲ）。また，監査役の中から常勤監査役を選任しなければならない（法390Ⅱ②・Ⅲ）。

1 監査役会制度の趣旨

　監査役会制度は，平成5年の旧商法特例法の改正により大会社において導入されたものである。その導入の趣旨は，同改正により監査役の員数が3名以上とされたうえ，そのうち1名は社外監査役とされたことに伴い，監査役の間で役割を分担し，かつ，それぞれが担当した部分の調査の結果を監査役全員の共通の情報とし，組織的，効率的な調査をすることがより望ましいと考えられたことにある。また，監査役が個々に意見を述べるよりは，合議体としての監査役会が意見を述べる方が，経営陣に対して大きな影響力があるであろうことも期待された。

　なお，会社法は，監査役会を，大会社の特例としてではなく，一般的な制度として位置付け，規定している。

2 監査役会の権限

1　監査役と監査役会との関係

　監査役は，いわゆる独任制の機関であり，複数の監査役がいる場合にも各自が単独でその権限を行使できる。監査役会制度の下でもこの監査役の独任制は維持されており，監査役会の機能は，密接な情報共有と協議により，個々の監査役の権限を最大限効率的かつ組織的に行使することにある。この点，会社法390条2項は「監査の方針，監査役設置会社の業務および財産の状況の調査の方法その他の監査役の職務の執行に関する事項の決定」を監査役会の職務として規定する一方で，その但書において「ただし，監査役の権限の行使を妨げることはできない。」と規定し，監査役会の基本的な性格を明確にしている。

2　監査役会の権限

　上記の監査役会の基本的性格からして当然のことであるが，監査役会の設置

を義務付けられる会社においても，基本的に個々の監査役が監査権限を有することに何ら変わりはない（法381Ⅰ）。監査役会制度の導入にあたっても，従前監査役の権限とされていた事項のうち，監査役会の権限に移行することが適当と判断されるものについてのみ監査役会の権限とされ，従前どおりの扱いが相当と考えられるものについては，個々の監査役に権限が残された。監査役会に与えられた権限は，次の権限となる。

(1) **基本的権限**
① **監査方法等の決定に関する権限**（法390Ⅱ③）

監査役会は，監査の方針，会社の業務および財産の状況の監査の方法その他監査役の職務の執行に関する事項を決議することができ，これに基づき，各監査役の職務の分担等を決めることができる。

本事項には，監査基準・監査役会規則等の制定・改廃，監査の方針，監査計画，調査方法，各監査役の監査職務の分担，監査費用の予算決定等が含まれる。この内容は，監査役が善管注意義務に基づきその職務を執行することができるような合理的なものである必要があり，そのような内容のものである限りにおいて，各監査役は監査役会の決議に拘束される。もっとも，この事項の決定については，監査役の権限の行使を妨げることはできず（法390Ⅱ但書），各監査役は，当該決定に定められた役割以外の事項であっても，善管注意義務に照らして必要と認める場合は，調査を行うことができる。

② **監査役会監査報告の作成権限**（法390Ⅱ①）

監査役会設置会社においては，まず監査役が監査報告を作成し，これに基づき，監査役会が監査報告を作成する（法390Ⅱ①）。よって監査役会は，監査報告の作成権限を有するとともに，監査役から監査役監査報告を受領する権限を有する（会規130Ⅰ）。もっとも，監査役の意見の一致が得られなかったときは，個々の監査役は監査報告にその少数意見を付記することができ（会規130Ⅱ），個々の監査役の意見が尊重される仕組みとなっている。

なお，会計監査人設置会社において，会計監査報告に係る監査報告の付記として，1人の監査役であっても，会計監査人の監査の結果を相当でないと認め

た旨の記載をすれば，計算書類について，定時総会にその内容を報告するだけでは足りず，株主総会の承認決議が必要になる（法439，計規135）。監査報告の具体的な記載内容については，後記5②3(3)③（152頁）参照。

(2) 関連する権限
① 報告等を受ける権限
　イ　取締役から報告を受ける権限（法357Ⅰ・Ⅱ）
　ロ　会計監査人から報告を受ける権限（法397Ⅰ・Ⅲ）
　ハ　監査役から職務の執行の状況について報告を受ける権限（法390Ⅳ）

　これらの権限に基づき，監査役会は，情報を共有し，必要に応じ，取締役，使用人，会計監査人等に対し，監査役会へ出席を求め報告や説明をさせたり，対応を審議することなどが可能となる。

　なお，取締役，監査役または会計監査人は，すべての監査役に通知することで，監査役会への報告に代えることができる（法395）。

② 監査役・会計監査人の人事に関する権限
　イ　監査役選任議案の提出に対する同意権（法343Ⅰ・Ⅲ）
　ロ　監査役選任にかかる議題および議案提出請求権（法343Ⅱ・Ⅲ）
　ハ　常勤監査役の選定・解職権（法390Ⅱ②・Ⅲ）
　ニ　会計監査人の選解任等に関する議案の内容の決定権（法344Ⅰ・Ⅲ）
　ホ　会計監査人の解任権（法340Ⅰ・Ⅱ・Ⅳ。ただし，監査役全員一致の同意があれば足り，監査役会の開催までは不要と解されている）
　ヘ　会計監査人の報酬等決定同意権（法399Ⅰ・Ⅱ）
　ト　一時会計監査人の選任権（法346Ⅳ・Ⅵ）

　これらは，監査役と会計監査人の独立性確保および監査役と会計監査人の連携確保のために与えられた権限である。

③ 監査役会の運営

1　招　　集

　監査役会の招集権限は各監査役が持つ（法391）。監査役会で特定の監査役を招集権者と定めることは認められておらず，仮にそのような定めをしても，他の監査役は監査役会を招集する権限を失わない。もっとも，事務手続上の便宜を図るため，監査役会の決議等により監査役会の招集者（例えば監査役会議長）を定め，基本的には，その者が監査役会を招集するという運用は禁止されない。

　監査役会を招集するためには，会日の1週間前に招集通知を発送することが必要であるが，この期間は定款によって短縮できる（法392Ⅰ）。また，監査役全員が同意すれば，招集手続を経ずに開くことができる（法392Ⅱ）。これに基づき，定例の監査役会を設けることも可能である。

　なお，取締役会の場合と同様，監査役会の招集通知に議題の記載は必要ではない。ただし，社外監査役の存在に留意するときは，議題を記載することが望ましいと言える。

　また，招集通知は口頭や電話でも可能であるが，書面や電磁的方法によることが望ましいことは当然である。

　なお，取締役は，監査役会に出席する権利を有さない。

【監査役会招集通知の記載例】

```
                                        平成○年○月○日
                                          監査役会議長
                                            ○○○○

              第○回監査役会開催通知の件

  監査役会を下記のとおり，開催いたしますので，お知らせします。
  なお，資料は，当日席上配付いたします。
```

記

1．日時　：　平成○年○月○日（○曜日）○時～○時
2．場所　：　監査役会会議室
3．議題　：　期中監査結果報告

以上

2　開催の回数

　会社法上、監査役会について、取締役会における会社法第363条第2項（代表取締役は、3ヶ月に1回以上自己の職務の執行の状況を取締役会に報告しなければならない）に相当する規定は存在しないため、3ヶ月に1回以上、監査役会を開かなければならないという制限もない。したがって、監査役会は、各監査役の善管注意義務による判断に基づき、必要に応じて随時開催すれば足りる。

3　議　長

　取締役会の場合と同様、監査役会において誰を議長とすべきかについて、法令上の規定はない。定款または監査役会規則で議長になる者（例えば常勤監査役）を定めることも可能であるが、定めがないときは、当該監査役会で選任することになる。議長は、常勤監査役である必要はない。また、議長を定めずに会議を行うことも違法とはならない。

　議長の役割としては、監査役会を運営するほか、監査方針・計画や監査結果を監査対象部門に通知するなど、監査役会の代表者的位置付けを持たせる例が多い。他方、議長に他の監査役の権限を限定する権限を与えることはできず、仮にそのような規則を定めても効力を有さないと解される。

【監査役会議長選任書の記載例】

平成○年○月○日
○○○○　株式会社　監査役会

```
                              常勤監査役  ○ ○ ○ ○ ㊞
                              監 査 役   ○ ○ ○ ○ ㊞
                              監 査 役   ○ ○ ○ ○ ㊞
○○○○ 株式会社
代表取締役社長 ○ ○ ○ ○ 殿

                  監査役会議長選任書

  当社定款○条に基づき，監査役会において，下記のとおり監査役会議長を選任
いたしました。今後，監査方針・計画，重点監査ポイント，監査結果などについ
ては，監査役会議長名で通知いたします。
                      記
 1．監査役会議長      ○ ○ ○ ○
 2．就 任 日        平成○年○月○日
                                        以 上
```

4 決議方法

　監査役会における決議は監査役の過半数による（法393 I）。例外的に，会計監査人の解任は，監査役の全員一致による必要がある（法340 I・II）。ただし，この会計監査人の解任については，会社法立法経緯から，監査役会の開催（決議）自体を必要としないとする見解が有力である。

　上記における「過半数」とは，出席監査役の過半数でないことに注意を要する。これは，監査役の員数がそれほど多くないことが考慮されたものである。したがって，例えば監査役総数4名の場合，決議成立のためには3名の賛成が必要ということになる。監査役会規則でこれに反する規定（過半数を超える定足数，特別決議方法等）を定めても，無効である。また，実際に存在する監査役の人数が法令または定款において定める人数を下回っている場合には，監査役会の決議には当該最低人数の過半数の同意を要するものと解すべきである。

　取締役会の場合と同様，代理出席は認められない。もっとも，監査役全員が監査役会の開かれている場所に現にいることは必要でなく，テレビ会議や双方向の電話会議等により出席することは可能である。

監査役会に対する書類の提出や報告が，常に合議体である監査役会に提出者または報告者が出席して行われる必要はない。監査役会の求めがあれば，会議の場に出席して説明をしなければならない場合があることは当然であるが，例えば，会社法357条の取締役の報告や会社法397条の会計監査人の報告に際しては，宛先を監査役会とする書面を事実上全監査役（監査役会規則などにより担当の監査役が定まっていればその者）に送付すれば足りる。

なお，監査役会について，決議の省略（書面決議）は認められていない。同様に，持ち回り決議も認められない。ただし，監査役会監査報告の作成については，会社法施行規則130条3項等の文言を根拠に，持ち回り決議等によることも可能であると解されている（法務省担当者見解）。

5　議事録

監査役会の議事については，議事録を作成することを要する（法393Ⅱ・Ⅲ）。監査役会には代表者が存在せず，各監査役が相互に独立対等であるためその作成義務者は抽象的には監査役全員であろうが，ある特定の監査役会についての具体的な作成義務は当該監査役会に出席した監査役であると解される（ただし，実際に原案を作成するのが監査役会決議により職務分担を受けた特定の監査役であることを妨げるものではない）。

議事録には，「監査役会が開催された日時および場所（当該場所に存しない監査役，取締役，会計参与または会計監査人が監査役会に出席した場合における当該出席の方法を含む）」，「議事の経過の要領」，「議事の結果」，「監査役会に出席した取締役，会計参与または会計監査人の氏名または名称」を記載し，これに出席した監査役が署名または記名捺印しなければならない（法393Ⅱ）。議事録が書面ではなく，電子的記録で作成された場合には，電子的署名をすることになる（法393Ⅲ，会規225Ⅰ⑦）。取締役，会計参与または会計監査人の報告義務に基づき監査役会において述べられた意見または発言があるときは，その内容の概要も議事録に記載する必要がある。監査役会の議長が存するときは，議長の氏名も記載する必要もある（法393Ⅱ，会規109Ⅲ⑤）。

議事の経過とは，監査役会の開会から閉会に至るまでに行われた審議の経過や報告の内容であり，具体的には，開会宣言に始まり，報告事項の報告，決議事項および協議事項についての審議および採決などを経て閉会宣言に至るまでの，監査役会における一連の議事運営の手続である。議事の経過は，逐一詳細に速記録のような形で記載する必要はなく，それらを要約した要領を記載すれば足りる。議事の結果とは，監査役会に付議された議案についてどのような決議がなされたか，すなわち原案どおり可決されたか修正または否決されたかなどということである。

　監査役の行為が監査役会の決議に基づいて行われた場合において，決議に参加して監査役会議事録に異議をとどめなかった監査役は，その決議に賛成したものと推定される。したがって，監査役会の決議に異議を述べていないという消極的事実をもって，当該監査役に対する責任追及の根拠となるので，決議に反対した監査役の氏名と反対の理由は，議事録に正確に記載される必要がある（法393Ⅳ）。

　なお，取締役や監査役等が監査役全員に通知したことにより監査役会への報告を要しないものとされた場合についても，会社法施行規則により議事録の作成が求められており，その事項の内容，監査役会への報告を要しないものとされた日および議事録の作成に係る職務を行った監査役の指名が記載される（会規109Ⅳ）。

　監査役会議事録は，監査役会の日から10年間本店に備え置かなければならない（法394Ⅰ）。

　また，監査役会議事録に対しては，株主，親会社株主等および債権者に，閲覧または謄写の請求権が認められている。すなわち，株主は，その権利を行使するため必要があるときには，裁判所の許可を得て，監査役会議事録の閲覧または謄写を求めることができるものとされている（法394Ⅱ）。債権者が取締役または監査役等の責任を追及するために必要があるとき，親会社株主等がその権利を行使するため必要があるときも，同様である（法394Ⅲ）。ただし，裁判所は，当該閲覧または謄写により，会社または親会社もしくは子会社に著しい

損害を生ずるおそれがある場合には，その許可をすることができない（法394Ⅳ）。例えば，監査役会議事録に会社の重要な営業秘密が記載されているような場合が想定される。

この裁判所による許可手続は，非訟事件手続法の定めるところに従って行われる。閲覧または謄写を求める株主，親会社株主等または債権者は，その理由を疎明して，会社の本店所在地を管轄する地方裁判所に，許可の申請を行うことになる（法868Ⅰ・Ⅱ）。

なお，実務的には，監査役会議事録は，監査役が注意義務を尽くし，その職務を十分に遂行したことを証明するための基礎資料となるため，監査役に対する株主代表訴訟対策としても重要であることに留意しなければならない。

【監査役会議事録の記載例1（常勤監査役選任・特定監査役選任・報酬配分・賞与金配分・退職慰労金贈呈）】

第○回監査役会議事録

年月日　平成○年○月○日
時　刻　開会　午前○時○分
場　所　東京都○○区○○町○○番地
　　　　本社第1会議室
出席者　監査役総数○名
　　　　出席監査役数○名

　定刻○○監査役は監査役会規則○条の定めにより議長となり，開会を宣した。

第1号議案　常勤監査役選任の件
　議長が常勤監査役の選任につき諮ったところ，出席監査役全員が○○○○監査役を常勤監査役とすることに賛成し，これを承認した。なお，○○○○監査役は常勤監査役就任を承諾し，直ちに，常勤監査役に就任した。
第2号議案　特定監査役選任の件
　議長が特定監査役の選任につき諮ったところ，出席監査役全員が○○○○監査役を特定監査役とすることに賛成し，これを承認した。なお，○○○○監査役は

特定監査役就任を承諾し，直ちに，特定監査役に就任した。
第3号議案　監査役報酬の配分決定の件
　議長が監査役に対する報酬の配分に関する原案につき諮ったところ，全員一致をもって下記のとおり原案どおり決定した。

記

　　　常勤監査役〇〇〇〇　　月額　〇〇円
　　　監査役〇〇〇〇　　　　月額　〇〇円
　　　監査役〇〇〇〇　　　　月額　〇〇円

　なお，株主総会決定の監査役報酬の総額は監査役3名に対し月額〇〇万円である。
第4号議案　監査役賞与配分の件
　本日開催の第〇回定時株主総会において役員賞与支給議案が承認可決されたことに伴い，議長より予め定められた基準に基づく添付の配分原案が提案されたところ，全監査役異議なく，全員一致をもって原案どおり決定した。なお，株主総会決定の監査役賞与は，監査役3名に対し総額〇円である。
第5号議案　退任監査役に対する退職慰労金贈呈の件
　本日開催の第〇回定時株主総会において，退任監査役〇〇〇〇氏に退職慰労金を贈呈することとし，その具体的金額，贈呈の時期，方法等は監査役の協議によることとされたことに伴い，議長よりこれを監査役会において協議することとしたい旨提案があり，監査役全員異議なくこれを了承した。そこで議長から，「退職慰労金に関する内規」に基づき支給金額，時期，方法が示され，協議のうえ，全員一致をもって下記のとおり原案どおり決定した。

記

(1)　金額　　　〇〇〇〇円
(2)　時期　　　平成〇年〇月〇日
(3)　方法　　　現金一括払い

　以上をもって議事を終了したので，議長は閉会を宣した。
　上記を証するため，平成〇年〇月〇日，本議事録を作成し，出席監査役が記名押印する。

　　　　　　　　　　　　　　　〇〇株式会社
　　　　　　　　　　　　　　　議長常勤監査役　　〇〇〇〇　㊞
　　　　　　　　　　　　　　　監査役　　　　　　〇〇〇〇　㊞

| | 監査役 | ○○○○ ㊞ |

添付書類：監査役賞与配分原案（第4号議案）

【監査役会議事録の記載例2（監査報告の作成）】

第○回監査役会議事録

年月日　平成○年○月○日
時　刻　開会　午前○時○分
場　所　東京都○○区○○町○○番地
　　　　本社第1会議室
出席者　監査役総数　　○名
　　　　出席監査役数　○名

　定刻○○監査役は監査役会規則○条の定めにより議長となり，開会を宣した。

議案　監査報告の作成の件
　議長より，第○期事業年度の監査役会監査報告を作成したい旨述べ，会計監査人の計算書類および連結計算書類の監査結果の内容を説明した後，各監査役から各自の監査役監査報告の説明がなされた。
　これをもとに審議した結果，最終的に全員異議なく別紙内容で監査役会監査報告を決定した。
　以上をもって議事を終了したので，議長は閉会を宣した。
　上記を証するため，平成○年○月○日，本議事録を作成し，出席監査役が記名押印する。

　　　　　　　　　　　　　　　○○株式会社　監査役会
　　　　　　　　　　　　　　　常勤監査役　　○○○○　㊞
　　　　　　　　　　　　　　　監査役　　　　○○○○　㊞
　　　　　　　　　　　　　　　監査役　　　　○○○○　㊞

　　添付書類：監査役監査報告
　　　　　　　監査役会監査報告案

6 決議の瑕疵

(1) 瑕疵の原因

　取締役会の場合と同様，監査役会の決議の内容が法令・定款に違反する場合はもとより，招集手続や決議の方法に瑕疵がある場合も，監査役会の決議は無効である。

　もっとも，招集手続や決議の方法の瑕疵が軽微な場合で，かつ決議の結果に影響を及ぼさないと認められる場合には，決議は無効にならないと解すべきである（取締役会における招集通知漏れに関する最判昭44．1．22民集23―12―2396参照）。

(2) 瑕疵の主張方法

　監査役会の決議の瑕疵については，その主張方法について会社法上何ら規定がないため，民法の一般原則によって決する他ない。

　したがって，利害関係のある者は，いつでも無効を主張することができ，その方法も必ずしも訴えによることを要しないことになる。

(3) 監査役会監査報告作成の決議の瑕疵が計算書類確定に及ぼす影響

　監査役会監査報告を作成する監査役会の決議に瑕疵がある場合，その監査報告は原則として無効と解さざるを得ず，これに基づく計算書類の確定に影響を生じる。すなわち，会計監査人設置会社においては，監査役会監査報告に，会計監査人の監査の結果を相当でないと認めた旨の記載がないときは，計算書類は株主総会の承認を要せず，報告事項となるものとされているところ（法439，計規163），監査役会監査報告が無効であれば，計算書類は，原則どおり株主総会の承認事項であることになる。

　さらに，株主総会において承認決議を得ればそれで問題はないかというとそうではなく，そのような適法でない監査役会監査報告を定時総会に提出すること自体が，株主総会の招集の手続が法令に違反していることになり，これに基づく株主総会の計算書類承認決議は決議取消の訴えの対象となると解される（最判昭54．11．16民集33―7―709）。

④ 監査役会規則

　監査役会規則は，監査役会の目的，職務，常勤監査役の選定および解職，議長，特定監査役，開催，招集手続，決議の方法，監査役会に対する報告，監査報告の作成などの事項について定める，監査役会の内部規則（ルール）である。これは法律上作成を義務付けられているものではなく，作成するか否かは監査役会の任意の判断に委ねられている。

　監査役会規則は，会社の業種・規模，過去の運営方法等に応じて，監査役会の運用をいかに円滑に行うか，監査の効率化・強化をいかに図るかの視点から作成される必要がある。これについては，公益社団法人日本監査役協会より平成27年4月9日に監査役会規則（ひな型）が公表されており，各社において監査役会規則を作成するにあたり参考となる。

　その内容は，以下のとおりである。

監査役会規則

第1条（目的）
　本規則は，法令及び定款に基づき，監査役会に関する事項を定める。

第2条（組織）
1．監査役会は，すべての監査役で組織する。
2．監査役会は，常勤の監査役を置く。
3．前項のほか，監査役会は，監査役会の議長，第7条に定める特定監査役及び第8条に定める特別取締役による取締役会に出席する監査役を置く。

第3条（監査役会の目的）
　監査役会は，監査に関する重要な事項について報告を受け，協議を行い，又は決議をする。ただし，各監査役の権限の行使を妨げることはできない。

第4条（監査役会の職務）
　監査役会は，次に掲げる職務を行う。ただし，第3号の決定は，各監査役の権限の行使を妨げることはできない。
一　監査報告の作成

二　常勤の監査役の選定及び解職
三　監査の方針，業務及び財産の状況の調査の方法その他の監査役の職務の執行に関する事項の決定

第5条（常勤の選定及び解職）
　監査役会は，その決議によって監査役の中から常勤の監査役を選定し又は解職する。

第6条（議長）
1．監査役会は，その決議によって監査役の中から議長を定める。
2．監査役会の議長は，第10条第1項に定める職務のほか，監査役会の委嘱を受けた職務を遂行する。ただし，各監査役の権限の行使を妨げることはできない。

第7条（特定監査役）
1．監査役会は，その決議によって次に掲げる職務を行う者（以下，特定監査役という）を定める。
　一　各監査役が受領すべき事業報告及びその附属明細書並びに計算関係書類を取締役から受領し，それらを他の監査役に対し送付すること
　二　事業報告及びその附属明細書に関する監査役会の監査報告の内容を，その通知を受ける者として定められた取締役（以下，特定取締役という）に対し通知すること
　三　特定取締役との間で，前号の通知をすべき日について合意をすること
　四　会計監査人から会計監査報告の内容の通知を受け，当該監査報告の内容を他の監査役に対し通知すること
　五　特定取締役及び会計監査人との間で，前号の通知を受けるべき日について合意をすること
　六　計算関係書類に関する監査役会の監査報告の内容を特定取締役及び会計監査人に対し通知すること
　七　特定取締役との間で，前号の通知をすべき日について合意をすること
2．特定監査役は，常勤の監査役とする。

第8条（特別取締役による取締役会に出席する監査役）
　監査役会は，その決議によって特別取締役による取締役会に出席する監査役を定める。

第9条（開催）
　監査役会は，定期に開催する。ただし，必要あるときは随時開催することができる。

第10条（招集権者）

1．監査役会は，議長が招集し運営する。
2．各監査役は，議長に対し監査役会を招集するよう請求することができる。
3．前項の請求にもかかわらず，議長が監査役会を招集しない場合は，その請求をした監査役が，自らこれを招集し運営することができる。

第11条（招集手続）

1．監査役会を招集するには，監査役会の日の１週間前までに，各監査役に対してその通知を発する。
2．監査役会は，監査役の全員の同意があるときは，招集の手続を経ることなく開催することができる。

第12条（決議の方法）

1．監査役会の決議は，監査役の過半数をもって行う。
2．決議にあたっては，十分な資料に基づき審議しなければならない。

第13条（監査の方針等の決議）

1．監査の方針，監査計画，監査の方法，監査業務の分担等は，監査役会において決議をもって策定する。
2．前項に定めるほか，監査役会は，監査費用の予算など監査役がその職務を遂行するうえで必要と認めた事項について決議する。
3．監査役会は，次に掲げる体制の内容について決議し，当該体制を整備するよう取締役に対して要請するものとする。
　一　監査役の職務を補助すべき使用人に関する事項
　二　前号の使用人の取締役からの独立性に関する事項
　三　第一号の使用人に対する指示の実効性の確保に関する事項
　四　次に掲げる体制その他の監査役への報告に関する体制
　　イ　取締役及び使用人が監査役に報告をするための体制
　　ロ　子会社の取締役，監査役及び使用人又はこれらの者から報告を受けた者が監査役に報告をするための体制
　五　前号の報告をした者が報告をしたことを理由として不利な取扱いを受けないことを確保するための体制
　六　監査役の職務の執行について生ずる費用の前払又は償還の手続その他の当該職務の執行について生ずる費用又は債務の処理に係る方針に関する事項
　七　その他監査役の監査が実効的に行われることを確保するための体制

第14条（代表取締役との定期的会合等）

1. 監査役会は，代表取締役と定期的に会合をもち，会社が対処すべき課題，監査役監査の環境整備の状況，監査上の重要課題等について意見を交換し，併せて必要と判断される要請を行うなど，代表取締役との相互認識を深めるよう努めるものとする。
2. 監査役会は，代表取締役及び取締役会に対して，監査方針及び監査計画並びに監査の実施状況及び結果について適宜説明する。
3. 監査役会は，法律に定める事項のほか，前条第3項第4号に定める体制に基づき，取締役及び使用人が監査役会に報告すべき事項を取締役と協議して定め，その報告を受けるものとする。

第15条（監査役会に対する報告）

1. 監査役は，自らの職務の執行の状況を監査役会に定期かつ随時に報告するとともに，監査役会の求めがあるときはいつでも報告しなければならない。
2. 会計監査人，取締役，内部監査部門等の使用人その他の者から報告を受けた監査役は，これを監査役会に報告しなければならない。
3. 監査役会は，必要に応じて，会計監査人，取締役，内部監査部門等の使用人その他の者に対して報告を求める。
4. 前3項に関して，監査役，会計監査人，取締役又は内部監査部門等の使用人その他の者が監査役の全員に対して監査役会に報告すべき事項を通知したときは，当該事項を監査役会へ報告することを要しない。

第16条（報告に対する措置）

監査役会は，次に掲げる報告を受けた場合には，必要な調査を行い，状況に応じ適切な措置を講じる。

一　会社に著しい損害を及ぼすおそれのある事実を発見した旨の取締役からの報告
二　取締役の職務の執行に関し不正の行為又は法令若しくは定款に違反する重大な事実があることを発見した旨の会計監査人からの報告
三　あらかじめ取締役と協議して定めた事項についての取締役又は使用人からの報告

第17条（監査報告の作成）

1. 監査役会は，各監査役が作成した監査報告に基づき，審議のうえ，監査役会の監査報告を作成する。
2. 監査役会の監査報告の内容が各監査役の監査報告の内容と異なる場合であっ

て，かつ，当該監査役の求めがあるときは，監査役会は，当該監査役の監査報告の内容を監査役会の監査報告に付記するものとする。
3．監査役会の監査報告には各監査役が署名又は記名押印（電子署名を含む）する。常勤の監査役及び社外監査役はその旨を記載又は記録する。
4．前3項の規定は，会社が臨時計算書類又は連結計算書類を作成する場合には，これを準用する。

第18条（監査役の選任に関する同意等）

1．監査役の選任に関する次の事項については，監査役会の決議によって行う。
　一　監査役の選任に関する議案を株主総会に提出することに対する同意
　二　監査役の選任を株主総会の会議の目的とすることの請求
　三　監査役の選任に関する議案を株主総会に提出することの請求
2．補欠の監査役の選任についても，前項に準じる。

第19条（会計監査人の選任に関する決定等）

1．会計監査人の選任及び解任並びに不再任の次の事項については，監査役会の決議によって行う。
　一　会計監査人の解任又は不再任の決定の方針の策定
　二　会計監査人を再任することの適否の決定
　三　株主総会に提出する会計監査人の解任又は不再任に関する議案の内容の決定
　四　株主総会に提出する会計監査人の選任に関する議案の内容の決定
　五　会計監査人が欠けた場合の一時会計監査人の職務を行うべき者の選任
2．会計監査人を法定の解任事由に基づき解任することに対する監査役の全員の同意は，監査役会における協議を経て行うことができる。この場合においては，監査役会が選定した監査役は，解任後最初の株主総会において，解任の旨及びその理由を報告しなければならない。
3．前項の同意は，緊急の必要がある場合には，書面又は電磁的記録により行うことができる。

第20条（会計監査人の報酬等に対する同意）

　会計監査人又は一時会計監査人の職務を行うべき者の報酬等に対する同意は，監査役会の決議によって行う。

第21条（取締役の責任の一部免除に関する同意）

1．次に掲げる監査役の全員の同意は，監査役会における協議を経て行うことができる。

一　取締役の責任の一部免除に関する議案を株主総会に提出することに対する同意
　二　取締役会決議によって取締役の責任の一部免除をすることができる旨の定款変更に関する議案を株主総会に提出することに対する同意
　三　定款の規定に基づき取締役の責任の一部免除に関する議案を取締役会に提出することに対する同意
　四　非業務執行取締役との間で責任の一部免除の契約をすることができる旨の定款変更に関する議案を株主総会に提出することに対する同意
２．前項の同意は，緊急の必要がある場合には，書面又は電磁的記録により行うことができる。

第22条（補助参加の同意）
１．株主代表訴訟において会社が被告取締役側へ補助参加することに対する監査役の全員の同意は，監査役会における協議を経て行うことができる。
２．前項の同意は，緊急の必要がある場合には，書面又は電磁的記録により行うことができる。

第23条（監査役の権限行使に関する協議）
　監査役は，次の事項に関する権限を行使する場合又は義務を履行する場合には，事前に監査役会において協議をすることができる。
　一　株主より株主総会前に通知された監査役に対する質問についての説明
　二　取締役会に対する報告及び取締役会の招集請求等
　三　株主総会提出の議案及び書類その他のものに関する調査結果
　四　取締役による会社の目的の範囲外の行為その他法令又は定款違反行為に対する差止め請求
　五　監査役の選任，解任，辞任及び報酬等に関する株主総会での意見陳述
　六　支配権の異動を伴う募集株式の発行等が行われる際に株主に対して通知しなければならない監査役の意見表明
　七　会社と取締役間の訴訟に関する事項
　八　その他訴訟提起等に関する事項

第24条（報酬等に関する協議）
　監査役の報酬等の協議については，監査役の全員の同意がある場合には，監査役会において行うことができる。

第25条（議事録）
１．監査役会は，次に掲げる事項を内容とする議事録を作成し，出席した監査役

がこれに署名又は記名押印（電子署名を含む）する。
　一　開催の日時及び場所（当該場所に存しない監査役，取締役又は会計監査人が監査役会に出席した場合における当該出席の方法を含む）
　二　議事の経過の要領及びその結果
　三　次に掲げる事項につき監査役会において述べられた意見又は発言があるときは，その意見又は発言の内容の概要
　　イ　会社に著しい損害を及ぼすおそれのある事実を発見した旨の取締役からの報告
　　ロ　取締役の職務の執行に関し不正の行為又は法令若しくは定款に違反する重大な事実があることを発見した旨の会計監査人からの報告
　四　監査役会に出席した取締役又は会計監査人の氏名又は名称
　五　監査役会の議長の氏名
2．第15条第4項の規定により監査役会への報告を要しないものとされた場合には，次の各号に掲げる事項を内容とする議事録を作成する。
　一　監査役会への報告を要しないものとされた事項の内容
　二　監査役会への報告を要しないものとされた日
　三　議事録の作成に係る職務を行った監査役の氏名
3．会社は，前2項の議事録を10年間本店に備え置く。

第26条（監査役会事務局）
　　監査役会の招集事務，議事録の作成，その他監査役会運営に関する事務は監査役スタッフ等の監査役の職務を補助すべき使用人がこれにあたる。

第27条（監査役監査基準）
　　監査役会及び監査役の監査に関する事項は，法令又は定款若しくは本監査役会規則に定める事項のほか，監査役会において定める監査役監査基準による。

第28条（本規則の改廃）
　　本規則の改廃は監査役会が行う。

　　附　則
　　本規則は，平成○年○月○日より実施する。

5

監査役の職務と権限

1 監査役の職務

1 監査の対象

　監査役の監査の対象は,「取締役の職務の執行」の全般に及ぶ（法381 I）。ここにいう「取締役の職務の執行」とは,「取締役の業務の執行」よりも広い概念である。すなわち,「取締役の職務」とは,会社の経営に関する事項の決定とその執行という狭い意味での本来の取締役の業務に限らず,およそ取締役ないし取締役会のなす行為すべてを指すものと解されている。

　したがって,会社の経営に関する日常の業務はもちろんのこと,募集株式の発行（法199以下）,社債の募集（法676以下）のような会社の組織に関する事項も監査の対象となる。取締役自身の直接の業務の執行ばかりでなく,取締役が権限を委譲した下部機構が行う業務の執行についても監査の対象となる。

　また,取締役会の監督義務の履行状況についても,取締役会が策定するいわゆる内部統制システム（取締役の職務の執行が法令および定款に適合することを確保するための体制）の構築・運用の状況についても監査の対象となる。さらに,子会社および重要な関連会社を有する会社の監査役については,連結経営の視点を踏まえ,取締役の子会社等の管理に関する職務の遂行の状況も監査の対象となる。

2 会計監査と業務監査

上記のような広い意味での「取締役の職務」は，会計に関する職務と会計以外の職務とに大別することができ，前者に対する監査役の監査を「会計監査」，後者に対する監査役の監査を「業務監査」と呼ぶ。

(1) 会計監査

「会計監査」とは，取締役の会計に関する職務の執行を監査することをいい，その中心は，各事業年度に係る計算書類（貸借対照表，損益計算書，株主資本等変動計算書，個別注記表）およびその附属明細書を検討して監査報告を作成し，取締役会を通して株主総会に提出することにある（法436・438，計規122・123）。

会計監査人設置会社は，連結計算書類（連結貸借対照表，連結損益計算書，連結株主資本等変動計算書，連結注記表）を作成することができるが，これについても会計監査の対象となる（法444Ⅳ）。

会計監査人設置会社においては，会計の専門家である会計監査人が一義的な会計監査を行うことから，監査役はこれを前提として監査を行う。すなわち，監査役は，会計監査人の監査報告の内容を調査し，その監査の方法または結果を相当でないと認めたときにのみ，その旨およびその理由を監査報告に記載することになる（計規127・128）。

(2) 業務監査

「業務監査」とは，会計監査を除いた取締役の職務執行全般についての監査をいう。

このような意味での業務監査は，主として，取締役の職務執行に不正の行為，法令・定款違反または著しく不当な事実がないかどうかをチェックするために行われる。内部統制システムに関する監査，取締役の子会社等の管理に関する職務の遂行の状況の監査も業務監査に含まれる。

そして，監査役および監査役会は，取締役の職務執行に不正の行為または法令・定款に違反する重大な事実があると認めたときは，各事業年度ごとに作成される事業報告およびその附属明細書についての監査報告に，その事実を記載

する（会規129・130）。

(3) 定款の定めによる監査範囲の限定

　非公開会社においては，定款の定めにより監査役の監査の範囲を会計監査に限定することができる（法389Ⅰ）。ただし，監査役会設置会社・会計監査人設置会社では，この限定は認められない。

　定款にこの定めがある会社であることは登記される（法911Ⅲ⑰イ）。

　この場合，監査役は業務監査を遂行するための権限を有さず，取締役の行為を是正する義務も負わない（法389Ⅶ）。

　監査の範囲を会計に関するものに限定された監査役は，事業報告等に関する監査報告の代わりに事業報告を監査する権限がないことを明らかにした監査報告を作成する（会規129Ⅱ）。会計に関する監査についての監査報告は，その他の会計監査人設置会社以外の会社と同様である（法389Ⅱ，会規107）。

　株主総会に提出される議案，書類等についても，会計に関するもののみを調査し，その結果を株主総会に報告する（法389Ⅲ）。

　この場合，株主が直接取締役の業務執行を監督できるよう，監査役が置かれていない会社と同様に，株主の監査権限が強化される。具体的には，①取締役は，会社に著しい損害を及ぼす可能性のある事実があることを発見したときは，直ちに当該事実を各株主に報告しなければならない（法357Ⅰ），②各株主は，会社に「著しい損害」が生じるおそれのある取締役の行為を差し止めることができる（法360Ⅰ），③各株主は，取締役が法令・定款違反の行為等をするおそれがあると認めるときは，取締役会の招集を請求することができる（法367Ⅰ），④各株主は，裁判所の許可なしに取締役会議事録の閲覧を請求できる（法371Ⅱ），⑤取締役・取締役会の決定による役員等の責任の一部免除ができない（法426Ⅰ）。

　なお，会社法施行日（平成18年5月1日）において，旧商法特例法下の小会社（資本の額が1億円以下で最終の貸借対照表の負債の額が200億円未満の会社）であって，公開会社でない会社は，定款にこの限定があるものとみなされるので注意を要する（整備法53）。

また、この限定がある場合には、当該会社は会社法上の「監査役設置会社」（法2⑨）に該当せず、監査役設置会社に関する規定が適用されないことについては、前記のとおりである。

3 監査役の業務監査は妥当性監査に及ぶか

監査役の監査の範囲を会計に関するものに限定しない場合、監査役の監査の対象が業務監査を含むことは以上のとおりであるが、その範囲が、取締役の職務の執行の適法性を監査するにとどまるのか、あるいは取締役の職務の執行の妥当性にまで及んでいるのかについては、従来より見解が対立している。

監査役の監査権限は取締役の職務の執行の適法性を監査するにとどまるとの見解の主な論拠は次の点である。

① 取締役の職務の執行が妥当であるかを監査するための機関として別に取締役会が存在しており、監査役が取締役の職務の執行の妥当性をも監査することとすると、かえって取締役会が経済情勢に即した合理的かつ能率的な経営方針を決定することができなくなるおそれがあること

② 監査役の権限は広範であり、その権限は同時に義務でもあり、それを怠ると責任を免れないところ、監査役の権限を妥当性にまで拡大することは監査役の責任を拡大し過ぎる結果となること

③ 取締役の職務の遂行に関する監査報告の記載事項（会規129Ⅰ・130Ⅱ）は、不正の行為または法令もしくは定款に違反する重大な事実に限定されていること

④ 監査役が取締役の行為の差止めを請求し、あるいは取締役の職務の遂行に関し、監査の結果を取締役会や株主総会に報告するのは、いずれも取締役の法令または定款に違反する行為あるいは著しく不当な行為に限定されていること（法382・384・385）

これに対し、監査役の監査権限は取締役の職務の執行の適法性のみならず妥当性にも及ぶとの見解の主な根拠は次の点である。

① 業務および財産に対する調査権に関する規定（法381Ⅱ）や、取締役会

における出席義務，意見陳述義務を定めた規定（法383Ⅰ）には，特に監査の範囲を違法性に関するものに限る旨の文言はないこと
② 監査報告の記載事項（会規129Ⅰ・130Ⅱ）は，最小限度の必要的記載事項を列挙したのみであり，それ以外の事項についての記載を禁じているものではないこと
③ 取締役の行為の差止めの対象や取締役や株主総会への報告の対象に「著しく不当」な事項も含まれていること（法382・384）。また，適法性監査にとどまるとの見解によれば，このような「著しく不当」な取締役の職務の執行は，忠実義務違反として法令違反になるから，それは適法性監査の範囲内にあるというが，それでは，わざわざ法が「法令若しくは定款違反」とは別に「著しく不当」なる文言を明記した理由が説明できないこと
④ 会社法の下では，内部統制システム等についての取締役会の決定が相当でないと認めた場合にはその旨を監査報告に記載するように定められており（会規129Ⅰ⑤・130Ⅱ②），また，買収防衛策に対する意見が監査報告の記載事項とされているなど（会規129Ⅰ⑥・130Ⅱ②），監査役の監査の範囲が妥当性監査にも及ぶことを前提とした規定が存在すること
⑤ 具体的ケースにおいては違法性と妥当性との限界は極めて微妙であるから，監査役が妥当性監査まですることができなければ，業務監査制度は十分な機能を発揮できず，妥当性を監査することによってはじめて，違法性に対する監査も実効をあげることができること

思うに，職務の執行を担当するのは取締役，取締役会なのであるから，監査役の監査は原則としては取締役の行為の妥当性にまで及ぶものでないと言うべきである（通説も同旨）。ただし，反対説が言うように，会社法には監査が取締役の行為の当・不当の問題に及ぶものがあることは否定できないのであるから（法382・384，会規129Ⅰ⑤⑥・130Ⅱ②），その限りでは監査が妥当性監査に及ぶと評価することも誤りではない。また，取締役が善管注意義務や忠実義務を尽くしているかどうかを監査するためには，妥当性についての検討・判断は事実上不可避でもある。このような観点からすれば，実務的には，監査役の監査が

妥当性監査に及ぶかという抽象論を議論をしても意味に乏しく，端的に，監査役は会社法に定められたとおりの権限を有すると考え（それぞれの権限の内容は各条文ごとの解釈による），それに伴い監査役は妥当性の判断に踏み込むべき場合もありうると考えるのが適切である。

4　取締役会による監督と監査役監査の関係

取締役会は，取締役により構成され，重要な財産の処分および譲受，多額の借財など業務執行に関する会社の意思を決定するとともに，取締役の職務の執行の監督を行う機関である（法362）。

したがって，取締役の職務の執行に関し，取締役会の行う監督と監査役の行う業務監査は併存することになる。もっとも，通説が監査役の監査が適法性監査に限られるのに対し，取締役会の監督は妥当性にも及ぶ点で異なると解していることは上記のとおりである。

また，監査役の監査は，個々の取締役の行為のみならず，取締役会自体の行為に対しても及ぶ点で，取締役会による監督と異なる。例えば，監査役は取締役会が違法な決議をしないよう，また必要な決議をせずに放置する違法状態をなくすよう，取締役会で意見を述べなければならず（法383Ⅰ），取締役会の違法な決議が株主総会提出議案に関するものであるときは，株主総会に意見を報告する必要がある（法384）。また，違法な取締役会決議に基づいて代表取締役が業務執行することについて差止請求をし（法385Ⅰ），あるいは取締役会の違法な決議（または不決議）を監査報告書で指摘しなければならない場合もありうる（会規129Ⅰ③・130Ⅱ）。

5　会計監査人による監査と監査役監査の関係

大会社においては会計監査人の設置が義務付けられるが，その他の会社においても，一定の場合（注13），任意に会計監査人を設置することが可能である。

　（注13）　会計監査人を設置するには，監査等委員会設置会社および指名委員会等
　　　　設置会社を除き，監査役を設置する必要がある（法327Ⅲ）。

会計監査人は公認会計士または監査法人であることが資格要件とされており，会計の専門家として，取締役から提出される計算書類およびその附属明細書を監査し，監査役（会）および取締役に対し監査報告を提出する義務を負う。したがって，会計監査人設置会社においては，監査役の会計監査と会計監査人の会計監査が併存することになる（法436Ⅱ①）。

　具体的には，会計監査人設置会社においては，計算書類は附属明細書も含め，取締役から監査役と会計監査人とに同時に提出され（計規125），会計監査人がまず監査報告書を作成し，それを見たうえで監査役および監査役会の監査報告が作成される（計規126・127・128）。

　したがって，監査報告の記載事項も，会計監査人のそれは会計に関するものに限られる一方（法436Ⅱ①，計規126Ⅰ），監査役および監査役会のそれは主として業務監査事項となる。

　すなわち，監査役および監査役会は，会計監査人による監査の方法または結果を相当でないと認めた場合にのみ，監査報告に会計監査について独自の意見を記載するものとされている（計規127②・128Ⅱ②）。また，会計監査人の職務の遂行が適正に実施されることを確保するための体制に関する事項が監査役および監査役会の監査報告の記載事項となっている（計規127④・128Ⅱ②）。

　このような分担の定めが示すように，会計監査人設置会社における会計監査は，会計監査人が主役であり，監査役は独自の立場から会計監査人の会計監査の相当性のチェック（実質的には会計監査人の監査のレビュー）をすることになる。

　上記の各役割を実効化するため，監査役は，必要があるときは，会計監査人に対し，監査に関する報告を求めることができ（法397Ⅱ），また会計監査人は取締役の不正行為を発見した場合には，監査役（会）に報告する義務を負う（法397Ⅰ・Ⅲ）。また，監査役（会）は会計監査人の選任・解任・不再任議案の内容の決定権を有し，会計監査人の人事に関して監査役の意見が反映される仕組みとなっている（法344）。

　監査役の会計監査についての上記のような位置付けに伴い，監査役が会計監

査人の監査の結果に基づいて自らの監査報告を行ったときには，会計監査人の監査の方法と結果を信頼すべきではない特段の事情のない限り，監査役としての任務違反の責任を負わないものと解されている。

2 監査役の権限

　会社法は，監査役に対し，その職務を適切に遂行することができるよう，様々な権限を与えている。
　その権限は，調査権限，是正権限，報告権限，その他の権限の4種に大別できる。
　調査権限は，監査役が取締役の違法行為等を発見するための権限である。具体的には，事業報告請求権および業務財産調査権（法381Ⅱ），子会社調査権（法381Ⅲ），取締役会等の社内会議への出席権（法383Ⅰ），取締役からの報告受領権（法357），会計監査人設置会社における会計監査人からの報告受領権（法397）がこれに該当する。
　是正権限は，監査役が取締役の違法行為等を発見した場合に，直接的または間接的に，これを是正するための権限である。具体的には，取締役の違法行為差止請求権（法385Ⅰ），会社と取締役間の訴訟における会社代表権（法386），各種訴えの提起権（法828Ⅱ等），会社に対する取締役等の責任の一部免除に関する議案の同意権等（法425Ⅲ①・426Ⅱ・427Ⅲ等）がこれに該当する。なお，取締役会は会社の業務執行の決定機関であり，監査役はそれに出席することによって，取締役会において違法または著しく不当な決議が行われることを事前に防止することもできる。その意味では，上記の取締役会への出席権は，調査権限としての性格を有するとともに，是正権限としての性格も有する。
　報告権限は，監査役が取締役の違法行為等を発見した場合に，これを株主や他の機関に報告するための権限である。監査役から取締役の違法行為等の報告を受けた株主や他の機関は，報告を踏まえて自ら取締役の違法行為等を是正することが可能となるため，この権限は上記の是正権限と一体の権限とも言える。

具体的には，取締役（会）に対する報告権および取締役会招集権（法382・383Ⅱ），株主総会に対する提出議案の調査結果報告権（法384），監査報告の作成・提出権限（法390Ⅱ）がこれに該当する。

その他の権限としては，監査役の地位の強化，監査役の独立性確保のための権限として，監査役の選任に関する同意権・株主総会における意見陳述権等（法343・345Ⅰ・Ⅱ・Ⅳ），監査役の報酬に関する意見陳述権（法387Ⅲ），監査費用の請求権（法388）がある。また，自己の職務と密接な関係を有する会計監査人設置会社における会計監査人に関する独立性確保のための各種権限（法340・344・346Ⅳ・Ⅵ・399）がある。

なお，監査役は，会社に対してその職務を適切に遂行すべき善管注意義務を負っており，以上の監査役の諸権限は，これに従い適切に行使されなければならない。その意味で，以上の監査役の諸権限は，監査役の権限であると同時に監査役の義務でもあり，適切に行使されない場合は監査役の任務懈怠が問われるおそれが生じる。

以下，それぞれの権限につき個別に述べる。

1　調査権限

(1)　事業報告請求権および業務財産調査権

①　監査役設置会社の場合

イ　事業報告請求権および業務財産調査権

監査役はいつでも，取締役，会計参与および支配人その他の使用人に対し，事業の報告を求め，または会社の業務および財産の状況を調査することができる（法381Ⅱ）。これは，監査役の調査権限の中でも最も重要な基本的権限である。

報告を求める相手は，取締役，会計参与のみならず会社の使用人すべてを含み，報告を求める対象は，およそ会社の状況全般にわたると解される。

会社の本来の事業に含まれないもの，例えば取締役会が株主総会から委任された事項の決定（例えば，取締役の報酬の配分の決定など）についての報告な

ども含む。

　業務および財産の調査の具体的な内容としては，第一に取締役会その他重要な会議への出席がある。中でも，取締役会への出席・意見陳述については，権利であると同時に義務として法定されている（法383Ⅰ）。

　取締役会以外では，常務会，経営会議といった特に重要な会議体のほか，部門ごとの会議，支店長会議等の下部組織における会議，リスク管理委員会，コンプライアンス委員会等の委員会などへの出席も可能である。

　決裁書類（稟議書）の閲覧，帳簿・契約書・伝票等の事業に関する書類の点検も重要である。

　取締役や使用人に対するヒアリングも必要とされることがある。営業所・工場への往査も，本店（本社）では把握できないそれぞれの業務の内容を調査するために必要とされることがある。

　また，重要な会社財産の取得，保有および処分の状況，会社の資産および負債の管理状況を調査することも求められ，実査，必要に応じ，立会（例えば棚卸しの立会），確認（例えば銀行預金残高の銀行への確認）等も行う必要がある。ただし，これについては，会計監査人設置会社においては，会計監査人との連絡調整・協力が必要である。

　このような報告請求と調査の権限は，監査役が必要と判断したときは，いつでも行使できるものであって，監査役においてその必要性の証明あるいは調査目的の明示をすることを要しない。

　すなわち，監査役から監査に必要な事項についての報告を求められた取締役，会計参与や支配人その他の使用人は，監査役の求めに応じて説明しなければならない職務上の義務を負うことになる。監査役の権限行使が恣意的で裁量を逸脱したものでない限り，時間や場所を制限したりすることはできない。会社の秘密であることを理由として報告や調査を拒むこともできない。使用人に監査を妨げるよう指示することや，監査に協力的な使用人を不利に処遇することは，違法である。

　取締役や使用人が監査を妨げ，または非協力的であったために，必要な資料

が得られなかった場合には，監査報告にその事実を記載することになる（会規129Ⅰ④・130Ⅱ②，計規122Ⅰ③・123Ⅱ①・127Ⅰ⑤・128Ⅱ②）。また，取締役の重大な違法行為として，取締役（会）へ報告すべき場合もありうる（法382）。

この場合，監査を妨げた取締役等に対しては，100万円以下の過料の制裁があるのみならず（法976Ⅰ⑤），職務上の任務懈怠として解任事由にもなる。また，それによって損害が生じた場合には損害賠償の責任を負う（法423Ⅰ・429Ⅰ）。

ただし，使用人に対しては，会社法976条1項5号の罰則の適用がないので，使用人が監査役より直接求められた会社の状況報告を拒否したり，あるいは監査役の業務および財産の調査を妨げたりした場合には，監査役は取締役をして使用人が監査役の報告請求や調査に応ずるよう命令させることになろう。取締役が命令してもなお応じない場合には，その使用人は，雇用上の義務違背ということで処分を受けることになる。一方，取締役が監査役の求めに応じず，使用人に対し監査役に対する報告や調査に応ずるよう命令しない場合は，当該取締役が監査役監査を妨げたということになり，会社法976条1項5号により過料の制裁を受けることになる。

以上のとおり，監査役の事業報告請求権および業務財産請求権は重要な権限であるが，監査役といえども会社に対しては善管注意義務を負う立場にあるのであるから，会社業務の円滑な運営に配慮すべきであり，不必要な負担を取締役などにかけることは避けるべきである。口頭での報告，文書での報告のいずれを求めるかも，この見地を含め判断されるべきである。

監査役はこの報告請求権の行使を一般的・包括的に第三者に委任することは許されないが，細部にわたる事項や専門にわたる事項について，個別的に補助者や専門家などの第三者に委任して行使させることは許容されると解される。

ロ　監査役への報告体制の整備

監査役は人数も限られ，また日常業務に関与するものでもないため，監査役に与えられた調査権限を行使して情報収集に努めたとしても自ずと限界がある。したがって，監査役の監査が実効的に行われるためには，社内の各部門から監

査役に必要な情報が極力自動的に報告されるような仕組作りが重要である。

　この点，取締役，会計参与および使用人が監査役に報告をするための体制，子会社の取締役，会計参与，監査役，執行役，使用人等またはこれらの者から報告を受けた者が監査役に報告をするための体制，これらの報告をした者が報告をしたことを理由として不利な取扱いを受けないことを確保するための体制については，いわゆる内部統制システムに関する決議事項とされている（会規98Ⅳ④・100Ⅲ④⑤）。

ハ　取締役等との意思疎通・内部監査部門等との連携

　監査役は，その職務を適切に遂行するため，会社および子会社との取締役および使用人等との意思疎通を図り，情報の収集および監査の環境の整備に努める必要がある（会規105Ⅱ）。

　とりわけ，監査役が，必要に応じて内部監査室や検査部など内部監査部門の監査の状況を調査し，内部監査の結果についての報告を求め，その資料を入手して自己の監査に役立てることは，監査の効率を高めるために有効である。

　また，内部監査部門は，代表取締役の指揮命令系統下にある任意の組織ではあるものの，監査との視点で捉えれば，監査役と目的を同じくする部分も多々ある。したがって，会社全体としての監査効率の向上を考えれば，監査役は，内部監査部門との相互の連携と情報交換を図ることも重要である。

　さらに，監査役は，コンプライアンス所管部門，リスク管理所管部門，経理部門，財務部門その他内部統制機能を所管する部署から，内部統制システムの構築・運用の状況について報告を受ける必要があり，これらの部署との連携を図る必要もある。

　加えて，監査役は，必要に応じて，当該会社の他の監査役，親会社および子会社の監査役等との意思疎通および情報の交換を図るよう努める必要もある（会規105Ⅳ）。

② **監査の対象を会計に関するものに限定した場合**

　前記のとおり，定款において監査の対象を会計に関するものに限定した場合（法389Ⅰ），監査役は業務監査の権限を有せず，会計監査の権限のみを有する

のであるから，業務監査を遂行するために認められる会社法381条から386条の規定は適用されない（法389Ⅶ）。

　この場合，監査役は，いつでも，会計帳簿またはこれに関する資料が書面または電磁的記録をもって作成されているときは，当該書面または当該電磁的記録に記録された事項を表示したものを閲覧・謄写し，または取締役および会計参与ならびに支配人その他の使用人に対し会計に関する報告を求めることができる（法389Ⅳ）。

　また，監査役は，会計監査の職務を行うために必要があるときは，会社の業務および財産の状況の調査をすることができる（法389Ⅴ）。

(2) 子会社調査権
① 監査役設置会社の場合

　親会社の監査役は，その職務を行うために必要があるとき，子会社に対して事業の報告を求めることができ，また子会社の業務・財産の状況を調査することができる（法381Ⅲ）。

　その趣旨は，企業結合が進展する現在の実態からすれば，子会社との関係を無視しては，親会社の業務・財産の状態の正確な認識ができず，また，親会社が子会社を利用して粉飾決算をするなどの場合も生じるので，企業結合の実態に即して必要な報告を求め，調査をする権限を認めて，監査役による監査の実効性を確保しようとしたのである。

　一方，親会社についても調査すべき場合が考えられるが，親会社に対して報告を求め，または調査する権限は法定されていない。

イ　対象となる子会社の意義

　ここにいう「子会社」の意義については，会社法2条3号の定めるところによる。すなわち，子会社とは，会社がその総株主の議決権の過半数を有する株式会社その他の当該会社がその経営を支配している法人として法務省令で定めるものをいう（法2③）。

　具体的には，「会社が他の会社等の財務及び事業の方針を支配している場合における当該他の会社等（注14）」が「子会社」に該当するものとされ，いか

なる場合にかかる支配関係が認められるか，詳細が定められている（会規3Ⅰ・Ⅲ）。このように，会社法の制定により，子会社の判定にあたり一定の実質基準が導入されたことにより，例えば，ある会社と子会社で合算して，他の会社の総議決権の50％以上を保有する場合や，当該会社（子会社による保有分を含む）が他の会社の総議決権の40％以上を保有し，これに緊密者の計算において保有する分を加算すれば50％を超過するような場合等も，当該他の会社は子会社に該当することになる。

　(注14)　ここにいう「会社等」とは，会社（外国会社を含む），組合（外国における組合に相当するものを含む），その他これらに準ずる事業体をいうものとされている（会規2Ⅲ②）。

ロ　子会社に対する権限行使の要件・方法

(ｲ)　事業報告請求権

　監査役設置会社においては，監査役はその職務を行うため必要があるときは，子会社に対し事業の報告を求めることができる（法381Ⅲ）。ここにいう「その職務」とは，会社法381条1項その他の諸規定に基づく監査役の職務のすべてをいう。

　親会社の監査役が子会社に報告を求めることができるのは，子会社の事業全般ではなく，親会社の監査役としての職務を行うのに必要な範囲に限られる。しかし，親会社の計算書類および事業報告において，子会社に関する多くの事項につき開示が要求されており，当該事項が正しいか否かを調査することは親会社の監査役の職務に含まれる。

　具体的には，子会社に関する以下の事項につき，親会社の計算書類または事業報告上，別段の記載が要求されている。

(a)　貸借対照表上，子会社株式については，「関係会社株式」として他の株式と区別して記載するものとされている（計規74Ⅲ④）。

(b)　公開会社においては，重要な親会社および子会社の状況が事業報告の記載事項とされている（会規120Ⅰ⑦）。

(c)　公開会社においては，取締役・監査役兼務状況が，事業報告の附属明細

書の記載事項とされている（会規128）。
　(d)　公開会社および会計監査人設置会社においては，関連当事者との取引に関する事項が，注記事項とされている（計規112）。

　また，上場会社においては，監査役は連結計算書類についても監査を行わなければならない（法444Ⅳ）。

　さらに，連結経営の下では企業集団における健全性の維持が重要であり，子会社における不正な業務執行あるいは子会社を利用した不正な業務執行もチェックされる必要がある。そのため，内部統制システムの構築については，子会社を含む企業集団におけるシステムの構築が求められている（会規98Ⅰ⑤・100Ⅰ⑤）。

　以上からすれば，親会社の監査役が子会社に報告を求めうる事項も相当に広い範囲に及ぶと解してよい。

　ただし，親会社の監査役は，事業に関する報告（または会計に関する報告）を求めるというような一般的，抽象的な形ではなく，可能な限り具体的に事項を特定し，子会社に対して報告を求めるべきである。そのように事項を特定すれば，定期的に報告を求めることもできる。

　親会社の監査役の報告聴取の権限は，親会社自体に対する調査権と異なり，必要性が権限行使の要件とされており，監査役としては，子会社に対し，事業（または会計に関する）の報告を求めなければならない理由と必要性を説明する必要がある。

　なお，報告を求める相手方は，子会社の代表取締役である。

㈪　業務財産調査権

　親会社の監査役は，子会社の業務および財産の状況を調査することができる（法381Ⅲ）。

　報告を求めたのに子会社が遅滞なく報告しない場合や，受けた報告の真否を確かめる必要がある場合に，監査役が直接調査をすることができるのはもちろんであるが，そのような場合に限らず，親会社の監査役は，先に報告を求めることはなく，いきなり子会社の調査に入ることも可能である。

もっとも，子会社の調査をすることができるのは，親会社の監査役としてその職務を行うため必要な場合に限られる。これは報告聴取と共通する要件である。

　当該調査に際し，親会社の監査役は，子会社の帳簿や財産などに直接あたって情報を得ることができる。子会社の使用人や取引先に質問することもできる。また，スタッフなど補助者を用いることも可能である。

(ハ) 報告聴取・調査の拒否権

　上記の事業報告請求や業務財産調査に対し，子会社は，正当な理由があるときは，これを拒むことができる（法381Ⅳ）。子会社が独立の法人格を持つことを尊重する趣旨によるものである。

　この「正当な理由」の意味については，見解が分かれている。第一は，親会社の監査役としての職務の執行に無関係な事項についての報告請求・調査である場合，十分な報告がなされ，その正確性に疑いがないにもかかわらず調査がなされる場合等，違法な調査権の行使はこれを拒むことができる趣旨であるとするものであり，第二は，そのような違法な場合に限らず，親会社の適法な権限行使に対しても，子会社の企業秘密等を守る必要がある場合等は正当な理由があるとするものである。

　思うに，子会社が，企業秘密を根拠にして監査役の調査を拒むことができると考えるならば，監査役の子会社調査権は実質的には無意味となるおそれがある。したがって，親会社の監査役は，正当に保護すべき秘密である限り，監査の過程で得た子会社の秘密を親会社の取締役に対しても開示しない義務があると考え，それを前提に，親会社の監査役として必要なものである限り，子会社の秘密保持等は調査拒否の正当な理由にはならないと解すべきである。

　なお，子会社の取締役等が正当な理由なく，親会社の監査役の調査を妨げた場合には，100万円以下の過料に処せられる（法976⑤）。また，子会社における取締役の解任の正当事由となる。また，調査の拒否等により監査に必要な資料が得られなかったとき，親会社の監査役（会）はその事実を監査報告書に記載しなければならない（会規129Ⅰ④・130Ⅱ②，計規122Ⅰ③・123Ⅱ①・127Ⅰ

⑤・128Ⅱ②)。

② 監査の対象を会計に関するものに限定した場合

監査役は，その会計監査の職務を行うため必要があるときは，子会社に対して会計に関する報告を求め，または子会社の業務および財産の状況の調査をすることができる（法389Ⅴ）。この場合，子会社は，正当な理由があるときは，報告または調査を拒むことができる（法389Ⅵ）。

(3) 社内会議への出席権（取締役会出席権，意見陳述権および招集権等）

① 監査役設置会社の場合

イ　取締役会出席権および意見陳述権

監査役は，取締役会に出席する義務を負い，必要があると認めるときは，意見を述べなければならない（法383Ⅰ）。当該権利は，旧商法下においては権利として規定されていたものであるが，会社法において，権利であるとともに義務であることが明確化された。

ただし，監査役が2名以上あり，当該会社の取締役会が会社法373条1項に基づき特別取締役による決議の定めをしている場合においては，監査役は互選により特別取締役による取締役会決議に出席する者を定めることができ，この場合，他の監査役は取締役会に出席する義務を負わない（法383Ⅰ但書）。もっとも，他の監査役も出席は可能であり，取締役会の招集通知は送付されるため，招集手続を省略する場合には，原則どおり全監査役の同意が必要となる。

取締役会は会社の業務執行の決定機関であり，そこで会社の重要な業務執行の決定が行われる。監査役はそれに出席することによって，会社の業務の状況を十分に把握することが期待されるとともに，取締役会において法令・定款違反または著しく不当な決議が行われることを事前に防止することも期待される。その意味では，この権限は，調査権限としての性格を有するとともに，是正権限としての性格も有する。

監査役が2人以上いる場合においても，原則として監査役全員が取締役会に出席する義務を負う。複数の監査役がいる場合に，あらかじめ一部の監査役のみが取締役会に出席することとし，出席しなくてもよい監査役を決めることも

許されない。したがって，取締役会において法令・定款違反または著しく不当な決議が行われた場合，取締役会に出席していながらこれを放置した監査役のみならず，正当な理由なく取締役会に出席せず違法な決議を看過した監査役についても，任務懈怠となりうる。

また，監査役が正当な理由なく取締役会を欠席するような場合は，これにより格別に会社に損害が生じなかったとしても，任務懈怠として解任の正当事由となりうる。

監査役は，取締役会の構成員となるわけではないため，取締役会の定足数には算入されず，また，議決権もない。したがって，違法な決議がなされそうなときは，監査役としては，説明を求めるとともに，意見を述べて阻止に努めることになる。

取締役会に出席した監査役は，出席取締役とともに取締役会の議事録に署名または記名押印する必要はあるものの（法369Ⅲ），議事録に異議をとどめなかった場合でも，当該決議に賛成したと推定されることはない（法369Ⅴ参照）。もっとも，後に決議の適否が問題となりうるような場合においては，事実上の推定を受けることを避けるためにも異議を議事録にとどめるのが妥当である。

このように，監査役は取締役会出席権をもつことから，取締役会の招集通知は監査役に対しても発しなければならない（法368Ⅰ）。その招集手続を省略するためには，取締役のほか監査役全員の同意が必要である（法368Ⅱ）。これらを怠った結果，監査役が出席しないままされた取締役会決議は，手続上瑕疵を有するものとして原則無効となる。

取締役が取締役会の決議の目的である事項について，会社法370条に従い決議を省略する場合には，監査役は，その内容（取締役会の決議を省略することを含む）について検討し，決議の必要があると認めたときは，異議を述べる必要がある。

ロ　常務会・経営会議への出席権

常務会・経営会議は，法定の制度ではなく，取締役の員数が多い会社等が任意に設置しているもので，その構成や権限，決議方法等は会社によって千差万

別だが,通常は,役付取締役以上の者で構成され,会社の全般的経営の立場から執行方針の審議および執行活動の調整や審査をなす機関として位置付けられている。

常務会・経営会議は法律上取締役会とは区別されるものであるため,監査役は取締役会出席権の存在によって当然にこれに出席する権利を有するものとは言えない。しかしながら,会社の重要な業務執行の決定が常務会・経営会議で行われている場合,当該会議体に対する監査を抜きにして監査役がその職責を果たすことができないことは当然であり,監査役は,取締役等に対する事業報告請求権,業務財産調査権(法381Ⅱ)の行使の一環として,常務会・経営会議への出席を要求しうると考えられる。

したがって,会社内部の取扱いとして,監査役が常務会・経営会議へ出席する権利を否定しても監査役に対しては有効でなく,監査役の出席を拒むことはできない。

ハ その他の会議・委員会への出席権

以上の他,監査役は,事業報告請求権,業務財産調査権(法381Ⅱ)の行使の一環として,その職務を行うため必要があるときは,部門ごとの会議,支店長会議等の下部組織における会議,リスク管理委員会,コンプライアンス委員会等の委員会などへの出席も要求しうると考えられる。

② **監査の対象を会計に関するものに限定した場合**

前記のとおり,監査の対象を会計に関するものに限定した場合,監査役は業務監査の権限を有せず,会計監査の権限のみを有するのであるから,取締役会の招集通知を監査役に発する必要はなく,監査役の取締役会出席権・出席義務はない。また,常務会・経営会議への出席権や,その他の会議・委員会などへの出席権も原則ない。

なお,監査の対象を会計に関するものに限定した会社が取締役会規則で監査役の取締役会への出席義務を定めた場合にも,その定めは監査役に対して強制力はない。もっとも,かかる会社においても,監査役が代表取締役等の求めに応じて自発的に取締役会に出席し,意見を述べることは何ら差し支えない。

(4) 取締役からの報告受領権

① 監査役設置会社の場合

　取締役は，会社に著しい損害を及ぼすおそれのある事実があることを発見したときは，直ちに，当該事実を監査役（監査役会設置会社にあっては，監査役会）に報告しなければならない（法357）。

　このような事実については，監査役はその職責上，速やかにその状況および原因等を調査する必要があるため，取締役がそのような事実を発見したときは，監査役からの報告の求めの有無にかかわらず，直ちに監査役（会）に報告する義務を課したものである。

　ここに言う「会社に著しい損害を及ぼすおそれのある事実」とは，例えば，重要な取引先が倒産または倒産するおそれがあること，役職員の重大な不正行為，会社製品の欠陥による被害の発生，会社の工場における大規模な事故の発生等，会社に著しい損害が生ずる危険性のある一切の事実を指す。その損害の原因は必ずしも人為的なものに限られず，天災その他の不可抗力によるものも含まれる。また，取締役の責に帰すべきものであるか否かを問わず，経済情勢の変動などによる場合も含む。さらに，直接会社財産に損害を与える事実のみでなく，会社の業務の運営，名誉または信用等に著しい損害を与える事実を含む。

　取締役は会社に著しい損害を及ぼすおそれのある事実を発見したときは，その段階で直ちに監査役（会）に報告することを要する。会社に著しい損害が生じた後に報告したのでは，本条に定める報告義務を尽くしたことにはならない。

　取締役の監査役（会）に対する報告の方法に制限はなく，報告は口頭であると書面であるとを問わない。ただし，取締役が口頭で報告したのに対し，監査役（会）が書面による報告を求めたような場合には，必要に応じ，合理的な範囲で書面による報告を行うべきである。

　取締役から監査役会に本条の報告がなされた場合，その報告の概要は，監査役会の議事録に記載される（会規109Ⅲ③イ）。

　取締役が，会社に著しい損害を及ぼすおそれのある事実を発見しながら，そ

のことを直ちに監査役（会）に報告せず，これにより会社に損害が生じた場合には，取締役は，報告義務違反を理由として，会社に対する損害賠償責任を負う（法423Ⅰ）。また，取締役の職務遂行に関し法令に違反する重大な事実があったとして，監査役（会）の監査報告書に記載される必要もある（会規129Ⅰ③・130Ⅱ②，計規122ⅠⅢ・123Ⅱ①・127Ⅰ⑤・128Ⅱ②）。ただし，本条の義務違反について，取締役に罰則の制裁はない。

② 監査の範囲を会計に関するものに限定した会社の場合

前記のとおり，監査役の監査の範囲を会計に関するものに限定した会社においては，監査役は業務監査の権限を有せず，会計監査の権限のみを有するのであるから，本権限を有さない（法389Ⅶ）。この場合，取締役の報告は株主に対してなされることになる。

(5) 会計監査人設置会社における会計監査人からの報告受領権

会計監査人は，その職務を行うに際して取締役の職務遂行に関し不正の行為または法令もしくは定款に違反する重大な事実があることを発見したときは，遅滞なく，これを監査役（監査役会設置会社にあっては，監査役会）に報告しなければならない（法397Ⅰ・Ⅲ）。

会計監査人は，業務監査の職責を負うものではないから，積極的に会計にかかわらない違法事実の発見に努める義務を負うものではない。しかし，会計監査人は，その権限を行使して会計監査を行うことにより，会計にかかわるものに限らず不正な業務執行行為を発見することがありえ，その場合，重大な違法事実は放置せずにしかるべき監督是正措置がとれるよう，監査役（会）に報告させることが，会社の利益のために必要だと考えられたのである。

「不正の行為」とは，会社に対する忠実義務に違反して会社に損害を生ぜしめる故意の行為をいう。会計監査人は，取締役の職務遂行に関する不正の行為はすべて報告しなければならないが，法令・定款違反の事実は重大なものだけを報告すれば足りる。取締役に対する報告を要するか否かは，会計監査人が善管注意義務に従って判断することになろう。

法令違反は，取締役の善管注意義務違反を含む。ただし，取締役の経営判断

にはいわゆる「経営判断の原則」が適用されるため，決定の過程，内容に著しく不合理な点がない限り，取締役としての善管注意義務違反は認められない（最判平22.7.15判時2091-90）。

　会計監査人の監査役（会）に対する報告の方法に制限はなく，報告は口頭であると書面であるとを問わない。ただし，会計監査人が口頭で報告したのに対し，監査役または監査役会が書面による報告を求めたようなときは，必要に応じ，合理的な範囲で書面による報告を行う義務がある。

　会計監査人から監査役会に本条の報告がなされた場合，その報告の概要は，監査役会の議事録に記載される（会規109Ⅲ③ハ）。

　会計監査人が，不正行為等を発見しながら，そのことを遅滞なく監査役（会）に報告しなかった場合，会計監査人は報告義務に違反したものとして，解任の正当事由になるとともに（法339Ⅰ・Ⅱ），これにより会社に損害を生ずれば，会社に対する損害賠償責任を負う（法423Ⅰ）。

　会計監査人から報告を受けた監査役（会）は，その職務に従い，調査・検討するなど，適切な対応を行わなければならない。

　なお，上場会社の公認会計士または監査法人に対しては，会社法の定めるこの会計監査人の報告義務に加え，金融商品取引法においても，財務計算に関する書類の適正性の確保に影響を及ぼすおそれがある法令違反等の事実を発見したときの会社に対する報告義務が定められている（金商193の3Ⅰ）。

(6)　**会計監査人設置会社における会計監査人に対する報告請求権**

　監査役は，その職務を行うため必要があるときは，会計監査人に対し，その監査に関する報告を求めることができる（法397Ⅱ）。

　その趣旨は，監査役の会計監査人との連携による協力および情報収集能力の強化により，監査役の監査の充実を図ることによって，より良い監査の実現を探求することにある。

　監査役が会計監査人に対して報告を求めることができる範囲は，会計監査人の調査もしくは監査の方法またはその結果，およびこれについての会計監査人の意見についてである。会計監査人の監査権限の範囲内であれば，そのすべて

に及ぶと考えてよい。もっとも，会計監査人は，監査役の指揮・命令を受けるわけではなく，独立の専門職業人として自己の監査計画にそって監査を実施するわけであるから，新たな調査を必要とする事項につき報告を求められた場合に監査役に協力するか否かは，会計監査人としての善管注意義務に従い判断すべきこととなる。

会計監査人が監査役からの報告請求に応じなかったときには，会計監査人は，その任務に違反したものとして，解任の正当理由になるとともに（法339Ⅰ・Ⅱ），これにより会社に損害が生ずれば，会社に対する損害賠償責任を負う（法423Ⅰ）。

2　是正権限

(1)　取締役の違法行為差止請求権

①　監査役設置会社の場合

監査役は，取締役が不正の行為をし，もしくは不正の行為をするおそれがあると認めるとき，または法令もしくは定款に違反する事実もしくは著しく不当な事実があると認めるときは，遅滞なく，その旨を取締役（会）に報告し（法382），また，取締役による株主総会への提出議案や書類等を調査して法令もしくは定款に違反しまたは著しく不当な事項があると認めるときは株主総会にその意見を報告するなどし（法384），他の機関による取締役の違法行為の是正措置を促すことができるが，これらの他の機関による措置を待っていたのでは，会社に取り返しのつかない損害が発生することも考えられる。また，場合によっては，これらの他の機関において，監査役の意見が無視されることも考えられる。そこで，このような事態に対処するため，取締役が会社の目的の範囲外の行為，その他法令もしくは定款に違反する行為をし，またはこれらの行為をするおそれがある場合において，それにより会社に著しい損害を生ずるおそれがある場合には，監査役は当該取締役に対し，その行為をやめることを請求することができるとされている（法385Ⅰ）。これは，取締役の違法行為が完了してしまうのを防ぎ，会社に損害が生じるのを防止するという，監査役に与え

られた業務監査権限の中でも特に重要な権限の一つである。

イ　違法行為差止請求権の要件

　監査役の違法行為差止請求権は，取締役が会社の目的の範囲外の行為その他法令もしくは定款に違反する行為をし，またはこれらの行為をするおそれがある場合において，それにより会社に著しい損害を生ずるおそれがある場合に認められる（法385Ⅰ）。これらの行為に対しては，損害の発生の有無を問わずに監査役による差止めが認められてもよさそうであるのに，このように損害の要件が課せられているのは，法令・定款違反等に該当するか否かは客観的に判断することが必ずしも容易でないこともあり，業務執行権限は本来は取締役にあることから（法348Ⅰ），そのような取締役の権限を監査役が過度に干渉しないように図ったためである。

　ここに言う「取締役」とは，多くの場合，代表取締役を指すものと思われるが，必ずしもそれに限定されるものではない。例えば，競業避止義務に違反して取引を行おうとしている取締役の行為も対象となる。

　「会社の目的の範囲外の行為その他法令もしくは定款に違反する行為」は，取締役の義務を具体的に定めた規定の違反に限られず，善管注意義務（法330, 民644）や忠実義務（法355）の違反も含まれる。ただし，取締役の経営判断にはいわゆる「経営判断の原則」が適用されるため，決定の過程，内容に著しく不合理な点がない限り，取締役としての善管注意義務違反は認められない（最判平22.7.15判時2091—90）。

　また会社法違反のみならず，金融商品取引法，独占禁止法，労働法，特許法など知的所有権に関する法律，刑法など他の法令違反も含まれる。

　「会社に著しい損害を生じるおそれがある場合」とは，会社に著しい損害が生じるおそれさえあれば損害の回復の可能性の有無は問わないとの趣旨である（会社法360条3項により，監査役設置会社においては，株主の違法行為差止請求権の要件が「会社に回復することができない損害が生ずるおそれがあるとき」とされているのと異なる）。「著しい損害」の程度は，会社の規模によってその基準も違ってくると考えられるが，損害額の多寡のみにより決せられるも

のではなく、金銭による評価に馴染まない回復困難な信用の失墜なども含むと解すべきである。

ロ　違法行為差止請求権の行使

　違法行為の差止めは当該行為が完結する前に請求しなければならない。もっとも、反復のおそれがあるときは将来の行為を差し止めることができる。継続中の違法状態を取り除くことも当然、差止請求の対象となる。したがって、監査役としては、極めて迅速に、差止めを行うか否かを検討することが重要である。

　監査役は、上記の要件を満たす場合においては、善管注意義務に従い、適切に違法行為の差止めを請求しなければならず、これを怠ることは任務懈怠となる。

　監査役による取締役の違法行為の差止請求は、裁判外においてすることも、裁判上においてすることもできる。どちらの方法をとるかは監査役が善管注意義務に従って判断しなければならないが、一般的にはまず裁判外で請求するのが妥当であろう。取締役がそれに応じない場合、あるいは緊急のため説得の余裕がないときには、差止めの訴えを提起し、それを本案とする仮処分命令を申請することになる。

　裁判外においてする場合には、口頭によることも、書面によることもできるが、後日の証拠を残すためには書面によって請求しておくことが望ましい。なお、差止請求を受けた取締役の側が書面によるべきことを請求することはできない。

　この場合、監査役による請求があったとしても、そのことだけで取締役は当然に当該行為を中止しなければならなくなるものではない。差止請求に理由があるとは限らないからである。差止請求を受けた取締役は、監査役の主張を慎重に検討の上、それに従うか否かを、善管注意義務に従って判断しなければならない。

　裁判上においてする場合には、差止請求訴訟の提起ということになるが、緊急を要するときは、これを本案として仮処分命令を申請することもできる。こ

の仮処分の性質は，被保全権利たる差止請求権を実現させるものであるから，仮の地位を定める仮処分に属する（民保23Ⅱ）。裁判所が仮処分をもって取締役に対しその行為をやめることを命ずるときは，監査役に担保を立てさせることを要しない（法385Ⅱ）。その理由は，担保を立てさせることを要すると，監査役による差止めの仮処分が困難となり，監査役に差止請求権を認めても，実効性を有しないこととなるおそれがあるし，また，監査役は会社の機関としてこの仮処分を申請するのであるから，債務者（会社の機関たる取締役）に生ずべき損害を担保するための保証を立てさせる必要はないことにある。

差止請求訴訟の管轄については，明文の規定がないため問題はあるが，会社の機関たる監査役から会社の機関でもある取締役に対する訴えであることから，社団より役員に対する訴え（民訴5⑧）に準ずるものとし，会社の本店所在地を管轄する裁判所に提起することができると解すべきである。ただ専属管轄でないため，被告たる取締役の普通裁判籍所在地（民訴41Ⅱ）に提起することも妨げられない。

なお，実際に監査役が代表取締役の違法行為に対する差止の仮処分申請を行い仮処分が認められた事例として，春日電機株式会社の2事例がある（東京地決平20.11.26資料版商事299—330，東京地決平20.12.3資料版商事299—337）。

ハ　違法行為差止判決・仮処分命令の効果

監査役による違法行為差止請求訴訟・仮処分は，会社の機関として会社のためになされるものであるから，その判決・仮処分命令の効力は当然会社に及ぶこととなる（民訴115Ⅰ②）。

この判決や仮処分が出された場合，裁判所により差止めがなされているのであるから，取締役はこれに従う義務を負う。しかしながら，この差止めは取締役に対する不作為命令にすぎないため，取締役がこれを無視して当該行為を強行した場合であっても，取締役の義務違反の責任が生じるだけであり，当該行為の効力には影響を及ぼさない（ただし，この点，差止請求に理由があるにもかかわらず強行された場合で，かつ善意の第三者を害さない場合は，会社は当該行為の無効を主張し得るなどの反対説もある）。したがって，この差止めは

ある意味では実効性に乏しい面があると言わざるを得ない。ただ，一方で，代表取締役の業務執行に取締役会決議の欠缺などの手続上の瑕疵があった場合には，会社は相手方が手続上の瑕疵を知りまたは知りうべかりしときは無効を主張することができる。そこで，監査役としては，事案によっては，差止めの目的を達成するために，当該行為の相手方に差止判決あるいは仮処分命令を通知し，取引に応じないように求めることも検討する必要がある。これにより，仮に強行されてしまったとしても，相手方が悪意・重過失となることが期待しうるからである。

② **監査の範囲を会計に関するものに限定した場合**

前記のとおり，監査の範囲を会計に関するものに限定した会社においては，監査役は業務監査の権限を有せず，会計監査の権限のみを有するのであるから，本権限も有さない（法389Ⅶ）。

【取締役に対する違法行為差止請求書の記載例】

違法行為差止請求書

　私は〇〇〇〇株式会社（以下「当社」という。）の監査役でありますが，当社代表取締役である貴殿に対し下記のとおり違法行為の差止を請求します。

記

　貴殿は，最近，当社の重要な財産である別紙物件目録記載の物件を貴殿が代表取締役を務める〇〇〇〇株式会社へ売却されようと折衝されているとのことですが，貴殿もご承知のとおり，これについては取締役会の承認を何ら経ておりません。

　したがって，上記売却行為は会社法第356条第1項に違反する違法行為であり，到底許されるものでないことが明らかです。よって，私は，当社の監査役として，貴殿に対し，上記売却行為を直ちに止めるよう請求する次第です。

　なお，万一，貴殿らがこの請求に応じないときは，やむなく法的手段をとることになりますので，この点ご了知お下さい。

　平成〇年〇月〇日

　　　　　　　　　　　　　　　東京都〇〇区〇〇町〇丁目〇番〇号
　　　　　　　　　　　　　　　　　　　　　〇〇〇〇㊞

東京都○○区○○町○丁目○番○号
○○○○株式会社
代表取締役○○○○殿

【違法行為差止請求訴訟の訴状の記載例】

訴　　状

〒○○○―○○○○　東京都○○区○○町○丁目○番○号
　　　　　　　　　　原告　　　○○○○
（送達場所）〒○○○―○○○○　東京都○○区○○町○丁目○番○号
　　　　　　　　　　上記代理人弁護士　　○○○○
　　　　　　　　　　　　TEL　○○―○○○○―○○○○
　　　　　　　　　　　　FAX　○○―○○○○―○○○○
〒○○○―○○○○　東京都○○区○○町○丁目○番○号
　　　　　　　　　　被告　　　○○○○

違法行為差止請求事件
　　訴訟物の価額　　　金　　　　円
　　ちょう用印紙額　　金　　　　円

第1　請求の趣旨
　1　被告は訴外○○○○株式会社（本店所在地○○○○）の取締役会の決議なくして、同会社を代表して別紙物件目録記載の物件につき譲渡，質権，抵当権，賃借権の設定その他一切の処分をしてはならない。
　2　訴訟費用は被告の負担とする。
　　との判決を求める。
第2　請求の原因
　1　原告は，訴外○○○○株式会社（以下「○社」という。）の監査役であり，被告は，○社の代表取締役である（甲○）。
　2　○社は，○○○○を目的とする株式会社であるが，別紙物件目録記載の物件（以下「本件物件」という。）を所有してこれを賃貸しており，その賃料収入が会社の唯一の収入となっている（甲○）。

3　しかるに，被告は最近本件物件の売却を企て〇〇〇〇株式会社と折衝中であるが，本件物件は会社の唯一の主要な資産であるにもかかわらず，被告は，上記売却については取締役会の決議を経るつもりのないことを公言している（甲〇）。この行為は，明らかに会社法第362条4項1号に違反する違法行為である。

4　もし，被告の独断により上記売却が強行されれば，〇社は唯一の主要な財産を失い，また唯一の収入の道を絶たれ，会社に著しい損害を生ずるおそれがあることは明らかである。

5　よって，請求の趣旨記載の判決を求める。

証拠方法

1　甲1号証　　履歴事項全部証明書
2　甲2号証　　第〇期事業報告書
3　甲3号証　　登記事項全部証明書
4　甲4号証　　報告書

附属書類

1　履歴事項全部証明書　　1通
2　訴訟委任状　　　　　　1通

平成　　年　　月　　日

〇〇地方裁判所　御中

上記原告代理人弁護士　〇〇〇〇　㊞

【違法行為差止仮処分命令申立書の記載例】

仮処分命令申立書

　　　　　　　〒〇〇〇―〇〇〇〇　東京都〇〇区〇〇町〇丁目〇番〇号
　　　　　　　　　　　　　　　　　債権者　　〇〇〇〇
（送達場所）　〒〇〇〇―〇〇〇〇　東京都〇〇区〇〇町〇丁目〇番〇号
　　　　　　　　　　　　　　　　　上記代理人弁護士　〇〇〇〇
　　　　　　　　　　　　　　　　　　TEL　〇〇―〇〇〇〇―〇〇〇〇
　　　　　　　　　　　　　　　　　　FAX　〇〇―〇〇〇〇―〇〇〇〇
　　　　　　　〒〇〇〇―〇〇〇〇　東京都〇〇区〇〇町〇丁目〇番〇号

債務者　　〇〇〇〇

違法行為差止仮処分命令申立事件

ちょう用印紙額　　金2,000円

第1　申立ての趣旨
　1　本案判決確定まで，債務者は，〇〇〇〇株式会社（本店所在地〇〇〇〇）の取締役会の決議なくして，同会社を代表して別紙物件目録記載の物件につき譲渡，質権，抵当権，賃借権の設定その他一切の処分をしてはならない。
　2　訴訟費用は債務者の負担とする。
　　との決定を求める。

第2　申立ての原因
　1　債権者は，〇〇〇〇株式会社（以下「〇社」という。）の監査役であり，債務者は，〇社の代表取締役である（甲〇）。
　2　〇社は，〇〇〇〇を目的とする株式会社であるが，別紙物件目録記載の物件（以下「本件物件」という。）を所有してこれを賃貸しており，その賃料収入が会社の唯一の収入となっている（甲〇）。
　3　しかるに，債務者は最近本件物件の売却を企て〇〇〇〇株式会社と折衝中であるが，本件物件は会社の唯一の主要な資産であるにもかかわらず，債務者は，上記売却については取締役会の決議を経るつもりのないことを公言している（甲〇）。この行為は，明らかに会社法第362条4項1号に違反する違法行為である。
　4　もし，債務者の独断により上記売却が強行されれば，〇社は唯一の主要な財産を失い，また唯一の収入の道を絶たれ，会社に著しい損害を生ずるおそれがあることは明らかである。債権者は，債務者による上記売却を差止めを求めるべく訴訟を準備中であるが，本案判決の確定を待っていたのでは，その間に，債務者が上記売却を強行してしまうおそれが強い。
　5　よって，申立ての趣旨記載の仮処分を求める。

証拠方法

1　甲1号証　　履歴事項全部証明書
2　甲2号証　　第〇期事業報告
3　甲3号証　　登記事項全部証明書
4　甲4号証　　報告書

附属書類

1　履歴事項全部証明書　　1通
2　訴訟委任状　　　　　　1通

	平成　年　月　日
○○地方裁判所　御中	上記債権者代理人弁護士　○○○○　㊞

(2) 会社と取締役間の訴訟における会社代表権
① 監査役設置会社の場合
イ　会社・取締役間の訴訟

　会社が取締役（取締役であった者を含む。以下同じ）に対し訴えを提起し，または取締役が監査役設置会社に対し訴えを提起する場合には，その訴えについては，監査役が会社を代表する（法386Ⅰ①）。

　本来，裁判上の行為についても会社を代表する権限を有するのは代表取締役であるが，会社と取締役間の訴訟についても代表取締役に会社を代表させた場合，必ずしも公正な訴訟の遂行が期待できるとは限らない。そこで，このような場合には，取締役から独立した監査役が会社を代表するのが望ましいと考えられたのである。

　会社が取締役に対して提起する訴訟については，訴訟提起の前段階として，その訴訟提起をなすか否かの決定権も取締役会でなく監査役に属する（農業協同組合の監事に関する最判平9.12.16判時1627—144）。

　現在の取締役だけでなく，過去に取締役であった者にも適用される。また，取締役権利義務者（法346Ⅰ）や取締役職務代行者（法352）にも適用される。

　会社と取締役との間の訴訟でありさえすれば，すべての訴訟が対象となる。そのように広く解される理由は，取締役同士の馴れ合いの可能性が考慮されるからである。したがって，会社法423条1項による取締役に対する責任追及など取締役が取締役の資格で当事者になる場合に限らず，会社から取締役に対する貸金返還請求のような債務の履行請求や不法行為による損害賠償請求など取締役が個人としての立場で訴訟の当事者となる場合にも適用される。

　監査役が複数いるときは，各監査役は各自独立して会社を代表することができ，全員が共同して会社を代表する必要はない。実務上は，複数の監査役間の話し合いによってそのうち1名を当該訴訟において会社を代表する者と定める

ことも可能である。もっとも，この場合，他の監査役は，担当の監査役の訴訟遂行が不適当と認めたときは，自ら権限を行使するなどの措置を講ずる必要がある。

また，監査役が複数いるときに，監査役間で訴訟遂行方法等につき意見が分かれた場合は，まず監査役間で可能な限り意見の調整をして，結論の統一化を図るべきであるが，どうしても意見が一致しない場合には，各監査役が独自にその権限を行使するほかない。したがって，ある監査役が訴えを起こすべきものと判断すれば，他の監査役が全員反対でも訴えを起こすことができ，また，各監査役は自らが正当と信じるところに従い，訴訟活動をなすことになる。

反対に，取締役が会社に対し訴えを提起する場合，監査役が2人以上いる場合には，そのうちの1人または数人を会社の代表者として訴状に表示すれば足りる。この場合，代表者として表示された者以外の監査役が会社を代表して応訴しても差し支えない。

監査役は，善管注意義務に従い，適切にこの訴訟における会社代表権を行使しなければならない。したがって，監査役は，取締役が会社に対し責任を負うと認められる場合，原則として提訴の義務を負う。にもかかわらず提訴しない場合には，監査役の任務懈怠となりうる。このことは，株主が会社に対し書面をもって取締役の責任を追及する訴えの提起を請求し，監査役が会社を代表してこの請求を受けた場合（法847Ⅰ）においても同様である。

ただし，取締役が会社に対し責任を負うと認められる場合であっても，取締役が無資力であったり賠償額が少額に過ぎ，勝訴しても会社に利益がない場合には，提訴をしなくても任務懈怠にはならない。また，収集されたまたは収集可能であった資料に基づき，当該責任の存在を証明し勝訴し得る高度の蓋然性がない場合についても，その他の事情も含めた総合判断にはなるものの，基本的には監査役に任務懈怠は認められない可能性が高い。

取締役の会社に対する責任を追及する訴訟は，本店所在地の地方裁判所の管轄に専属する（法848）。

取締役の会社に対する責任を追及する訴訟につき和解をする場合には，総株

主の同意を要しない(法850Ⅳ)。そこで,馴れ合い訴訟の防止および取締役に不当に有利な和解等の防止のため,監査役が提起した取締役の責任を追及する訴えには,株主が原告側に共同訴訟人として参加することができる(法849Ⅰ)。この株主の参加の機会を提供するため,監査役が取締役の会社に対する責任を追及する訴えを提起したときは,遅滞なく,その旨を公告または株主への通知(ただし,非公開会社は通知に限定)しなければならない(法849Ⅴ・Ⅸ)。

なお,会社と監査役間の訴訟における会社代表権は,原則どおり代表取締役が有する。したがって,株主が監査役の責任を追及する株主代表訴訟を提起する場合の提訴請求は,やはり代表取締役に対して行うことになる。

【責任追及の訴えの訴状の記載例(枠組みのみ)】

```
                              訴   状

              〒○○○―○○○○  東京都○○区○○町○丁目○番○号
                              原告      株式会社○○○○
                              上記代表者監査役  ○○○○
  (送達場所) 〒○○○―○○○○  東京都○○区○○町○丁目○番○号
                              上記代理人弁護士  ○○○○
                                  TEL  ○○―○○○○―○○○○
                                  FAX  ○○―○○○○―○○○○
              〒○○○―○○○○  東京都○○区○○町○丁目○番○号
                              被告      ○○○○

損害賠償請求事件
   訴訟物の価額    金       円
   ちょう用印紙額   金       円

第1  請求の趣旨
  1  被告は,原告に対し,金○○円及びこれに対する本訴状送達の日の翌日か
     ら支払い済みまで年5分の割合による金員を支払え。
  2  訴訟費用は被告の負担とする。
     との判決並びに仮執行宣言を求める。
```

第2　請求の原因
　1　当事者
　　(1)　原告
　　(2)　被告
　2　被告の任務懈怠
　3　被告の任務懈怠より原告が被った損害
　4　結論
　　よって，原告は，被告に対して，会社法第423条1項に基づき，被告の任務懈怠に基づく損害賠償として，原告が被った損害金○○円及びこれに対する本訴状送達の日の翌日から支払い済みまで年5分の割合による遅延損害金の支払いを求める。

証拠方法

1　甲1号証　　○○
2　甲2号証　　○○

附属書類

1　履歴事項全部証明書　　1通
2　訴訟委任状　　　　　　1通

平成　　年　　月　　日

○○地方裁判所　御中

上記原告代理人弁護士　　○○○○　㊞

ロ　株主代表訴訟への対応

(イ)　提訴請求

　6ヶ月前から引き続き株式を有する株主（ただし，非公開会社においては保有期間の制限はない）は，会社に対し，取締役の責任を追及する訴えの提起を請求することができる（法847Ⅰ・Ⅱ。以下「提訴請求」）。そして，原則として，提訴請求の日から60日以内に会社が取締役に対して責任追及等の訴えを提起しない場合に限り，当該株主は会社に代わり，自ら責任追及の訴えを提起することができるものとされている（法847Ⅲ。以下「株主代表訴訟」）。

　株主代表訴訟において追及することができる取締役の責任の範囲には，会社法423条1項等による責任など取締役が取締役の資格に基づいて負う責任に限

らず，会社に対する貸金返還債務など取締役が個人的に会社との取引によって負担する債務も含まれる（最判平21．3．10民集63―3―361）。

　株主代表訴訟を提起するにあたっては，まず提訴請求をなす必要があるが，当該請求が取締役の責任を追及する訴えの提起を求めるものである場合には，提訴請求の相手方は代表取締役ではなく，監査役である（法386Ⅱ①）。

　監査役は，提訴請求を受けた場合には，速やかに他の監査役に通知するとともに，提訴請求が形式的要件を具備しているかどうか，および請求内容に理由があるかどうかについての調査を開始し，また，今後の対応について審議するための監査役会開催等の準備をする必要がある。調査にあたっては，提訴請求書の内容に拘束されるものではなく，監査役としての善管注意義務に従い，弁護士の見解を取得するなどして，適切に訴訟提起の要否について判断しなければならない。

　前記のとおり，この場合も，監査役は，取締役が会社に対し責任を負うと認める場合，原則として提訴の義務を負う。にもかかわらず提訴しない場合には，監査役の任務懈怠となりうる。ただし，この場合も，株主が監査役に代わり取締役に対して代表訴訟を提起すれば，会社は不提訴による損害の発生を免れることになるので，実際には，監査役が不提訴による責任を問われることはほぼない。

　監査役は，訴訟提起の当否の判断結果について取締役会および被提訴取締役に対して通知する。監査役は，提訴請求の日から60日以内に責任追及等の訴えを提起しない場合，提訴請求をした株主等から請求があれば，遅滞なく，訴えを提起しない理由を書面等で通知しなければならない（法847Ⅳ）。この点，実務上は，株主等からの請求を待たずに，監査役が積極的に訴えを提起しない理由を株主等に通知することも多い。その具体的な記載事項は，会社法施行規則218条のとおりである。

　なお，提訴請求書を誤って監査役でなく代表取締役に送付したうえで，株主代表訴訟を提起した場合，原則として，有効な提訴請求があったとは認められないが（東京地判平4．2．13判時1427―137），その場合においても，本来の提訴

請求を受けるべき者において提訴請求書の記載内容を正確に認識したうえで取締役に対する訴訟を提起すべきか否かを自ら判断する機会があったときには,適法に提訴請求があったと同視することができると考えられる（最判平21. 3. 31民集63―3―472）。

【株主に対する通知書の記載例（枠組みのみ）】

責任追及の訴え提起請求書に対する通知書

平成○年○月○日

東京都○○区○○町○丁目○番○号
　○○○○　殿

　　　　　　　　　　　　　　　東京都○○区○○町○丁目○番○号
　　　　　　　　　　　　　　　　　　　　株式会社○○○○
　　　　　　　　　　　　　　　　　　　　監査役　　○○○○

　貴殿より平成○年○月○日付けで受領した責任追及の訴え提起請求書について,株式会社○○○○の監査役○○○○,同○○○○,同○○○○は全員一致で,全取締役について訴えを提起しないことを決定しましたので,監査役○○○○が代表して以下のとおり通知いたします。

第1　監査役が行った調査の内容
　1　調査の時期
　2　調査を行った者
　3　調査の方法
　4　判断の基礎とした資料
第2　調査により判明した事実の概要
第3　取締役の義務と責任について
　1　総論
　2　各取締役について
第4　結論
　以上述べましたとおり,提訴請求に係る全取締役について,監視・監督義務及び内部統制構築義務のいずれの観点からも任務懈怠はなく,法的責任はないと判

> 断しましたので，責任追及の訴えは提起しないことといたしました。
>
> 　　　　　　　　　　　　　　　　　　　　　　　　　　　　以上

(ロ)　会社が株主代表訴訟に補助参加する場合の同意

　責任追及の訴えが提起された場合（会社が提訴する場合，株主代表訴訟による場合の双方を含む），株主または株式会社は，共同訴訟人として，または当事者の一方を補助するため，当該訴訟に参加することができる（法849Ⅰ）。

　かかる規定に基づき，会社が取締役を補助するため，取締役の責任を追及する株主代表訴訟に補助参加する場合には，参加にあたっての会社としての判断の適正を期するため，監査役全員一致の同意を得なければならない（法849Ⅲ①）。この場合，監査役会設置会社においても，監査役全員の同意があれば足り，監査役会の開催までは不要と解されている。

　なお，民事訴訟法上，訴訟手続に補助参加するためには，参加者が当該訴訟の結果について法律上の利害関係（補助参加の利益）を有することが要件とされているが（民訴24），この場合はこの要件は要求されない。

　補助参加に監査役の同意が必要とされているのは，取締役間の馴れ合いにより会社の被告取締役への補助参加を安易に認めてしまうことを避けるため等の理由による。したがって，監査役が，会社の執行部門から被告取締役への補助参加についての同意を求められた場合には，取締役や関係部署等から状況の報告や意見を徴し，当該事案において補助参加することが適切か否かを慎重に判断する必要がある。

(ハ)　訴訟提起に関する公告または株主に対する通知

　株主が代表訴訟を提起した場合は，遅滞なく会社に対して訴訟告知をしなければならず，会社は，訴訟告知を受けたときまたは会社が責任追及の訴えを提起したときは，遅滞なく，その旨公告し，または株主に通知（ただし，非公開会社は通知に限定）しなければならない（法849Ⅳ・Ⅴ・Ⅸ）。他の株主に訴訟に参加する機会を与え，あるいは不当な訴訟追行を監視する機会を与えるためである。

この訴訟告知についても，被告が取締役である場合，監査役が会社を代表して受ける（法386Ⅱ②）。

(二) 訴訟上の和解

株主代表訴訟において和解する場合で，会社が和解の当事者でないときは，裁判所は会社に対し，和解の内容を通知し，その和解に異議があるときは2週間以内に異議を述べるべき旨を催告し（法850Ⅱ），会社がその期間内に書面で異議を述べなかったときは，通知した内容で株主が和解することを承諾したものとみなされ（法850Ⅲ），総株主の同意を得ずに和解の内容まで取締役の責任が免除される（法850Ⅰ）。

これについても，被告が取締役である場合，和解内容の通知および催告は監査役が会社を代表して受ける（法386Ⅱ②）。したがって，監査役は，これを受けた場合には，速やかに，取締役や関係部署等から状況の報告や意見を徴し，慎重に通知された和解内容を認めるべきか，あるいは異議を述べるべきかについて判断しなければならない。

ハ　その他の会社代表権

株式交換等完全親会社または会社の最終完全親会社等は，株式交換等完全子会社または当該会社の株式を直接有する場合には，会社法847条1項および3項により，株式交換等完全子会社または当該会社の取締役に対し，責任追及等の訴えを提起することができる。当該株式交換等完全親会社または最終完全親会社等の監査役は，これらの訴えについても会社を代表する（法386Ⅰ②③）。

株式交換等完全親会社または最終完全親会社等が，これらの訴えを提起する前提となる，当該訴えの提起の請求を行う場合にも，当該株式交換等完全親会社または最終完全親会社等の監査役が会社を代表する（法386Ⅱ③④）。

また，株式交換等完全親会社または最終完全親会社等が，会社から会社法849条6項または7項の規定による通知を受ける場合も，監査役が会社を代表する（法386Ⅱ③④）。

他方，会社が，株式交換等完全親会社または最終完全親会社等の株主から旧株主による責任追及の訴えまたは特定責任追及の訴えの提起の請求を受ける場

合についても，監査役がこれを代表する（法386Ⅱ①）。

② 監査の範囲を会計に関するものに限定した場合

前記のとおり，監査の範囲を会計に関するものに限定した会社においては，監査役は業務監査の権限を有せず，会計監査の権限のみを有するのであるから，会社と取締役の訴訟についての会社代表権もなく（法389Ⅶ），株主総会または取締役会（ただし，株主総会が優先）において定められた者が会社を代表する（法353・364）。代表者が定められていない場合は，原則にもどり，代表取締役が会社を代表する。

したがって，株主が取締役の責任を追及する代表訴訟を提起する場合は，その前提としての訴え提起の請求をする段階では訴訟の代表者は決定されていないこととなるため，代表取締役に対して訴え提起の請求を行うことになる。ただし，例外的に株主総会または取締役会においてあらかじめ代表者が定められている場合においては，当該代表者に対して訴えの提起の請求を行うことになる。

会社が取締役に補助参加する場合の監査役全員一致の同意も不要となる。

このように，「監査役を置く会社」であっても，定款で監査の範囲を会計に関するものに限定した会社においては，監査役は会社と取締役の訴訟についても会社代表権を有さないため，この限定がありうる非公開会社，監査役会設置会社または会計監査人設置会社以外の会社においては，会社と取締役の訴訟を行うにあたっては，必ずこの会社代表権の存在を確認する必要がある。ところが，この点，平成26年改正以前の会社法においては，商業登記において監査の範囲を会計に関するものに限定した会社も含めて「監査役設置会社」と登記されていたため，商業登記によってはこの確認ができなかった。平成26年改正会社法では，これが改められ，定款で監査の範囲を会計に関するものに限定したときは，その旨についても登記事項に追加されたため（法911Ⅲ⑰イ），現在は商業登記によるこの確認が可能である。ただし，この登記は，経過措置として，平成27年5月1日の改正法の施行の際，現にこの限定がある会社については，改正法の施行後最初に監査役が就任し，または退任するまでの間は，登記を要

しないとされているので（平成27年改正法附則22Ⅰ），当面はやはり商業登記による確認では足りないことには注意が必要である。

(3) 各種訴えの提起権

① 監査役設置会社の場合

監査役設置会社においては，監査役は，すでに行われてしまった会社の違法行為を事後的に是正するための手段として，次のような各種の訴えを提起する権限を有している。

イ　会社の組織に関する行為の無効の訴え（法828Ⅱ①〜⑫）

会社の組織に関する無効の訴えとして，以下の行為につき無効主張が認められている。

① 会社の設立
② 設立後における新株発行
③ 自己株式の処分
④ 新株予約権の発行
⑤ 資本金の減少
⑥ 組織変更
⑦ 吸収合併
⑧ 新設合併
⑨ 吸収分割
⑩ 新設分割
⑪ 株式交換
⑫ 株式移転

ロ　売渡株式等の取得（キャッシュ・アウト）の無効の訴え（法846の2Ⅱ②）

ハ　株主総会決議取消しの訴え（法831Ⅰ）

これらの訴えの提起権は，監査役の個人的な利益擁護のために認められるものではなく，監査役の会社の機関としての職責上認められるものである。したがって，当該訴えを提起する監査役は，担保提供義務を負うことはない。これは取締役についても同じである（法836Ⅰ但書）。

近時，非公開会社の監査役が，株主総会によって行使条件が付された新株予約権について，行使条件に反した新株予約権の行使による株式の発行があったとして，新株発行無効の訴えを提起し，これが認容された事例がある（最判平24.4.24民集66—6—2908）。

なお，会社法上，新株発行等の不存在の確認の訴え（法829）や，株主総会等の決議不存在または決議無効の確認の訴え（法830）のような確認の訴えが定められているが，これらの訴えについてはそもそも提起権者の限定はなく，訴えの利益を有する者は誰でも提起することができる。監査役は，通常当然に訴えの利益をもつと考えられる。

このほか，訴訟に準ずるものとして，監査役には次のような申立権も与えられている。

ニ　特別清算開始の申立て（法511Ⅰ）
ホ　特別清算開始後の調査命令の申立て（法522Ⅰ）

② **監査の範囲を会計に関するものに限定した会社の場合**

前記のとおり，監査の範囲を会計に関するものに限定した会社においては，監査役は業務監査の権限を有さず，会計監査の権限のみを有するのであるから，上記①イ・ロ・ハに記載の訴えの提起権は与えられていない。一方，上記①ニ・ホの申立権については，条文上特段の限定が付されていないため，監査の範囲を会計に関するものに限定していた場合であっても，認められるものと解される。

(4) **会社に対する取締役の責任の一部免除に関する議案の同意権等**

① **監査役設置会社の場合**

監査役設置会社においては，取締役は，会社に対する取締役の責任の一部免除に関する議案を株主総会に提出する場合等には，監査役の同意（監査役が2人以上ある場合にあっては，各監査役の同意）を得なければならない。具体的には，次の場合である。

　(イ)　取締役の会社に対する責任を一部免除する議案を株主総会に提出する場合（法425Ⅲ①）

(ロ) 取締役・取締役会の決定により取締役の会社に対する責任の一部免除ができる旨の定めを設ける変更議案を株主総会に提出する場合，当該定款の定めに基づく責任免除についての取締役の同意を得る場合および当該責任の免除に関する議案を取締役会に提出する場合（法426Ⅱ）

(ハ) 社外取締役の会社に対する責任につき責任限定契約を締結できる旨の定めを設ける定款変更議案を株主総会に提出する場合（法427Ⅲ）

取締役が仲間内で責任を免除し合うという馴れ合い（お手盛り）の危険があるため，中立の立場から監査役に慎重な判断を求めるための規定である。監査役は，同意を与えるか否かを自らの善管注意義務に照らして判断することを要し，その判断を誤った場合には任務懈怠となる可能性がある。

この同意については，監査役会設置会社においても，監査役全員の同意があれば足り，監査役会の開催までは不要と解されている。

監査役は，この同意をするか否かを判断するにあたっては，会社法上の要件を充たしているか否かの確認だけではなく，同意することが真に会社の企業価値向上に資するか否かを見極める必要がある。

なお，会社に最終完全親会社がある場合において，免除しようとする責任が会社法847条の3第4項に規定する特定責任であるときにあっては，上記(イ)の方法により取締役の会社に対する責任を一部免除するためには，当該最終完全親会社の株主総会においても決議が必要になり，その議案を当該最終完全親会社の株主総会に提出するにあたっては，当該最終完全親会社の監査役の同意（監査役が2人以上ある場合にあっては，各監査役の同意）を得なければならない（法425Ⅲ①）。

② 監査の範囲を会計に関するものに限定した場合

本権限は，監査役設置会社において，取締役の会社に対する責任の追及が監査役の権限であることに関連して認められている権限である。したがって，監査の範囲を会計に関するものに限定した会社においては，監査役は本権限を有さない。

3 報告権限

(1) 取締役（会）に対する報告権および取締役会招集権

① 監査役設置会社の場合

イ　取締役（会）に対する報告権

　取締役は，他の取締役の業務執行に対する監督義務を負っており，他の取締役が法令または定款に違反する職務を行おうとするときは，例えば株主総会を招集して当該他の取締役を解任するなど，これを中止させるための適切な措置をとり，場合によってはその責任を追及する必要がある。また，取締役会は，会社の業務執行決定機関であると同時に，取締役の職務執行を監督する義務を負っており，取締役が法令または定款に違反する職務を行おうとするときは，例えば代表取締役を解任したり，かかる行為をなすべきでない旨の決議をするなどし，場合によってはその責任を追及する必要がある。これらの取締役（会）による監督権限を有効なものとするために，監査役は，取締役が不正の行為をし，もしくは当該行為をするおそれがあると認めるとき，または法令もしくは定款に違反する事実もしくは著しく不当な事実があると認める場合には，遅滞なく，その事実を取締役（取締役会設置会社にあっては，取締役会）に報告しなければならないものとされている（法382）。法令違反は，取締役の善管注意義務違反を含む。ただし，取締役の経営判断にはいわゆる「経営判断の原則」が適用されるため，決定の過程，内容に著しく不合理な点がない限り，取締役としての善管注意義務違反は認められない（最判平22．7．15判時2091―90）。

　したがって，監査役が取締役が違法行為等を行っていることもしくは行うおそれがあることを知りながらまたは不注意で知らないで，取締役会に報告しないことは，監査役の任務懈怠となる。監査役が取締役の違法行為等は知っていたが，それが違法である等とは思わなかったために報告しなかった場合，その判断に誤りがあればやはり監査役の任務懈怠となる。

　なお，取締役がまさに違法行為等をしようとしているような場合，監査役は，取締役会において，単にその旨の報告をするにとどまらず，その行為の差止の決議を求め，もしくはこれらの行為をしようとしている取締役の職務の変更を

求めるなどの努力を尽くす必要もあると解される。

ロ　取締役会招集権

監査役は、この場合において、必要があると認めるときは、取締役に対し、取締役会の招集を請求することもできる（法383Ⅱ）。必要がありさえすれば足り、会社に損害が発生するおそれがあること等は要件とされていない。

請求の相手方は取締役会の招集権を有する取締役である。したがって、取締役会規則などで招集権者が決められていれば、その取締役に請求することになる。そのような定めがないときは、各取締役が招集権者であるから（法366Ⅰ）、どの取締役に請求してもよい。なお、招集請求にあたって報告する内容を開示する必要はない（法383Ⅱ・366Ⅱ参照）。

監査役が招集を請求したのに、5日以内に取締役会の招集通知が発せられない場合、または請求に基づき招集された取締役会の会日が請求日から2週間内の日ではない場合、請求を行った監査役は自ら取締役会の招集することができる（法383Ⅲ）。招集の手続そのものは通常の場合と同様である。

監査役が取締役会の招集が必要であると認めたにもかかわらず取締役会を招集しないことは、監査役の任務懈怠となる。不注意で取締役会の招集が必要と認識できなかった場合も同様である。

監査役が招集した取締役会に取締役の出席が得られないことが考えられる。この場合は、監査役は、再度取締役会を招集する手続をとるとともに、状況によっては、違法行為等の差止め（仮処分を含む）もしくは違法行為等によって生じた損害の賠償を求める手続をとること等も検討する必要がある。

なお、この取締役会招集権に関する規定は、特別取締役による取締役会については適用されない（法383Ⅳ）。

② **監査の範囲を会計に関するものに限定した場合**

監査の範囲を会計に関するものに限定した会社においては、監査役は業務監査の権限を有さないため、本権限は有さない（法389Ⅶ）。

(2) 株主総会に対する提出議案等の調査結果報告権
① 監査役設置会社の場合

　監査役は，取締役が株主総会に提出しようとする議案，書類，電磁的記録その他の資料等を調査し，法令もしくは定款に違反しまたは著しく不当な事項があると認めるときは，その調査の結果を株主総会に報告しなければならない（法384，会規106）。当該議案につき，株主が適切な判断をするのを助け，株主総会の違法・不当な決議を防ぐための規定である。法令違反は，取締役の善管注意義務違反を含む。ただし，取締役の経営判断にはいわゆる「経営判断の原則」が適用されるため，決定の過程，内容に著しく不合理な点がない限り，取締役としての善管注意義務違反は認められない（最判平22.7.15判時2091―90）。

　「取締役が株主総会に提出しようとする議案」とは，会計に関するもののほか，会社法または定款により株主総会の決議事項とされているすべての事項に及ぶ。「書類，電磁的記録その他の資料」は，計算書類のほか，報告事項を含む株主総会の判断の対象または資料として提出すべきすべてのものが含まれる。

　調査結果の報告の方式に限定はない。したがって，書面でも口頭でもよい。もっとも，株主総会参考書類の提出が義務付けられる会社においては，議案につき，本条により報告すべき調査結果があるときは，その結果を株主総会参考書類に記載すべきこととされている（会規73Ⅰ③）。したがって，提出議案・書類等に法令・定款違反もしくは著しく不当な事項を発見した場合には，監査役は株主総会参考書類への記載を取締役に請求しなければならない。

　監査役が複数の場合，各監査役は独立の機関として各自独立して報告すべきであるが，各監査役の意見が一致した場合は，そのうちの1人が全員を代表して意見を報告することも差し支えない。

　なお，取締役会および取締役との意見の調整等により事前修正が可能であれば，修正の上，問題のない議案・書類等として株主総会に提出することが望ましいことはいうまでもない。したがって，実務上は，事前修正ができなかった場合にはじめて，株主総会への報告という手段をとることになる。

　調査の結果，提出議案・書類等がすべて法令・定款に違反せず，著しく不当

な事項も認められない場合は，監査役として株主総会への報告の必要はない。ただ，実務においては，この場合も，提出議案・書類等に法令・定款違反および著しく不当な事項はない旨を株主総会に口頭で報告することが通例となっている。

監査役が提出議案・書類等について，株主総会に対し虚偽の申述をしまたは事実を隠蔽したときは，100万円以下の過料の制裁がある（法976Ⅰ⑥）。また，提出議案・書類につき，監査役が法令・定款違反または著しく不当な事項を認め，その株主総会への報告を求めたにもかかわらず，それが認められないまま株主総会決議がなされたときは，決議取消事由となる（法831Ⅰ①）。

② **監査の範囲を会計に関するものに限定した場合**

監査の範囲を会計に関するものに限定した会社においては，監査役は会計監査の権限のみを有するため，会社法384条の適用はなく（法389Ⅶ），会計に関する議案，書類等のみを調査し，株主総会にその調査結果を報告すれば足りるものとされている（法389Ⅲ，会規108）。

株主総会参考書類の提出が義務付けられる会社において，議案につき報告すべき調査結果があるときは，その結果を株主総会参考書類に記載すべきこととされている点は，監査役設置会社の場合と同様である（会規73Ⅰ③）。

【監査役の株主総会における口頭報告の例（監査役会設置会社のケース）】

　常勤監査役の〇〇〇〇でございます。監査役の意見が一致しておりますので，監査役を代表いたしまして，私からご報告申し上げます。
　当社監査役一同は，平成〇年〇月〇日から平成〇年〇月〇日までの第〇期事業年度における取締役の職務執行全般について，必要と認められる方法により監査を行ってまいりました。
　その結果，まず，事業報告およびその附属明細書は，法令および定款に従い，会社の状況を正しく示しているものと認めます。
　また，取締役の職務の執行に関する不正の行為または法令もしくは定款に違反する重大な事実は認められませんでした。
　次に，計算書類およびその附属明細書ならびに連結計算書類につきましては，お手もとの招集通知〇頁から〇頁に記載のとおり，会計監査人〇〇監査法人から，

> 会社および企業集団の財産及び損益の状況をすべての重要な点において適正に表示しているとの報告を受け，監査役会において協議のうえ，会計監査人の監査の方法および結果は相当であると認めました。
> 　なお，本総会に提出されている各議案および書類に関しましても，法令もしくは定款に違反する事項または著しく不当な事項はございません。
> 　以上，ご報告申し上げます。

(3) 監査報告の作成・提出
① 監査報告の意義
イ　監査役設置会社の場合

　監査役は，取締役の職務の執行を監査し，当該監査の結果について，監査報告を作成しなければならない（法381Ⅰ，会規105）。また，監査役会設置会社においては，監査役会も監査報告を作成する（法390Ⅱ①）。

　監査報告により，実質的な委託者である株主に対し，監査の結果が報告される。株主は，この監査結果を踏まえ，取締役を再任するかどうか，解任するかどうか，計算書類を承認するかどうかその他の対応を決めることになる。

　前記のとおり，監査役の監査業務は，会計監査と業務監査に大別される。

　「会計監査」とは，取締役の会計に関する職務の執行を監査することをいう。会計監査人設置会社以外の会社においては，監査役は直接会計監査を行い，その中心は，各事業年度に係る計算書類およびその附属明細書を受領し，これを検討して監査報告を作成することである（計規122・123）。一方，会計監査人設置会社においては，会計監査の中心は会計監査人の職務であり，監査役は会計監査人による会計監査のチェック機能を担い，監査役は会計監査人の監査が相当か否かに関する監査報告を作成することとなる（計規127・128）。

　「業務監査」とは，会計監査を除いた取締役の職務執行全般についての監査をいい，監査役の1年間の業務監査の結果は，取締役が提出する事業報告およびその附属明細書に係る監査報告に集約されることになる（会規129Ⅰ・130Ⅰ）。

　監査役は，会社の事業年度を通じて，業務監査，会計監査の両面で期中監査を行っているところ，各事業年度末に作成される計算書類，事業報告およびこ

れらの附属明細書は，監査役の監査を受けなければならないものとされている（法436Ⅰ・Ⅱ）。監査役は，当該年度において行った業務監査，会計監査の両面にわたる監査の結果を集約し，監査役としての総合的な意見を表明するべく，各事業年度末において監査報告を作成することになるわけである。

　取締役会設置会社においては，計算書類および事業報告に関する監査役（監査役会設置会社にあっては，監査役会）の監査報告は，定時株主総会の招集通知に添付して，計算書類および事業報告とともに株主に提供される（法437，計規133Ⅰ）。監査報告は，定時株主総会の日の1週間前（取締役会設置会社においては2週間前）から5年間本店に，3年間支店に，それぞれ備え置かれ，株主および会社債権者の閲覧に供される（法442Ⅰ～Ⅲ）。ただし，支店については，計算書類等が電磁的記録で作成されている場合であって，支店における株主および債権者からの閲覧・書面交付等の請求に応じることを可能とするための所定の措置をとっているときは，この限りではない（法442Ⅱ）。株主および債権者は，株式会社の営業時間内は，いつでも，備え置かれた監査報告につき閲覧請求，謄本・抄本の交付請求等をすることができる（法442Ⅲ）。株主はこれも参考にして定時株主総会に臨み，計算書類を承認するかどうか（株主総会の承認が必要な場合に限る。法439参照），あるいは剰余金の処分に係る議案を承認するかどうか等を判断することになるのである。親会社の株主も，その権利を行使するため必要があるときは，裁判所の許可を得て同様の請求ができる（法442Ⅳ）。

　また，会計監査人設置会社においては，各事業年度に係る連結決算書類を作成することができるが（事業年度の末日において大会社であって，かつ，有価証券報告書を提出する義務のある会社には義務付けられている），連結決算書類についても，監査役の監査を受けなければならないものとされており，監査役（および監査役会）は，これについても監査報告を作成する（法444Ⅳ，計規121以下）。ただし，連結決算書類にかかる監査報告については，単体の計算書類にかかる監査報告のように，招集通知とともに株主に提供することは義務付けられておらず（もちろん任意の提供は可能であり（計規134Ⅱ），実務上は提

供されているケースが多い），備置き，閲覧請求等に関する規定も置かれていない。もっとも，連結計算にかかる監査の結果については，連結計算書類とともに定時株主総会に報告しなければならないものとされている（法444Ⅶ）。

　上記のほか，株式会社は，事業年度中の一定の日における当該株式会社の財産の状態を把握するため，臨時計算書類を作成することができるが，これについても監査役または会計監査人の監査を受けるものとされており，この場合も監査役（および監査役会）は監査報告を作成する義務を負う（法441Ⅱ，計規121以下）。臨時計算書類にかかる監査報告は，臨時計算書類とともに，臨時計算書類作成の日から5年間本店において，3年間支店において株主および会社債権者の閲覧に供される（法442）。支店における備置きについての例外，閲覧請求等についても，計算書類の場合と同じである。

　会計監査人設置会社においては，会計監査人および監査役の監査結果次第で，定時株主総会における計算書類の承認に関する取扱いが大きく異なることとなる。すなわち，計算書類は，以下の承認特則規定の要件に該当する場合には定時株主総会の承認を要しない。ただし，この場合，当該計算書類の内容は株主総会で報告しなければならない（法439，計規135）。臨時計算書類についても承認特則規定の要件に該当する場合，株主総会の承認を要しない（法441Ⅳ，計規135）。

　(イ)　計算関係書類についての会計監査人の意見が無限定適正（臨時計算書類にあっては，これに相当する意見を含む）であること
　(ロ)　監査役（監査役会設置会社にあっては，監査役会）の監査報告の内容として，上記会計監査人の監査の方法または結果について相当でないと認める意見がないこと
　(ハ)　監査役会監査報告に，個々の監査役の(ロ)の意見が付記されていないこと
　(ニ)　監査役の監査報告が通知期限内に通知されたものであること
　(ホ)　取締役会設置会社であること

　さらに，会計監査人設置会社かつ監査役会設置会社で，取締役の任期が1年である会社は，剰余金の配当等を取締役会で決定する旨を定款で定めることが

できるが（法459 I），この定款の定めも，上記(イ)から(ニ)の要件に該当する場合に限り，効力を有する（法459 II，計規155）。

監査役が監査報告に記載すべき事項を記載せずまたは不実の記載をすると，100万円以下の過料の制裁がある（法976⑦）。

また，監査報告に記載し，または記録すべき重要な事項について虚偽の記載または記録をし，それを信頼した第三者が損害を被った場合は，監査役は注意を怠らなかったこと（無過失）を立証しない限りその第三者に対して損害賠償責任を負う（法429 II ③）。

ロ　監査の範囲を会計に関する事項に限定した場合

非公開会社のうち，監査役会および会計監査人を設置しない会社においては，定款の定めにより監査の範囲を会計に関するものに限定することができるが（法389 I），この場合にも，監査役は監査報告を作成する義務を負う（法389 II）。この場合，監査役は業務監査権限を有しないため，業務監査に関しては，事業報告等を監査する権限がないことを明らかにした監査報告を作成する（会規129 II）。

会計監査に関しては，イの場合と同様に，監査報告を作成する。この場合，監査の範囲を会計に関する事項に限定した会社は，監査役会設置会社でも会計監査人設置会社でもない会社に限られているため，会計監査人を設置しない会社における監査役の会計に関する監査報告の規定（計規122）が適用されることになる。

取締役会設置会社における監査報告の株主への提供，監査報告の本店・支店への備置き，閲覧請求等，過料の制裁，監査報告に係る監査役の責任については，イの場合と同様である。

② **監査報告の作成者**

イ　監査役会を設置しない場合

監査役会を設置しない場合，計算関係書類・事業報告にかかる監査も各監査役がそれぞれ独自に行い，それぞれの意見を形成したうえで，監査報告の作成もそれぞれが独自に行うことが原則である。しかし，このことは，複数の監査

役が相互に協力し，意見を交換し合いながら監査業務を進めていくことを否定するものではなく，それにより，複数監査役の意見が最終的に一致するに至った場合は，監査役の連名により監査報告を一本化して作成することも当然に認められる（実際に，実務においてはそのような取扱いも多くみられる）。

また，複数の監査役の監査意見がそれぞれ全く異なる場合には，監査報告も各人ごとに作成しなければならないことは当然であるが，一部のみ異なる場合には，1通の監査報告に共通の意見部分と異なる意見部分を分けて記載し，それぞれの監査役の意見がどの事項についてどのように異なるかが明らかになるよう記載することも認められる。

ロ　監査役会を設置する場合

監査役会を設置する場合，まず各監査役が監査報告を作成し，これに基づき監査役会が監査報告を作成する（会規130 I，計規123 I・128 I）。この監査役会による監査報告は，監査役会における監査役の過半数の決議によって作成される（法390 II ①・393 I）。具体的には，各監査役の監査結果の報告に基づき，監査役会事務局または特定の監査役が監査役会監査報告の原案を作成して監査役会の議題とし，決議されることになる。ただし，この決議については，下記の会社法施行規則130条3項等の文言を根拠に，持ち回り決議等によることも可能であると解されている（法務省担当者見解）。

監査役会は，必ず1回以上監査役が出席する会議を開催するか，テレビ・電話・インターネット等の情報の受送信により同時に意見を交換することができる方法によって，その内容を審議しなければならない（会規130 III，計規123 III・128 III）。電子メールによるやり取りは，「同時に」意見を交換できることができる方法とは言えないので，この方法には当たらない。

そして，当該報告の作成名義は「○○株式会社監査役会」と表示される。なお，監査役会監査報告の記載事項として署名は求められていないが，実務上は，原本の真正を確保する観点から，署名や記名押印をなす場合が多い。

なお，ある事項に関する監査役会監査報告の内容と自己の監査報告の内容とが異なる場合には，各監査役は監査役会監査報告に自己の監査報告の内容を付

記することができるとされており，監査役会を設置した場合にも，個々の監査役の意見が尊重される仕組みとなっている（会規130Ⅱ，計規123Ⅱ・128Ⅱ）。

監査役の意見の付記は，特に定めがないのでその形式は自由であるが，日付署名欄の前に，「監査役〇〇の意見は次のとおりです。」等として，監査役の意見を記載する方法が一般的である。なお，会社法439条に基づき定時株主総会の承認決議が不要となるには，監査報告書の本文のみならず付記部分においても会計監査人の監査の方法または結果を相当でないと認める旨の記載がないことが必要である（計規135③）。

③ **監査報告の記載事項**

監査役の監査報告については，法定の記載事項が定められているが，会社が会計監査人設置会社か否か，監査役会設置会社か否かにより内容が異なっている。

前記のとおり，会計監査人設置会社においては，会計に関する監査はまず会計監査人が行い，監査役は会計監査人による監査の相当性をチェックする方式をとるため，監査報告の中心は業務監査に関するものとなる。一方，会計監査人を設置しない場合には，監査報告には，会計監査の結果と業務監査の結果の両方が記載される。

また，前記のとおり，監査役会を設置するか否かにより監査報告作成の手順が異なるため，法定の記載事項も若干異なっている。

なお，監査報告の記載事項については，事業報告に関する監査報告は会社法施行規則に（会規129・130），計算関係書類に関する監査報告については会社計算規則に（計規122・123・127・128），各々規定されているが，各事業年度末における監査報告は，1通にまとめて記載するのが通例である。

以下，各場合における監査報告の記載内容について詳述する。

イ 会計監査人設置会社の場合

(イ) 監査役会を設置しない場合

　　a 計算関係書類に関する監査役の監査報告の内容

会計監査人設置会社の監査役は，計算関係書類および会計監査報告を受領し

たときは，次に掲げる事項を内容とする監査報告を作成しなければならない（計規127）。前記のとおり，会計監査人設置会社においては，会計監査人が会計監査の中心的役割を担い，監査役は，会計監査人による監査のチェック機能を担うことから，監査報告の内容も，会計監査人による監査を前提としたものとなっている。

ⓐ 監査役の監査の方法およびその内容

監査役が実際に実施した監査の方法および監査手続の内容を記載すれば足りるが，「一般に公正妥当と認められる監査の基準に準拠して実施すべき監査手続を実施した」という程度の抽象的な記載では足りないものと解される。職務分担の内容，監査に必要な情報入手の方法，監査環境の整備，その他監査を行うために行った具体的行為等について記載することが考えられる。

ⓑ 会計監査人の監査の方法または結果を相当でないと認めたときは，その旨およびその理由（会計監査人から期限までに会計監査報告を受領することができなかった場合には，その旨）

監査役は，会計監査人の監査の方法または結果を相当でないと認めたときは，その旨および理由を記載しなければならない。監査役は，会計の専門家たる会計監査人の監査の方法および監査結果を原則的には信頼してよいが，会計監査人の適格性・独立性，監査計画の内容，監査の実施状況，監査結果の不合理性等からして，それを信頼するのが相当でないと疑われる特別の事情がある場合には，会計監査人に対して説明を求めたり，自ら会計帳簿や財産を調査したりしなければならない。そして，その結果，会計監査人の監査の方法または結果について，たとえ部分的にではあっても相当でないと認める部分があった場合には，その旨および理由を記載することになる。

なお，会社計算規則127条2号の文言によれば，会計監査人の監査の方法および結果の双方を相当と認めたときは，その旨の記載は必要ないことになるが，実務的には，その重要性に鑑み，結果のいかんにかかわらず監査役の意見を記載するのが妥当である。

会計監査人の監査報告を受領していない場合については，監査役は監査の対

象を有しない状況となるため，その旨を明らかにすることになる。

　ⓒ　重要な後発事象（会計監査報告の内容となっているものを除く）

　会計監査報告の内容となっていない重要な後発事象のみが記載の対象とされていることから，会計監査人の監査後に重要な後発事象が生じた場合や，会計監査人が認知していなかった後発事象を監査役が発見した場合がこれにあたる。

　もっとも，監査役の監査期間は会計監査人からの監査報告受領から原則1週間しかないため（計規132Ⅰ），その間に後発事象が発生することは稀である。また，この場合には，再度会計監査を行い，会計監査報告の内容を改める方法も検討されるべきである。

　また，監査役が会計監査人の認知していなかった後発事象を発見した場合，会計監査人による監査に問題があることが推測されることから，上記ⓑにおいて，会計監査人による監査につき相当意見を付してよいか慎重に検討される必要がある。

　ⓓ　会計監査人の職務の遂行が適正に実施されることを確保するための体制
　　に関する事項

　会社計算規則131条によれば，会計監査人は，監査役に対して会計監査報告の内容を通知するに際して，会計監査人の独立性に関する事項等の会計監査人の職務の遂行が適正に実施されることを確保するための体制に関する事項を通知しなければならないものとされている。これを受けて監査役は，かかる事項につき監査報告に記載するものとされている。

　具体的には，会計監査人から通知を受けた旨を記載し，必要に応じこれを補足することで足り，会計監査人から報告を受けた事項のすべてを記載する必要はない。

　ⓔ　監査のために必要な調査ができなかったときは，その旨およびその理由

　監査報告を閲覧する株主および債権者としては，監査役が十分な調査をしたうえで監査報告を作成したものと信頼するのが通常である。そこで，そのような株主および債権者の信頼を保護するとともに，監査報告の信用性を確保する意味でこのような記載が要求されている。

調査が十分にできない理由としては，取締役・会計監査人・使用人等の非協力，事故や火災等による調査に必要な資料の減失，後発事象にかかる調査についての時間的限界等が考えられる。このほか，監査役の病気等，監査役の責めに帰すべき事由についても，開示の必要性に変わりはないため，含まれるものと解される。

なお，当該会社のみならず，当該会社の子会社につき十分な調査ができなかった場合を含む。

　ⓕ　監査報告を作成した日

最終的に監査報告を作成した日を記載する。

　b　事業報告およびその附属明細書に関する監査役の監査報告の内容

監査役は，事業報告およびその附属明細書を受領したときは，次に掲げる事項を内容とする監査報告を作成しなければならない（会規129Ⅰ）。

　ⓐ　監査役の監査（計算関係書類に係るものを除く）の方法およびその内容

上記イ(イ)aⓐと同様である。

　ⓑ　事業報告およびその附属明細書が法令または定款に従い当該会社の状況
　　を正しく示しているかどうかについての意見

監査役は，事業報告およびその附属明細書の記載事項が正確・適正に記載されているか，記載漏れがないか，記載内容が事実と合致しているか等につき確認する。事業報告が法令・定款に従っていない場合や，会社の状況を正しく示していない場合には，それを具体的に指摘することが必要である。

　ⓒ　当該会社の取締役の職務の遂行に関し，不正の行為または法令もしくは
　　定款に違反する重大な事実があったときは，その事実

本事項は，監査役による業務監査の結果を集約すべき部分である。例えば，取締役のある事業に関する職務執行が善管注意義務に違反している，取締役が定款所定の事業目的の範囲外の行為をしている等につき記載することが考えられる。「重大な」の意味については，解任事由に該当するなど取締役としての適格性に影響を及ぼすような重大な事実と解する見解，会社の財産・事業・社会的信用などに著しい影響を及ぼすような重大な事実と解する見解等が存在し

ている。いずれの見解による場合にも，その判断にあたっては，質的な面と量的な面との両面から検討される必要があろう。法令違反は，取締役の善管注意義務違反を含む。ただし，取締役の経営判断にはいわゆる「経営判断の原則」が適用されるため，決定の過程，内容に著しく不合理な点がない限り，取締役としての善管注意義務違反は認められない（最判平22．7．15判時2091—90）。

なお，本号についても，文言によれば，取締役の違法行為等がなければ，その監査結果を監査報告に記載する必要はないことになるが，その重要性に鑑み，結果のいかんにかかわらずその監査結果を記載するのが妥当である。

また，これに該当するとまでは認められないが，監査報告で指摘しておくのが適切と判断される事項（行政処分・不祥事・使用人の不正行為等）がある場合は，該当事実は認められないと記載したうえで，例えば，「なお，…との問題が認められましたが，現在は…との対応が図られております。」，「なお，…の是正勧告を受けました。監査役会は，当社がこれに対する原因究明と再発防止に努めていることを確認しています。」等の記載を付記する方法が考えられる（実務的にも，このような例は多い）。

 ⓓ 監査のため必要な調査ができなかったときは，その旨およびその理由
 この点については，上記イ(イ)aⓔと同様である。
 ⓔ 会社法施行規則118条2号に掲げる事項（取締役の職務の執行が法令および定款に適合することを確保するための体制その他株式会社の業務の適正を確保するための体制の整備についての決定または決議の内容の概要および当該体制の運用状況の概要）がある場合において，当該事項の内容が相当でないと認めるときは，その旨およびその理由

いわゆる内部統制システムについての記載である。なお，本記載は，次のⓕと異なり，当該事項が「事業報告の内容となっているとき」とされていないことから，監査役は，事業報告の内容とされているかどうかにかかわらず，内部統制システム全般について，その整備状況および運用状況の相当性を判断する必要がある。

 ⓕ 会社法施行規則118条3号に規定する事項（財務および事業の方針の決

定を支配する者の在り方に関する基本方針）もしくは5号に規定する事項（親会社等との取引に係る留意事項）が事業報告の内容となっているときまたは同規則128条3項に規定する事項（親会社等との取引に係る留意事項）が事業報告の附属明細書の内容となっているときは，当該事項についての意見

いわゆる「株式会社の支配に関する基本方針」および「親会社等との取引に係る留意事項」についての記載である。これらの事業報告等の内容になっていない場合は，監査報告に監査役の意見を記載することは不要である。

ⓖ 監査報告を作成した日

最終的に監査報告を作成した日を記載する。

㈹ 監査役会を設置する場合

監査役会は，監査役が作成した監査報告に基づき監査報告を作成するため，監査役会監査報告の記載事項が別途規定されている。

監査役会設置会社においても，各監査役がまず監査役監査報告を作成するが，この内容は監査役会を設置しない場合と基本的に同様であり，監査報告を作成した日の記載を要しないだけである（会規129Ⅰ，計規127）。

また，監査役会監査報告の記載事項についても，監査の手順が異なることにより若干内容が異なっているが，以下のとおり監査役監査報告の記載事項と根本的な差異はない。

　a　計算関係書類に関する監査役会監査報告の内容

監査役会監査報告には，以下の事項を記載しなければならない。各監査役は，下記の事項に係る監査役会監査報告の内容が，監査役監査報告の内容と異なる場合には，当該事項に係る各監査役の監査役監査報告の内容を付記することができる（計規128Ⅱ）。

　　ⓐ　監査役および監査役会の監査の方法およびその内容
　　ⓑ　上記㈦aⓑからⓔに掲げる事項
　　ⓒ　監査役会監査報告を作成した日

　b　事業報告およびその附属明細書に関する監査役会監査報告の内容

監査役会監査報告には，以下の事項を記載しなければならない。各監査役は，監査役会監査報告の内容が監査役監査報告の内容と異なる場合に付記が認められる点は，上記(ロ)aと同様である（会規130Ⅱ）。

　ⓐ　監査役および監査役会の監査の方法およびその内容
　ⓑ　上記(イ)bⓑからⓕに掲げる事項
　ⓒ　監査役会監査報告を作成した日

ロ　会計監査人を設置しない場合

(イ)　監査役会を設置しない場合

　a　計算書類関係に関する監査役の監査報告の内容

会計監査人を設置しない場合，監査役は自ら，会社の計算に係る事項につき監査を行うところ，監査役は計算関係書類を受領したときは，以下に掲げる事項を内容とする監査報告を作成しなければならない（計規122Ⅰ）。

　ⓐ　監査役の監査の方法およびその内容

この点については，上記イ(イ)aⓐと同様である。

　ⓑ　計算関係書類が当該株式会社の財産および損益の状況をすべて重要な点において適正に表示しているかどうかについての意見

会計監査人がいない場合，監査役が直接会計監査を行うため，計算関係書類そのものの適正性についての意見を記載することになる。なお，会計監査人の会計監査報告のように意見区分にかかる規定が設けられていないため，監査役は適切にその意見を表明すれば足りるものと解される。

　ⓒ　監査のために必要な調査ができなかったときは，その旨およびその理由

この点についても上記イ(イ)aⓔと同様である。

　ⓓ　追記情報

ここにいう「追記情報」とは，次に掲げる事項その他の事項のうち，監査役の判断に関して説明を付す必要がある事項または計算関係書類の内容のうち，強調する必要がある事項とされている。

　会計方針の変更
　重要な偶発事象

重要な後発事象
ⓔ　監査役監査報告を作成した日
　b　事業報告およびその附属明細書に関する監査役の監査報告の内容
　事業報告等に係る監査については，会計監査人の有無により内容は変わらない。したがって，監査報告の内容は上記イ(イ)bと同様である。
㈥　監査役会を設置する場合
　監査役会を設置するか否かによる差異は，会計監査人設置会社の場合と同様である。
　a　計算書類関係に関する監査役会の監査報告の内容
　監査役会監査報告には，以下の事項を記載しなければならない。この場合においても，各監査役は，以下の事項に係る監査役会監査報告の内容が，監査役監査報告の内容と異なる場合には，当該事項に係る各監査役の監査役監査報告の内容を付記することができる（計規123Ⅱ）。
　ⓐ　監査役および監査役会の監査の方法およびその内容
　ⓑ　上記ロ(イ)aⓑ～ⓓに掲げる事項
　ⓒ　監査役会監査報告を作成した日
　b　事業報告およびその附属明細書に関する監査役会の監査報告の内容
　事業報告等に係る監査については，会計監査人の有無により内容は変わらない。したがって，上記イ(ロ)bと同様である。
ハ　監査の範囲を会計に関するものに限定した場合
　定款の定めにより監査の範囲を会計に関するものに限定した場合，監査役は業務監査を行う義務および権限を有しない事業報告およびその附属明細書に関する監査報告を作成する義務を負わない。この場合，監査役は監査報告の中で事業報告等を監査する権限がないことを明らかにしなければならない（会規129Ⅱ）。
　計算関係書類に関する監査役の監査報告は，監査役設置会社の場合（監査の範囲の限定がない場合）と変わらない。

④ **特定監査役および特定取締役**

　監査関係の書類の授受等については，実務上の便宜のため，特定監査役および特定取締役が窓口役を務める。

イ　特定監査役

　特定監査役は，次の(イ)から(ハ)の職務を行う者として定められた監査役をいう。特定監査役の選定は，監査役会設置会社においては監査役会の決議により行う。監査役会設置会社でない場合で，監査役が2名以上の場合は，監査役間で協議して決定する。その職務の円滑な遂行のため常勤監査役の中から選定されるのが通例である。

　特定監査役を特に定めない場合は，すべての監査役が特定監査役となる（会規132Ⅴ，計規124Ⅴ・130Ⅴ）。

(イ)　事業報告およびその附属明細書に係る監査報告（監査役会設置会社にあっては，監査役会監査報告に限る）の内容を特定取締役に対し通知すること，ならびに監査報告の内容を通知すべき日について特定取締役と合意すること（会規132Ⅰ）

(ロ)　会計監査人から会計監査報告の内容の通知を受け，当該監査報告の内容を他の監査役に通知すること，ならびに会計監査報告の内容の通知を受ける日について特定取締役および会計監査人との間で合意すること（計規130Ⅰ）

(ハ)　計算関係書類に係る監査報告（監査役会設置会社にあっては，監査役会監査報告に限る）の内容を特定取締役および会計監査人に対し通知すること，ならびに監査報告の内容を通知すべき日について特定取締役と合意すること（計規124Ⅰ・132Ⅰ）。

　なお，事業報告およびその附属明細書ならびに計算関係書類の受領については，特定監査役の職務とする旨の規定がないので，特定取締役から各監査役が受領することとなるが，特定監査役にまとめて受領させ，他の監査役に送付させることも認められる。

【特定監査役選定書の記載例】

```
                    特定監査役選定書

  平成○年○月○日
                              ○○株式会社　監査役会
                                常勤監査役　○○○○　㊞
                                監　査　役　○○○○　㊞
                                監　査　役　○○○○　㊞
  会社法施行規則第132条及び会社計算規則第130条（会計監査人設置会社でない
  場合は第124条）の各第1項及び第5項第2号イ並びに当社定款第○条に基づき，
  平成○年○月○日開催の監査役会において下記のとおり特定監査役を選定し，選
  定された監査役は就任を承諾いたしました。
                          記
  1．特定監査役　　○　○　○　○
  2．就　任　日　　平成○年○月○日
```

ロ　特定取締役

　特定取締役は，次の(イ)および(ロ)の職務を行う者として定められた取締役をいう。特定取締役の選定は，取締役会設置会社であっても必ずしも取締役会決議による必要はなく，適宜の方法で指名すれば足りると解されている。

　特に定められていない場合は，事業報告およびその附属明細書または計算関係書類の作成に関する職務を行った取締役が特定監査役となる（会規132Ⅳ②，計規124Ⅳ②・130Ⅳ②）。

　(イ)　事業報告およびその附属明細書に係る監査報告（監査役会設置会社にあっては，監査役会監査報告に限る）の通知を受けること，ならびに監査報告の内容の通知を受ける日について特定監査役と合意すること（会規132Ⅰ）。

　(ロ)　計算関係書類に係る会計監査人の会計監査報告および監査役の監査報告（監査役会設置会社にあっては，監査役会監査報告に限る）の通知を受けること，ならびに各監査報告の内容の通知を受ける日について会計監査人

および特定監査役との間で合意すること（計規124Ⅰ・130Ⅰ）

⑤ **監査報告書の通知期限**

　各事業年度に係る事業報告および計算書類等についての監査報告（監査役会設置会社にあっては，監査役会監査報告に限る）の特定取締役および会計監査人への通知期限は，次に掲げる日のいずれか遅い日である。

イ　事業報告についての監査報告（会規132Ⅰ）
　(イ)　事業報告を受領した日から4週間を経過した日
　(ロ)　事業報告の附属明細書を受領した日から1週間を経過した日
　(ハ)　特定取締役および特定監査役の間で合意した日
ロ　連結計算書類以外の計算関係書類についての監査報告
　(イ)　会計監査人設置会社の場合（計規132Ⅰ①）
　　a　会計監査報告を受領した日（会社計算規則第130条1項の通知期限までに通知がない場合にあっては，その通知期限）から1週間を経過した日
　　b　特定取締役および特定監査役の間で合意した日
　(ロ)　会計監査人を設置していない場合（計規124Ⅰ①②）
　　a　計算書類の全部を受領した日から4週間を経過した日
　　b　計算書類の附属明細書を受領した日から1週間を経過した日
　　c　特定取締役および特定監査役の間で合意した日
ハ　連結計算書類についての監査報告（計規132Ⅰ②）
　(イ)　連結計算書類についての会計監査報告を受領した日（会社計算規則第130条1項の通知期限までに通知がない場合にあっては，その通知期限）から1週間を経過した日
　(ロ)　特定取締役，特定監査役および会計監査人の間で合意した日

　特定監査役が監査報告を上記の通知期限までに通知しないときは，当該通知すべき日に，事業報告や計算関係書類については，監査役の監査を受けたものとみなされる（会規132Ⅲ，計規124Ⅲ・132Ⅲ）。したがって，取締役会は，事業報告や計算関係書類を承認することができることになる（法436Ⅲ）。

5 監査役の職務と権限　163

【各監査役が作成する監査報告書の記載例】
機関設計が「取締役会＋監査役会＋会計監査人」の会社の場合
① 常勤の監査役の場合

```
                                        平成○年○月○日
○○○○株式会社
　監査役会　御中
                              常勤監査役　　○○○○

              監査報告書の提出について

　会社法第381条第1項の規定に基づき監査報告書を作成しましたので，別紙の
とおり提出いたします。
                                              以　上
```

```
                    監査報告書

　平成○年○月○日から平成○年○月○日までの第○○期事業年度の取締役の職
務の執行に関して，本監査報告書を作成し，以下のとおり報告いたします。

1．監査の方法及びその内容
　　私は，監査役会が定めた監査役監査の基準に準拠し，監査の方針，職務の分
　担等に従い，取締役，内部監査部門その他の使用人等と意思疎通を図り，情報
　の収集及び監査の環境の整備に努めるとともに，以下の方法で監査を実施しま
　した。
　　①　取締役会その他重要な会議に出席し，取締役及び使用人等からその職務
　　　の執行状況について報告を受け，必要に応じて説明を求め，重要な決裁書
　　　類等を閲覧し，本社及び主要な事業所において業務及び財産の状況を調査
　　　いたしました。また，子会社については，子会社の取締役及び監査役等と
　　　意思疎通及び情報の交換を図り，必要に応じて子会社から事業の報告を受
　　　けました。
　　②　事業報告に記載されている取締役の職務の執行が法令及び定款に適合す
　　　ることを確保するための体制その他株式会社及びその子会社から成る企業
```

集団の業務の適正を確保するために必要なものとして会社法施行規則第100条第1項及び第3項に定める体制の整備に関する取締役会決議の内容及び当該決議に基づき整備されている体制（内部統制システム）について，取締役及び使用人等からその構築及び運用の状況について定期的に報告を受け，必要に応じて説明を求め，意見を表明いたしました。
③ 事業報告に記載されている会社法施行規則第118条第3号イの基本方針及び同号ロの各取組み並びに会社法施行規則第118条第5号イの留意した事項及び同号ロの判断及び理由については，取締役会その他における審議の状況等を踏まえ，その内容について検討を加えました。
④ 会計監査人が独立の立場を保持し，かつ，適正な監査を実施しているかを監視及び検証するとともに，会計監査人からその職務の執行状況について報告を受け，必要に応じて説明を求めました。また，会計監査人から「職務の遂行が適正に行われることを確保するための体制」（会社計算規則第131条各号に掲げる事項）を「監査に関する品質管理基準」（平成17年10月28日企業会計審議会）等に従って整備している旨の通知を受け，必要に応じて説明を求めました。

　以上の方法に基づき，当該事業年度に係る事業報告及びその附属明細書，計算書類（貸借対照表，損益計算書，株主資本等変動計算書及び個別注記表）及びその附属明細書並びに連結計算書類（連結貸借対照表，連結損益計算書，連結株主資本等変動計算書及び連結注記表）について検討いたしました。

2．監査の結果
(1) 事業報告等の監査結果
① 事業報告及びその附属明細書は，法令及び定款に従い，会社の状況を正しく示しているものと認めます。
② 取締役の職務の執行に関する不正の行為又は法令若しくは定款に違反する重大な事実は認められません。
③ 内部統制システムに関する取締役会決議の内容は相当であると認めます。また，当該内部統制システムに関する事業報告の記載内容及び取締役の職務の執行についても，指摘すべき事項は認められません。
④ 事業報告に記載されている会社の財務及び事業の方針の決定を支配する者の在り方に関する基本方針については，指摘すべき事項は認められませ

ん。事業報告に記載されている会社法施行規則第118条第3号ロの各取組みは，当該基本方針に沿ったものであり，当社の株主共同の利益を損なうものではなく，かつ，当社の会社役員の地位の維持を目的とするものではないと認めます。
　⑤　事業報告に記載されている親会社等との取引について，当該取引をするに当たり当社の利益を害さないように留意した事項及び当該取引が当社の利益を害さないかどうかについての取締役会の判断及びその理由について，指摘すべき事項は認められません。
(2)　計算書類及びその附属明細書の監査結果
　　会計監査人○○○○の監査の方法及び結果は相当であると認めます。
(3)　連結計算書類の監査結果
　　会計監査人○○○○の監査の方法及び結果は相当であると認めます。

3．後発事象（重要な後発事象がある場合）

　平成○年○月○日

　　　　　　　　　　　　　　　　　　　○○○○株式会社
　　　　　　　　　　　　　　　　　　　常勤監査役　○○○○　㊞
　　　　　　　　　　　　　　　　　　　　　　　　　（自署）

② **非常勤の監査役の場合**

　　　　　　　　　　　　　　　　　　　　　　　　　平成○年○月○日
○○○○株式会社
監査役会　御中
　　　　　　　　　　　　　　　　　　　　　　監査役　○○○○

　　　　　　　　　　　監査報告書の提出について

　会社法第381条第1項の規定に基づき監査報告書を作成しましたので，別紙のとおり提出いたします。
　　　　　　　　　　　　　　　　　　　　　　　　　　以　上

監査報告書

　平成○年○月○日から平成○年○月○日までの第○○期事業年度の取締役の職務の執行に関して，本監査報告書を作成し，以下のとおり報告いたします。

1．監査の方法及びその内容

　　私は，監査役会が定めた監査役監査の基準に準拠し，監査の方針，職務の分担等に従い，取締役，内部監査部門その他の使用人等と意思疎通を図り，情報の収集及び監査の環境の整備に努めるとともに，以下の方法で監査を実施しました。

　　① 取締役会に出席し，取締役及び使用人等からその職務の執行状況について報告を受け，必要に応じて説明を求め，他の監査役から監査の実施状況及び結果について報告を受けました。

　　② 事業報告に記載されている取締役の職務の執行が法令及び定款に適合することを確保するための体制その他株式会社及びその子会社から成る企業集団の業務の適正を確保するために必要なものとして会社法施行規則第100条第1項及び第3項に定める体制の整備に関する取締役会決議の内容及び当該決議に基づき整備されている体制（内部統制システム）について，取締役及び使用人等からその構築及び運用の状況について定期的に報告を受け，必要に応じて説明を求め，意見を表明いたしました。事業報告に記載されている会社法施行規則第118条第3号イの基本方針及び同号ロの各取組み並びに会社法施行規則第118条第5号イの留意した事項及び同号ロの判断及び理由については，取締役会その他における審議の状況等を踏まえ，その内容について検討を加えました。

　　③ 会計監査人が独立の立場を保持し，かつ，適正な監査を実施しているかを監視及び検証するとともに，会計監査人からその職務の執行状況について報告を受け，必要に応じて説明を求めました。また，会計監査人から「職務の遂行が適正に行われることを確保するための体制」（会社計算規則第131条各号に掲げる事項）を「監査に関する品質管理基準」（平成17年10月28日企業会計審議会）等に従って整備している旨の通知を受け，必要に応じて説明を求めました。

以上の方法に基づき，当該事業年度に係る事業報告及びその附属明細書，計算書類（貸借対照表，損益計算書，株主資本等変動計算書及び個別注記表）及びその附属明細書並びに連結計算書類（連結貸借対照表，連結損益計算書，連結株主資本等変動計算書及び連結注記表）について検討いたしました。

2．監査の結果
　(1) 事業報告等の監査結果
　　① 事業報告及びその附属明細書は，法令及び定款に従い，会社の状況を正しく示しているものと認めます。
　　② 取締役の職務の執行に関する不正の行為又は法令若しくは定款に違反する重大な事実は認められません。
　　③ 内部統制システムに関する取締役会決議の内容は相当であると認めます。また，当該内部統制システムに関する事業報告の記載内容及び取締役の職務の執行についても，指摘すべき事項は認められません。
　　④ 事業報告に記載されている会社の財務及び事業の方針の決定を支配する者の在り方に関する基本方針については，指摘すべき事項は認められません。事業報告に記載されている会社法施行規則第118条第3号ロの各取組みは，当該基本方針に沿ったものであり，当社の株主共同の利益を損なうものではなく，かつ，当社の会社役員の地位の維持を目的とするものではないと認めます。
　　⑤ 事業報告に記載されている親会社等との取引について，当該取引をするに当たり当社の利益を害さないように留意した事項及び当該取引が当社の利益を害さないかどうかについての取締役会の判断及びその理由について，指摘すべき事項は認められません。
　(2) 計算書類及びその附属明細書の監査結果
　　会計監査人〇〇〇〇の監査の方法及び結果は相当であると認めます。
　(3) 連結計算書類の監査結果
　　会計監査人〇〇〇〇の監査の方法及び結果は相当であると認めます。

3．後発事象（重要な後発事象がある場合）

　平成〇年〇月〇日

○○○○株式会社
社外監査役　○○○○　㊞
（自署）

【監査役会が作成する監査報告書の記載例】
機関設計が「取締役会＋監査役会＋会計監査人」の会社の場合

平成○年○月○日
○○○○株式会社
代表取締役社長○○○○殿

監　査　役　会

監査報告書の提出について

　当監査役会は，会社法第390条第2項第1号の規定に基づき監査報告書を作成しましたので，別紙のとおり提出いたします。

以　上

監　査　報　告　書

　当監査役会は，平成○年○月○日から平成○年○月○日までの第○○期事業年度の取締役の職務の執行に関して，各監査役が作成した監査報告書に基づき，審議の上，本監査報告書を作成し，以下のとおり報告いたします。

1．監査役及び監査役会の監査の方法及びその内容
　(1) 監査役会は，監査の方針，職務の分担等を定め，各監査役から監査の実施状況及び結果について報告を受けるほか，取締役等及び会計監査人からその職務の執行状況について報告を受け，必要に応じて説明を求めました。
　(2) 各監査役は，監査役会が定めた監査役監査の基準に準拠し，監査の方針，職務の分担等に従い，取締役，内部監査部門その他の使用人等と意思疎通を図り，情報の収集及び監査の環境の整備に努めるとともに，以下の方法で監査を実施しました。

① 取締役会その他重要な会議に出席し，取締役及び使用人等からその職務の執行状況について報告を受け，必要に応じて説明を求め，重要な決裁書類等を閲覧し，本社及び主要な事業所において業務及び財産の状況を調査いたしました。また，子会社については，子会社の取締役及び監査役等と意思疎通及び情報の交換を図り，必要に応じて子会社から事業の報告を受けました。

② 事業報告に記載されている取締役の職務の執行が法令及び定款に適合することを確保するための体制その他株式会社及びその子会社から成る企業集団の業務の適正を確保するために必要なものとして会社法施行規則第100条第1項及び第3項に定める体制の整備に関する取締役会決議の内容及び当該決議に基づき整備されている体制（内部統制システム）について，取締役及び使用人等からその構築及び運用の状況について定期的に報告を受け，必要に応じて説明を求め，意見を表明いたしました。

③ 事業報告に記載されている会社法施行規則第118条第3号イの基本方針及び同号ロの各取組み並びに会社法施行規則第118条第5号イの留意した事項及び同号ロの判断及び理由については，取締役会その他における審議の状況等を踏まえ，その内容について検討を加えました。

④ 会計監査人が独立の立場を保持し，かつ，適正な監査を実施しているかを監視及び検証するとともに，会計監査人からその職務の執行状況について報告を受け，必要に応じて説明を求めました。また，会計監査人から「職務の遂行が適正に行われることを確保するための体制」（会社計算規則第131条各号に掲げる事項）を「監査に関する品質管理基準」（平成17年10月28日企業会計審議会）等に従って整備している旨の通知を受け，必要に応じて説明を求めました。

以上の方法に基づき，当該事業年度に係る事業報告及びその附属明細書，計算書類（貸借対照表，損益計算書，株主資本等変動計算書及び個別注記表）及びその附属明細書並びに連結計算書類（連結貸借対照表，連結損益計算書，連結株主資本等変動計算書及び連結注記表）について検討いたしました。

2．監査の結果
　(1) 事業報告等の監査結果
　　① 事業報告及びその附属明細書は，法令及び定款に従い，会社の状況を正

しく示しているものと認めます。
　② 取締役の職務の執行に関する不正の行為又は法令若しくは定款に違反する重大な事実は認められません。
　③ 内部統制システムに関する取締役会決議の内容は相当であると認めます。また，当該内部統制システムに関する事業報告の記載内容及び取締役の職務の執行についても，指摘すべき事項は認められません。
　④ 事業報告に記載されている会社の財務及び事業の方針の決定を支配する者の在り方に関する基本方針については，指摘すべき事項は認められません。事業報告に記載されている会社法施行規則第118条第3号ロの各取組みは，当該基本方針に沿ったものであり，当社の株主共同の利益を損なうものではなく，かつ，当社の会社役員の地位の維持を目的とするものではないと認めます。
　⑤ 事業報告に記載されている親会社等との取引について，当該取引をするに当たり当社の利益を害さないように留意した事項及び当該取引が当社の利益を害さないかどうかについての取締役会の判断及びその理由について，指摘すべき事項は認められません。
(2) 計算書類及びその附属明細書の監査結果
　　会計監査人〇〇〇〇の監査の方法及び結果は相当であると認めます。
(3) 連結計算書類の監査結果
　　会計監査人〇〇〇〇の監査の方法及び結果は相当であると認めます。

3．監査役〇〇〇〇の意見（異なる監査意見がある場合）

4．後発事象（重要な後発事象がある場合）

　平成〇年〇月〇日

　　　　　　　　　　　　　〇〇〇〇株式会社　監査役会
　　　　　　　　　　　　　　常勤監査役　　　　　　　　〇〇〇〇　㊞
　　　　　　　　　　　　　　常勤監査役（社外監査役）　〇〇〇〇　㊞
　　　　　　　　　　　　　　社外監査役　　　　　　　　〇〇〇〇　㊞
　　　　　　　　　　　　　　監査役　　　　　　　　　　〇〇〇〇　㊞
　　　　　　　　　　　　　　　　　　　　　　　　　　　（自署）

以上,公益社団法人日本監査役協会制定の「監査報告のひな型について」(平成27年9月29日最終改正)を掲載(ただし,注記については省略)している。

4 その他の権限
(1) 監査役の選任に関する同意権・株主総会における意見陳述権等
① 選任に関する同意権等
イ 選任議案への同意権

 取締役は,監査役がある場合においては,監査役の選任に関する議案を株主総会に提出するには,監査役(監査役が2人以上ある場合にあっては,その過半数。監査役会設置会社にあっては,監査役会)の同意を得なければならない(法343Ⅰ・Ⅲ)。

 当該規定により,監査役または監査役会は,監査役の選任議案につき拒否権を有することになり,監査役の地位の強化が図られている。

 当該同意を欠くことは,監査役選任決議の取消事由となる(東京地判平24.9.11金判1404—52)。

 この権限については,監査役の監査の範囲を会計に関するものに限定した会社においても認められる。

 なお,この権限については,前記2[2]2(3)(31頁)も参照。

ロ 選任議題・議案の提案権

 監査役(監査役会設置会社にあっては,監査役会)は,取締役に対し,監査役の選任を株主総会の目的とすること,または,候補者を特定して,監査役の選任に関する議案を株主総会に提出することを請求することができる(法343Ⅱ・会規76Ⅰ④)。

 この権限については,監査役の監査の範囲を会計に関するものに限定した会社においても認められる。

 なお,この権限については,前記2[2]2(4)(33頁)も参照。

② 株主総会における意見陳述権

 監査役は,株主総会において,監査役の選任または解任について,意見を述

べることができる（法345Ⅰ・Ⅱ・Ⅳ）。

　これは，監査役が株主総会で監査役の任免につき意見を述べる機会を与えることにより，株主総会決議にその意見を反映させるとともに，監査役の不当な解任を防止することにより，監査役の取締役会からの独立性を確保しようとの趣旨である。

　その意見は，適法・違法についてのものであると，当・不当についてのものであるとを問わない。また，監査役は，他の者の任免についてのみならず，自己の任免についても意見を述べることができる。選任は，増員，交代，再任のいずれの場合であるかを問わない。再任の場合，自己の選任について意見を述べることもできる。

　この監査役の意見の内容の概要は，株主総会参考書類に記載しなければならない（会規76Ⅰ⑤・80Ⅰ③）。

　監査役が意見の陳述を求めたにもかかわらず，陳述の機会を与えないで，選任決議または解任決議が行われた場合は，株主総会決議の取消事由となる（法831Ⅰ①）。

　この権限については，監査役の監査の範囲を会計に関するものに限定した会社においても認められる。

　なお，この権限については，前記2②2(5)（33頁），2④1(5)（52頁）も参照。

(2) 監査役の報酬に関する意見陳述権

　監査役は，株主総会において提案された監査役の報酬についても意見を述べることができる（法387Ⅲ）。

　その意見は，適法・違法についてのものであると，当・不当についてのものであるとを問わない。また，監査役は，その報酬等が自己に関するものであるかどうかを問わず意見を述べることができる。

　この監査役の意見の内容の概要は，株主総会参考書類に記載しなければならない（会規84Ⅰ⑤）。

　監査役が意見の陳述を求めたにもかかわらず，陳述の機会を与えないで，監査役の報酬等に関する株主総会決議が行われた場合は，株主総会決議の取消事

由となる（法831Ⅰ①）。

　この権限については，監査役の監査の範囲を会計に関するものに限定した会社においても認められる。

　なお，この権限については，前記3④（79頁）も参照。

(3) 会計監査人設置会社における会計監査人に関する権限

① 会計監査人の選解任に関する議案の内容の決定権

　会計監査人設置会社においては，計算書類等につき，監査役の監査のほか，会計監査人の会計監査も受けなければならない（法436Ⅱ・444Ⅳ）。会計監査人は，役員と同様，株主総会の普通決議によって選任するものとされているが，種類株主総会による選任は認められていない（法329Ⅰ・108Ⅰ⑨参照）。会計監査人は，選任後1年以内に終了する事業年度の内，最終のものに関する定時株主総会において，別段の決議がなされなかったときは，その定時総会において再任されたものとみなされる（法338Ⅱ）。したがって，会計監査人を再任する場合は株主総会で特段の決議は必要とされないが，再任しない場合はその旨の株主総会決議が必要となる。また，会計監査人は，いつでも株主総会の普通決議によって解任することができる（法339Ⅰ）。

　そして，監査役設置会社においては，株主総会に提出する会計監査人の選任および解任ならびに会計監査人を再任しないことに関する議案の内容は，監査役（監査役が2人以上ある場合にあっては監査役の過半数，監査役会設置会社においては監査役会）が決定する（法344）。

　会計監査人の取締役からの独立性を確保するため，会計監査人の選解任については株主総会の権限とされているものの，これらの議案の内容を取締役会に任せてしまったのでは，その目的を達することはできない。そこで，これらの議案の内容については監査役の権限としたのである。

　取締役（会）は，これらの議案を決定したり，監査役（会）が決定したこれらの議案の内容の取消しや変更をしたりすることはできない。取締役（会）が監査役（会）に対して会計監査人の候補者の原案を提示することについても，会計監査人の独立性確保という本条の趣旨から認められないとする見解が有力

である。

　取締役（会）は，監査役（会）がこれらの議案の内容を決定した場合には，これらの議案について決議するための株主総会の招集の決定をする必要がある。取締役（会）により株主総会の招集のための取締役会が招集されない場合には，監査役が取締役会の招集を請求し，さらに自ら取締役会を招集することができる（法383Ⅱ・Ⅲ）。

　なお，会計監査人の選任に関する議案の参考書類には，監査役（会）が当該候補者を候補者とした理由が記載される（会規77③）。会計監査人の解任ならびに会計監査人を再任しないことに関する議案の参考書類には，監査役（会）が議案の内容を決定した理由が記載される（会規81②）。

② **会計監査人解任権**

　さらに，監査役は，会計監査人が次のいずれかに該当するときは，監査役全員の同意により，会計監査人を解任することができる（法340Ⅰ・Ⅱ・Ⅳ）。

　(イ)　職務上の義務に違反し，または職務を怠ったとき
　(ロ)　会計監査人としてふさわしくない非行があったとき
　(ハ)　心身の故障のため，職務の執行に支障があり，またはこれに堪えないとき

　本来，会計監査人の解任は，その選任の権限を有する株主総会が行うべきであるが，会計監査人の解任のみを目的とする株主総会を開催することは，その準備のための手数や費用からみて実際的でないため（会計監査人の設置が強制される，大会社かつ公開会社においては，特にこの負担は大きい），監査役全員の同意で会計監査人を解任することができることとしたのである。なお，監査役設置会社においても，監査役全員の同意があれば足り，監査役会の開催までは不要と解されている。

　法定の解任事由がないにもかかわらず監査役が会計監査人を解任した場合の効果については，学説上争いがあり，違法な解任は当然無効であり，監査をなすべき者が監査していない計算書類には瑕疵が生じるという無効説，法的安定性のため，事後に裁判所で解任事由なしとされても，会計監査人に損害賠償請

求が認められるにとどまるとする有効説，監査役が法定の解任事由のないことを知りながら解任したときは無効であるとする折衷説がある。

監査役が会計監査人を解任できるのは，上記のいずれかの事由がある場合に限定される。この場合，解任後最初に招集される株主総会において，監査役（監査役が2人以上ある場合にあっては，監査役の互選によって定めた監査役，監査役会設置会社にあっては，監査役会が選定した監査役）は，解任の旨および解任の理由を報告する必要がある（法340Ⅲ・Ⅳ）。

また，解任された会計監査人は，その株主総会において意見を述べることができる（法345Ⅴ・Ⅱ）。他の会計監査人も，その株主総会において，当該解任について意見を述べることができる（法345Ⅴ・Ⅰ）。

③ 一時会計監査人の選任権

監査役（監査役会設置会社にあっては，監査役会）は，会計監査人が欠けた場合または定款に定めた会計監査人の員数が欠けた場合において，遅滞なく会計監査人が選任されないときは，一時会計監査人の職務を行うべき者を選任しなければならない（法346Ⅳ・Ⅵ）。

一時会計監査人の氏名（名称）は登記事項である（法911Ⅲ⑳）。

一時会計監査人の職務を行うべき者に対しては，会計監査人の資格・欠格事由に関する規定（法337），および監査役による会計監査人の解任権を定めた規定（法340）が準用される（法346Ⅴ）。

なお，一時会計監査人は，あくまでも臨時に会計監査人としての職務に就く者であるため，その任期は自動更新しないと解される。したがって，一時会計監査人を選任した場合には，選任後最初に招集される株主総会で正規の会計監査人を選任しなければならない。

一時会計監査人の選任の手続を怠った監査役は，100万円以下の過料に処せられる（法976㉒）。

④ 会計監査人の報酬等決定に対する同意権

取締役は，会計監査人の報酬等を定める場合には，監査役（監査役が2人以上ある場合にあっては，その過半数，監査役会設置会社にあっては，監査役

会)の同意を得なければならない(法399Ⅰ・Ⅱ)。会計監査人の報酬を被監査対象である取締役の決定事項とした場合,不当に低い報酬額を設定することで十分な会計監査を阻害しようとする可能性があることから,中立な立場の監査役による関与を定めたものである。

「報酬等」とは,報酬,賞与等の名目のいかんを問わず,会計監査人が会社法に規定された職務執行の対価として会社から受ける財産上の利益である。したがって,会計監査人が,金融商品取引法に基づく監査など会社法以外の監査を行った場合や,コンサルティング等の非監査業務を行った場合の報酬等については,監査役(会)の同意は必要とされない。

本条に基づく同意をいつ得るべきかについては特段の規定はないため,監査契約を締結し,監査を行ってから同意を得ることでも差し支えない。

なお,公開会社においては,この監査役が同意した理由についても,事業報告の内容とされる(会規126②)。

【会計監査人の報酬等に関する監査役会の同意書の記載例】

平成○年○月○日

○○○○株式会社
代表取締役社長　○○○○　殿

　　　　　　　　　　　　　　　○○○○株式会社　監査役会
　　　　　　　　　　　　　　　　　常勤監査役　○　○　○　○　㊞
　　　　　　　　　　　　　　　　　監　査　役　○　○　○　○　㊞
　　　　　　　　　　　　　　　　　監　査　役　○　○　○　○　㊞

会計監査人の報酬等に関する同意書

　当監査役会は,第○期(平成○年○月○日から平成○年○月○日)の事業年度における会計監査人の報酬等の額について,会社法第399条に基づき審議した結果,下記の金額で同意いたします。

記

報酬等の額：○○○万円

以　上

【会計監査人の報酬等に関する監査役会の同意についての監査役会議事録の記載例】

> 第〇号議案　会計監査人の報酬等に関する監査役会の同意の件
> 　議長から、〇月〇日付にて〇〇〇〇代表取締役社長から第〇期（平成〇年〇月〇日から平成〇年〇月〇日）の事業年度における会計監査人の報酬等の額について、会社法第399条に基づき監査役会の同意を求めてきたので、お諮りしたい旨前置きの上、算定根拠等を説明し、提案があった。
> 　審議した結果、全員異議なく下記のとおり同意した。
> 　　　　　　　　　　　　　　記
> 　　　　　　　　報酬等の額：〇〇〇万円
> なお、算定の根拠は別紙の通りである。

(4) 監査費用の請求権

① 監査費用

　監査役は、会社と委任の関係に立ち（法330）、その職務を行うものであるから、民法の規定により当然にその職務の遂行に要する費用の前払、支出した費用の償還および支出の日以後の利息の支払を求めることができる（民649・650）。

　しかしながら、この民法の規定によった場合、監査役としては、監査費用が監査事務処理のため必要な費用であることを立証しなければならない。

　そこで、監査役に費用負担の危険を負わしめないようにするため、監査役が会社に対して、(i)費用の前払を請求した場合、(ii)すでに支出した費用について、その費用と支出の日以後の利息の償還を請求した場合、および、(iii)負担した債務について、自己に代わって弁済し、または相当の担保を供するよう請求した場合には、会社においてその費用が監査役の職務の執行に必要でないことを証明しない限り、会社はこれらの請求を拒むことができないものとされている（法388）。

　監査費用を会社に請求したがその支払がなく、監査手続の実施が不可能であった場合、監査役は、可能な範囲で監査を実施し、監査報告書には必要な費用が得られなかったため必要な調査ができなかった旨を記載することになる（会規129Ⅰ④・130Ⅱ②、計規122Ⅰ③・123Ⅱ①・127Ⅰ⑤・128Ⅱ②）。また、取締

役の重大な違法行為として，遅滞なく，取締役（会）へ報告すべき場合もありうる（法382）。なお，そのような事態に陥ることを避けるためにも，監査費用については，あらかじめ年次予算を会社に提示することが望ましい。

監査役が監査のために必要な費用としては，出張費，関係団体会費，図書費，研修費，交通通信費，監査実施のための諸経費，交際費，公認会計士・弁護士などを委嘱した場合の報酬，補助者として監査に従事する者の費用等が挙げられる。実地調査を行った際の現地従業員との懇親会等の費用についても，実地調査との関係で社会通念上相当と認められる範囲のものである限り，監査費用に含まれる。

会社と取締役との間の訴訟費用，株主総会決議取消しの訴え，新株発行の無効の訴えなどの費用も，監査役の監督権行使のため必要である限り，監査費用に含まれる。これらの訴訟費用は，監査役の監査に固有のものではないが，監査費用とは監査役がその職務を遂行するうえで必要とするすべての費用と解すべきであるからである。

なお，この監査役の職務の執行についての費用の前払または償還の手続その他の費用または債務の処理に係る方針に関する事項については，いわゆる内部統制システムに関する決議事項とされている（法362Ⅳ⑥，会規100Ⅲ⑥）。

なお，この監査役の監査費用請求権は，監査の範囲を会計に関するものに限定した会社においても認められる。

② **監査役スタッフ**

監査役スタッフ（補助使用人）とは，監査役の補助をする会社の従業員である。監査役に専属する場合のほか，内部統制部門等他の部門と兼務の場合もありうる。監査役スタッフは，大規模な会社について十分な監査を行うためには必要不可欠な存在と言いうる。

監査役スタッフとしては，監査役自ら会社外部の者を補助者として雇用する場合と，会社の従業員の中から選ばれ，分掌として監査役の指揮下で職務を行う場合があるが，後者が多数である。

その地位については，取締役からの独立性確保について配慮する必要があり，

その任免・異動・人事評価等については，監査役の意見が尊重される仕組みが必要である。また，監査役より監査業務に必要な指示を受けた監査役スタッフは，その指示に関して取締役や使用人等の指揮命令を受けない等，監査役の指示の実効性を確保する必要がある。

　監査役は会社の従業員のこの監査役スタッフへの配置を会社に対して請求する権利が認められるかどうかについては，これを肯定する見解もあるが，従業員の配置は取締役の業務執行に関する問題である以上，否定せざるを得ないと考えられる（通説）。したがって，会社の従業員の監査役スタッフへの配置につきどうしても会社の協力を得られない場合，監査役としては，自ら会社外部の者を補助者として雇用し，これに要する費用を会社に請求することになる。

　なお，監査役が補助使用人を置くことを求めた場合における当該使用人に関する事項，当該補助使用人の取締役からの独立性に関する事項，監査役の当該補助使用人に対する指示の実効性の確保に関する事項については，いわゆる内部統制システムに関する決議事項とされている（法362Ⅳ⑥，会規100Ⅲ①②③）。

6

監査役の義務と責任

1 監査役の義務

1 善管注意義務

　会社と監査役との関係は委任に関する規定に従うため（法330），受任者である監査役は会社に対し，善良な管理者の注意をもって職務を行うべき義務を負う（民644）。

　ここにいう善管注意義務の基準は，監査役の地位にある者として一般的に要求される水準の注意義務であり，自分の能力の範囲で可能な限り注意を尽くしたとしても，それが上記基準に達していなければ善管注意義務を尽くしたことにはならない。したがって，監査役としては，その職務を行うについて善管注意義務を果たすためには，自らが監査役を務める会社において適用のある法令（会社法はもとより，民法，金融商品取引法，独占禁止法，労働関係諸法，法人税法，各種業法などを含む），定款などについて十分な知識を身につけておかなければならないことはもとより，劣っている部分についてはそれを補う努力が必要であり，また，場合によっては専門家等の補助者を使用することなども考慮しなければならない。

　なお，例えば，監査役が弁護士・公認会計士等の有資格者の場合など，要求される具体的な注意義務の内容ないしは尽くすべき監査業務が監査役の経歴や

知見により異なることはあり得る。

　ところで，会社法は，取締役に対しては，善管注意義務のほかに忠実義務を課して，法令および定款の定めならびに株主総会の決議を遵守し会社のため忠実にその職務を遂行する義務を負うとしているが（法355），これに対して，監査役に対しては，この取締役についての忠実義務の規定を準用していない。そこで，この点どのように解するかが問題となるが，最判昭和45年6月24日（民集24—6—625）も判示するように，「（筆者注：旧）商法254ノ2（筆者注：法355）の規定は，同法254条3項，民法644条に定める善管義務を敷衍し，かつ一層明確にしたにとどまるのであって，所論のように，通常の委任関係に伴う善管義務とは別個の，高度な義務を規定したものと解することができない」のであり，監査役に忠実義務に関する規定の準用がないからといって，そのために監査役の善良な管理者としての忠実義務が取締役よりも軽減されていると解すべきではなく，監査役の義務と取締役の義務とは，基本的に変わりはないと解すべきである。

　なお，監査役は競業避止義務（法356Ⅰ①）を負わないし，さらに会社との利益相反取引の制限（法356Ⅰ②③）の対象ともならない。取締役は会社の業務執行の決定に直接関与するが，監査役は会社の業務執行に直接関与するものではないからである。もっとも，監査役はどのような形態で競業や自己取引を行ってもよい，ということではないことは言うまでもなく，監査役は，不当に競業や自己取引をすることにより，善管注意義務違反による賠償責任の問題を生ずることもありうることに注意すべきである。

2　監査役の権限と義務の関係

　5で述べたとおり，会社法は，監査役に対し，その職務を適切に遂行することができるよう，様々な権限を与えている。その権限は，調査権限，是正権限，報告権限，その他の権限の4種に大別できる。調査権限は，監査役が取締役の違法行為等を発見するための権限である。是正権限は，監査役が取締役の違法行為等を発見した場合に，直接的または間接的に，これを是正するための権限

である。報告権限は，監査役が取締役の違法行為等を発見した場合に，これを株主や他の機関に報告するための権限である。その他の権限としては，監査役の地位の強化，監査役の独立性確保のための権限として，監査役の選任に関する同意権・株主総会における意見陳述権等（法343・345Ⅰ・Ⅱ・Ⅳ），会計監査人設置会社における会計監査人に関する独立性確保のための各種権限（法344・340・346Ⅳ・Ⅵ・399）等がある。

そして，監査役は会社に対してその職務を適切に遂行すべき善管注意義務を負っており，これらの監査役の権限は，善管注意義務に従い適切に行使されなければならない。その意味で，監査役の権限は，権限であると同時に義務でもあり，権限が適切に行使されない場合は監査役の任務懈怠が問われるおそれが生じることになる。

3 内部統制システム構築に関する監査役の義務

内部統制システム（取締役の職務の執行が法令および定款に適合することを確保するための体制）の構築は，業務執行を担当する取締役および取締役会が主体となって行うが，業務監査の責任を負う監査役としては，これについての取締役会決議の内容ならびに実際に取締役が行う内部統制システムの構築・運用の状況を監視し検証する義務を負う。

監査の結果により問題点等が発見された場合は，その問題点の大きさや重要性に応じ，現場での改善の助言・勧告，担当取締役または代表取締役への改善の助言・勧告，取締役会に対する改善の助言・勧告等を行うことになる。

さらに，期末においては，期中監査において確認してきた内容をベースに，取締役会決議の内容ならびに内部統制システムの整備・運用の状況の相当性に関する監査意見を形成し，必要に応じて監査報告に記載することとなる（会規129Ⅰ⑤）。

内部統制システムの一部となる違法行為等の発生を防ぐためのリスク管理体制について，求められるレベルは，原則としては，通常想定される不正行為等を防止し得る程度の管理体制（同業他社と比較して劣らない管理体制）の構築

で足りる。ただし，不正行為の発生を予見すべき特別な事情が存在する場合（以前に同様の手法による違法行為等が行われたことがあった場合など）には，その予見に基づき，より高度な管理体制の構築が求められることになる（最判平21.7.9判タ1307—117）。

なお，有価証券報告書の提出を義務付けられた会社のうち，上場会社や政令で定められた会社については，財務会計の適正を確保するための体制として「会社における財務報告が法令等に従って適正に作成されるための体制」の整備が義務付けられている（金商24Ⅰ①・24の4の4Ⅰ，財務計算に関する書類その他の情報の適正性を確保するための体制に関する内閣府令）。財務報告に係る内部統制については，有価証券報告書と併せて内閣総理大臣に対して，同体制を評価した内部統制報告書を提出することが必要とされている（金商24の4の4Ⅰ）。この財務報告に係る内部統制の構築・運用は，取締役の職務執行として行われるものであり，また，同体制は内部統制システムの一環といえる。そのため，この財務報告に係る内部統制も監査役の監査対象となる。

4 株主総会における説明義務

監査役は，取締役とともに，株主総会において株主の質問に対し説明をしなければならない義務を負う（いわゆる説明義務。法314）。

株主総会は，会社の所有者である株主が，業務執行およびその監査を委任した取締役および監査役からその経過と成果などの報告を受け，それを踏まえ法令または定款で定める会社の重要事項を審議決定する場なのであるから，取締役および監査役が会議の目的事項に関し株主の質問に答えなければならないことは，法の規定を待つまでもなく，条理上当然のことである。したがって，会社法314条の規定は，株主の当然の権利を確認のため明記したものにすぎないと考えるのが通説である。

(1) 株主総会出席義務の有無

会社法314条は監査役の説明義務を定めるが，説明をするためには株主総会に出席していることを要するから，この規定は監査役の株主総会出席義務を間

接的に定めたものと解されている。

　もっとも，病気，事故その他株主総会に出席できない正当な理由がある場合は，監査役は出席義務を負わない。他の会社の役員を兼務している監査役が，総会日時が重なり，一方の会社の株主総会に出席することにより他の会社の株主総会に欠席せざるを得ないことも，正当な理由となりうる。

(2) 説明義務者

　説明義務を負うのは，説明を求められた監査役である。株主の質問に対しどの監査役が説明するかは，議長がその職権である議事整理権に基づき判断し指名すべきことである。株主は，答弁すべき特定の監査役を指名することはできず，指定したとしても，それは株主の希望の表明としての意味しかなく，議長はこれに拘束されず，自らの判断により最も適切な答弁をなしうべき監査役（通常は常勤監査役）に答弁を命じることができる。

　この点，監査役は，独任制の機関であることから，監査役の任務に属する質問等については株主から指名された監査役自身が答弁しなければならないとの見解もあるが，独任制の機関であることと株主総会における答弁者を誰にするかという問題は必ずしも直結するものでないと考えるべきであり，賛成できない。ただし，特定の監査役の監査方法・監査結果に関する質問等については，事実上当該監査役でなければ答弁不可能である場合も存在すると考えられ（監査報告書に少数意見が付記されている場合等に生じうる），そのような場合，説明義務を尽くすために答弁者が事実上特定されることはあり得ることには留意すべきである。実務では，株主から監査役が指名された場合に，いったん取締役が回答し，監査役がそれに引き続いて，取締役と同様の意見である旨を回答する等の方法も用いられる。

　監査役スタッフや顧問弁護士なども，議長の発言許可に基づき，監査役に代わり，質問に対する答弁のために発言することができる。

　なお，当然の事柄であるが，説明義務を負うのは，あくまでも個々の監査役であって，監査役会がこの義務を負うものではない。したがって，監査役会の決議事項について説明を求められた場合も，いずれかの監査役から説明するこ

(3) 説明の範囲と限界

① 監査役の職務からの範囲と限界

　会社の業務執行の決定権限は取締役会にあり（法348Ⅰ・Ⅱ・362Ⅱ①），その決定事項の執行権限は各取締役または代表取締役にあるのであるから（法349），業務執行の内容や結果についての説明は，代表取締役または業務執行取締役が行う。

　これに対して，監査役の職務は取締役の職務執行の監査であり，業務執行事項の決定も執行も直接行うものでないから，その説明義務も，監査報告の監査結果を基礎とし，株主総会の目的事項との関連においてその内容を説明する等にとどまるものと考えられる。

　したがって，監査役としては，監査の方法，監査報告の内容およびこれに記載された監査意見の形成に至る過程・理由などについては説明する義務を負うが，例えば計算書類や事業報告の内容そのものについては直接的には説明の義務を負わない。

　また，経営判断にかかわる事項や経営方針の当否などについても説明義務を負わない。

　ただし，業務監査権限を有する監査役が，取締役が株主総会に提出しようとする議案および書類等を調査し，法令もしくは定款に違反しまたは著しく不当な事項があると認めたときは，株主総会にその意見を報告することを要する（法384）。したがって，監査役は，監査報告に関係しない事項についても，株主総会に提出される議案および書類等の適法性に関する質問については説明義務を負う。

　また，前記のとおり，監査役は，監査役選任議案，監査役報酬議案，会計監査人選解任議案，会計監査人報酬議案，役員責任一部免除に関する議案等については，同意権，議案内容決定権，意見陳述権等を有する（ただし，一部の権限は業務監査権限を有する監査役のみ）。したがって，これらの議案に関連する，同意や決定の理由等の質問についても説明義務を負う。

なお，決議事項について監査役が説明義務を尽くしたか否かは，決議に至るまでの株主総会の審議の経過等に照らし，平均的な株主が議決権行使の前提としての合理的な理解および判断を行い得る状態に達しているかどうかとの観点から総合的に判断される（東京地判平16.5.13金判1198—18，東京地判平19.10.31金判1281—64）。

② 会社法314条但書の定める拒絶事由

さらに，会社法314条但書は明文で，監査役が株主の質問に対しても説明を拒絶しうる事由を規定している。その内容は下記イからヘに記載のとおりである。

イ 会議の目的たる事項に関しない場合

会議の目的には，決議事項のみならず，報告事項も含まれる。会社法上，取締役会設置会社においては，株式会社における株主総会という機関は，いわゆる企業の所有と経営の分離の思想，会社の合理的運営という立場から，万能の機関とはされておらず，その権限は原則として法律または定款の定めた会社の重要な事項の決定に限られ（法295Ⅱ），それ以外の事項の決定は取締役会に委ねられることとされている（法362Ⅱ①）。株主の質問権は，そのように位置付けられた株主総会における議決権行使のため認められるものであるから，その範囲が会議の目的たる事項に関するものに限定されることは当然である。

したがって，例えば，監査役の監査能力とは関係しない個人的スキャンダル，個別取引に関する事項，法令の解釈等は，本条項に該当し，監査役は説明義務を負わない。

ロ 説明をすることにより株主共同の利益を著しく害する場合

例えば，説明すべき事項が企業秘密に属する場合，係属中の訴訟事件に関する場合等である。

その具体的判断は微妙であるが，議決権行使における説明の必要性と説明による会社の損害発生の可能性および損害の重大性との比較衡量によらざるを得ないであろう。

ハ 株主が説明を求めた事項について説明をするために調査が必要である場合

（会規71①）

ただし，株主が株主総会の日より相当の期間前に質問事項を会社に対して通知した場合，質問事項について説明するために必要な調査が著しく容易である場合は，説明を拒絶することができない。

ニ 株主が説明を求めた事項について説明をすることにより会社その他の者（当該株主を除く）の権利を侵害することとなる場合（会規71②）

例えば，説明することにより，第三者のプライバシーを侵害したり，第三者の企業秘密，信用状況等を開示することになり損害を与えたりする場合等である。

ホ 株主が当該株主総会において実質的に同一の事項について繰り返し質問を求める場合（会規71③）

ヘ その他説明をしないことにつき正当な理由がある場合（会規71④）

例えば，監査役が刑法134条に規定する医師，薬剤師，弁護士その他であってその業務上取り扱った事項，あるいは，監査役がかつて公務員であったとき職務上知りえた事項等について質問がなされた場合（国家公務員法100Ⅰ，地方公務員法34Ⅰ），調査をするには社会通念上不相当なコストを要する場合，株主総会の運営を妨害し議事を混乱させるためだけの目的で質問権が行使された場合，他の株主の質問を妨害する目的で質問を継続する場合等である。

(4) 説明義務不履行の場合の株主総会の決議の瑕疵

決議事項に関する監査役の説明義務不履行があった場合，決議方法の法令違反，あるいは場合によっては決議方法の著しい不公正に該当し，決議取消事由となりうる（法831Ⅰ①）。

監査役が株主総会に欠席した結果，株主の質問に対する説明義務が履行できなかった場合も同様である。これは監査役が正当な理由により株主総会に欠席した場合も例外でない。監査役の任務違背の成否の問題と株主総会における決議の効力の問題は次元の違う問題であって，現実に説明義務が履行できなかった以上，総会決議の瑕疵は認めざるを得ないからである。

ただし，ある監査役が欠席した場合にも，他の出席取締役，監査役による説

明あるいは監査役スタッフによる監査役の意見の代読等により説明義務を尽くしうるのであれば，決議取消事由とはならない。また，監査役の全員が株主総会に欠席した場合にも，株主総会で出席株主から監査役が説明しなければならない質問が出されなかった場合には，決議取消事由とはならない。

報告事項に関する説明義務の不履行については，報告は取消しに馴染まないため，決議取消しの訴えの原因にはならない。もっとも，報告事項が剰余金の処分に係る議案の承認決議に影響を与えるような場合は，その承認決議の取消しの訴えの原因となることがある。

なお，監査役が正当な事由がないのに説明義務を怠ったときは，100万円以下の過料の制裁がある（法976⑨）。

② 監査役の責任

1 監査役の民事責任

監査役は，その任務を怠ったときは，会社に対し，これによって生じた損害を賠償する責任を負う（法423Ⅰ）。

この監査役の会社に対する責任の法的性質は，監査役がその任務を懈怠して会社に損害を被らせることによって生じる債務不履行責任であるとされ（最判平20．1．28民集62—1—128），監査役の故意または過失を要件とする過失責任である（最判昭51．3．23集民117—231）。

また，監査役がその職務を行うについて悪意または重大な過失があったときは，当該監査役は，これによって第三者に生じた損害を賠償する責任を負う（法429）。特に監査報告に記載し，または記録すべき重要な事項について虚偽の記載または記録をしたときは，注意を怠らなかったこと（無過失）を証明しない限り，責任を免れない（法429Ⅱ③）。

この監査役の第三者に対する責任の法的性質については，不法行為上の特別責任と解する見解もあるが，通説・判例（最判昭44.11.26民集23—11—2150）は，不法行為の性質を否定し，会社法の認める法定責任であるとしている。

以下，それぞれについて説明する。
(1) 会社に対する責任
① 責任成立の要件
イ　任務懈怠

　前記のとおり，監査役は，基本的職務として，取締役の職務の執行を監査する役割を期待されており（法381Ⅰ），取締役の職務の執行が，会計面でも業務面でも，法令や定款に違反したり著しく不当なものにならないよう，これを監査しなければならない。そして，会社法は，監査役に対し，その職務を適切に遂行することができるよう，様々な権限を与えている。その権限は，調査権限，是正権限，報告権限，その他の権限の4種に大別できる。調査権限は，監査役が取締役の違法行為等を発見するための権限である。是正権限は，監査役が取締役の違法行為等を発見した場合に，直接的または間接的に，これを是正するための権限である。報告権限は，監査役が取締役の違法行為等を発見した場合に，これを株主や他の機関に報告するための権限である。その他の権限としては，監査役の地位の強化，監査役の独立性確保のための権限として，監査役の選任に関する同意権・株主総会における意見陳述権等（法343・345Ⅰ・Ⅱ・Ⅳ），会計監査人設置会社における会計監査人に関する独立性確保のための各種権限（法344・340・346Ⅳ・Ⅵ・399）等がある。

　そして，監査役は会社に対してその職務を適切に遂行すべき善管注意義務を負っており，これらの監査役の権限は，善管注意義務に従い適切に行使されなければならない。その意味で，監査役の権限は，権限であると同時に義務でもあり，権限が適切に行使されない結果，取締役の任務懈怠を認識すべきであったのに認識できなかったり，任務懈怠を認識したにもかかわらず，尽くすべき義務（是正義務および報告義務）を尽くさなかったりした場合に，監査役の任務懈怠が問われることになる（ただし，監査の範囲を会計に関するものに限定した場合，監査役の監査権限は会計監査に限定され，業務監査に関連した権利義務を有しないことは，前記のとおりである）。

　この点，監査役が実務において直面することが多い悩ましい問題として，取

締役による違法行為等の可能性は認識したが確信には至らない場合に、いかに行動すべきであるかという問題がある。これについては、どの程度の蓋然性で違法行為等が認められるか、当該違法行為等の会社に与える影響・損害がどの程度か等により、事案ごとに個別判断せざるをえない問題であるが、少なくとも、疑問が解けるまでさらに強力な調査・確認を行うことは不可欠であり、疑問を持ちながらこれを放置することは許されない。また、確信が持てない段階で、違法行為等のおそれがあることを代表取締役や取締役会等に報告することが求められるか否かは、判断の難しい問題であるが、基本的には、可能な限り早い段階で情報が共有されるべきである。ただし、不正確な情報により代表取締役等を混乱させることは避ける必要があり、把握した事実を正確に報告することが重要である。

　また、監査役は、取締役による違法行為等の可能性を認識した場合、辞任することによりその責任を免れることができるかについては、監査役が善管注意義務に照らしてなすべき義務をすべて尽くしたうえでやむなく辞任した場合は別として、そうでない場合は、辞任により辞任前の期間の任務懈怠を免れるわけでないこと、場合によっては辞任自体が会社に不利益な時期の辞任であるとして監査役に損害賠償の責任を発生させるおそれもあること（民651Ⅱ）に留意する必要がある。

　なお、監査役会設置会社においては、監査役会の決議に参加した監査役で議事録に異議をとどめないものは、決議に賛成したと推定される（法393Ⅳ）。しかし、監査役については、取締役の場合と異なり、会社法上、監査役会の決議に賛成したことをもって任務懈怠が推定されることはないので、決議に賛成した監査役についても、当該決議時の任務懈怠の有無が個々に問題となる。

ロ　故意・過失

　さらに、監査役が任務懈怠により会社法423条1項の責任を負うについては、その任務懈怠につき故意または過失が存在することが必要である（最判昭51.3.23集民117—231）。

　「故意」とは、取締役の違法または定款違反の行為もしくは著しく不当な行

為があることを知りながら，あえてそれを看過して是正せず，または是正のための適切な手段をとらなかったこと，もしくは，これを取締役会や株主総会に対し報告すべき場合に報告しなかったことなどをいう。

「過失」とは，監査役として一般的に要求される水準の注意をもってすれば，取締役の違法または定款違反の行為もしくは著しく不当な行為があることを知り，もしくは是正しえたにもかかわらず，その注意を怠ったために，これを看過または適正な是正手段をとりえなかったこと，もしくは報告をなし得なかったことなどをいう。過失には重過失だけでなく軽過失も含む。

ただし，この故意・過失の要件についての立証責任は監査役が負う。すなわち，会社が監査役に対し損害賠償を請求するためには，監査の任務懈怠とこれと相当因果関係がある損害発生の事実があることを主張，立証すれば足り，これにより監査役の故意・過失に基づくことが当然推定される。これに対し，監査役が会社に対する責任を免れるためには，故意・過失のないこと，すなわち，監査役としての任務を尽くしたが，それにもかかわらず会社が損害を被ることを防止できなかったことを立証することが必要である（債務不履行責任に関する一般原則）。

なお，この点も，前記のとおり，監査役に要求される善管注意義務の基準は，監査役の地位にある者として一般的に要求される水準の注意義務であり，自分に監査の能力がそもそも備わっていなかったとか，監査役としての知識や経験を欠いていた等の理由で免責されることはない。そのような者は当初から監査役就任を拒絶するか，もしくは速やかに辞任しなければならない。また，例えば，監査役が弁護士・公認会計士等の有資格者の場合など，要求される具体的な注意義務の内容ないしは尽くすべき監査業務が監査役の経歴や知見により異なることはあり得る。この場合，監査役は，その経歴や知見により求められる一般的水準の注意義務を尽くすことが必要とされることとなろう。

ハ 損害の発生

さらに，債務不履行責任発生のためには会社に損害が発生することが要件となることは当然である。その場合，監査役が賠償すべき損害の範囲は，監査役

の任務懈怠によって通常生じたであろう損害，すなわち，任務懈怠と相当因果関係のある損害に限られる。したがって，特別な状況から生じた予見可能性のない損害まで賠償する必要はないことになる（民416）。

監査役が是正することができた取締役の違法行為等により会社に課された罰金や課徴金（独占禁止法・金融商品取引法等に基づく）等の支払も，監査役の任務懈怠と相当因果関係のある損害に含まれる。

② **内部統制システム構築・運用についての責任**

前記のとおり，業務監査の責任を負う監査役は，内部統制システム（取締役の職務の執行が法令および定款に適合することを確保するための体制）構築に関する取締役会決議の内容ならびに実際に取締役が行うその構築・運用の状況を監視し検証する義務を負う。そして，監査の結果により問題点等が発見された場合は，その問題点の大きさや重要性に応じ，現場での改善の助言・勧告，担当取締役または代表取締役への改善の助言・勧告，取締役会に対する改善の助言・勧告等を行う必要がある。さらに，期末においては，期中監査において確認してきた内容をベースに，取締役会決議の内容ならびに内部統制システムの整備・運用の状況の相当性に関する監査意見を形成し，必要に応じて監査報告に記載する必要がある（会規129Ⅰ⑤）。

また，有価証券報告書の提出を義務付けられた会社のうち，上場会社や政令で定められた会社については，財務会計の適正を確保するための体制として「会社における財務報告が法令等に従って適正に作成されるための体制」の整備が義務付けられており，監査役は，この財務報告に係る内部統制についても，その構築・運用の状況を監視し検証する等の義務を負う。

したがって，監査役がこれらの義務を怠った場合には，任務懈怠となり，会社に発生した内部統制システムの不備と相当因果関係のある損害について責任を負うことになる（この点，後記⑧ニの判例参照）。

③ **監査役の職務分担との関係**

監査役会設置会社においては，監査役の独任制の長所を生かしつつ，組織的かつ効率的な監査を実現するため，監査役会の決議により，各監査役の職務分

担等を定めうるものとされている（法390Ⅱ③）。例えば，社外監査役は，業務執行担当者の影響を受けず独立性を保つ意義がある反面，会社の業務内容や会社の運営状況等への精通が限られてしまうことはやむを得ない面があり，会社の業務内容に精通した社内出身の常勤監査役等と全く同じ職務遂行を期待することには無理がある。したがって，社外監査役は，原則として社内監査役の収集した情報を基に監査を行うとすることも合理的な職務の分担として許容される。

そこで，社外監査役を含めた個々の監査役は，監査役会で決められた職務分担等に従って適正に自己に割り当てられた職務を行いさえすれば，他の監査役の任務懈怠があっても責任を負わされることはないのかが問題となるが，この点，次のように考えるべきである。

 イ 監査役の職務分担の決議が，監査役としての善管注意義務をもってしてその職務を適正に執行しうる合理的なものであれば，各監査役はその決議に拘束されることになる。したがって，この場合は，原則として，その決議に従い職務を執行すれば，監査役としての任務懈怠の責は負わない。

 ロ また，監査役会における各監査役の調査結果の報告を確認した結果，その報告内容が，やはり監査役としての善管注意義務をもってして相当と判断される場合には，その結果を信頼して自己の監査意見を表明してよい。

 ハ しかしながら，各監査役の職務分担等の定め自体が監査役としての善管注意義務に照らして不相当な場合には，各監査役は，職務分担を超えて，自ら必要な監査を行わなければならない。したがって，監査役の職務の遂行過程において，監査役会の決議に基づく分担部分の監査のみでは，監査役の目的が十分に達しえないと判断したときには，実務的にはまず監査役会に具申し，変更決議等を求めるべきであるが，それが，不可能な場合には，他の監査役の分担まで監査する必要がある。

 ニ 監査役会で決められた職務分担に従わない監査役がいた場合，他の監査役は，実務的には，監査役会を招集し，職務分担に従わない監査役から職務の執行状況について報告を求め，必要な場合には，監査役会として監査

の指示を出し，また，期中において監査方針や監査役の職務分担等の変更の決議をするべきであるが，それが不可能な場合には，他の監査役自ら，職務分担を超えて監査をする必要がある。

ホ　また，他の監査役の調査方法や調査結果等が善管注意義務をもって判断すれば疑義を持つような場合には，職務分担を超えて自ら必要な監査を行わなければならない。

ヘ　さらに，取締役・会計監査人から他の監査役の調査方法，調査結果，調査能力等に対して問題を指摘された場合も，指摘内容の信用性いかんにはよるものの，他の監査役は，職務分担を超えて自ら必要な範囲で監査を行わなければならないことがある。従業員からの内部告発，取引先等からの告発，マスコミによる問題の指摘，同様な行為を行っている他社の摘発等がなされた場合も同様である。

ト　かように，個々の監査役が職務分担を超えて自ら必要な監査を行わなければならない場合であるにもかかわらず，それを怠った場合，当該監査役は任務懈怠の責任を負うことになる。

以上に関し，大和銀行事件（後記⑧イ）において，常勤でない社外監査役から，「大和銀行では，常勤でない社外監査役については，原則として取締役会に出席するとともに，随時取締役からの報告，監査役会における報告などに基づいて監査する旨の職務分担の定めが設けられていたから，取締役の違法行為を容易に知ることができたなどの特段の事情がない限り，右定めに従って職務を遂行すれば免責される」旨の主張がなされていたが，これに対し判決は，「社外監査役が，監査体制を強化するために選任され，より客観的，第三者的な立場で監査を行うことが期待されていること，監査役は独任制の機関であり，監査役会が監査役の職務の執行に関する事項を定めるに当たっても，監査役の権限の行使を妨げることができないことを考慮すると，社外監査役は，たとえ非常勤であったとしても，常に，取締役からの報告，監査役会における報告などに基づいて受動的に監査するだけで足りるものとは言えず，常勤監査役の監査が不十分である場合には，自ら，調査権（法381Ⅱ）を駆使するなどして積

極的に情報収集を行い，能動的に監査を行うことが期待されているものと言うべきである。」と判示している。

なお，監査役会を設置しない会社においても，監査役が複数いる場合には，事実上監査役間の協議により監査役の職務分担を定めることがあるが，この場合の個々の監査役の責任についての取扱いを監査役会設置会社の場合と同様に考えてよいか否かが問題となる。この点，監査役会が設置されていない以上，監査役間の協議に拘束力はないことを根拠に，他の監査役の分担する調査について相当の注意を払っただけでは責任を免れないとする見解も有力であるが，監査役会を設置しない場合においても，個々の監査役にすべての監査を担当させることは事実上不可能であることが多いことに鑑みれば，監査の効率化・合理化の観点から職務分担の必要性が現に存在し，かつ合理的な職務分担が定められる限りにおいては，監査役会設置会社の場合と同様に考えてよいものと解する。

④ 会計監査人の会計監査と監査役による会計監査との関係

前記のとおり，会計監査人設置会社においては，会計に関する事項の監査は会計監査人が第一義的に責任を負うという考え方がとられており，また，監査役は一般に会計の職業的専門家ではないことから，会計監査人が行った監査方法が企業会計原則等の一定の監査方法に基づいて行われ，その結果に相当性を疑うに足りる事情がなければ，監査役は会計監査人の監査結果を信頼して自己の監査報告書に利用してよい。

しかし，監査役としても，会計監査の職責を免除されているわけではなく，少なくとも会計監査人の監査の方法および結果の相当性について，会計監査人の適格性・独立性監査計画の内容，監査の実施状況，監査結果の合理性等の視点から，自ら可能な範囲で調査・判断することは必要である。

監査役がこれらの調査・判断を行わず，漫然と会計監査人の監査結果に相当性を疑うに足りる事情がないと判断したときは免責されず，任務懈怠の責任を負う。

⑤ 遅延損害金・責任の消滅時効

会社法423条1項の責任の遅延損害金の利率は，民事法定利率である年5分である（最判平26.1.30判時2213—123）。

また，この責任は，債務不履行責任であるが，法によってその内容が加重された特殊な責任であることなどから，商法522条の短期消滅時効（5年）の適用はなく，民法167条1項により消滅時効は10年となる（最判平20.1.28民集62—1—128）。

時効期間の起算点は，損害発生時と解される（札幌高判平18.3.2判時1946—128）。

⑥ 責任の免除等

イ　総株主の同意による損害賠償責任の免除

会社が債務免除をするのは業務執行に属するから，本来取締役会の決議でこれを行うことができる。しかし，監査役の責任の免除をそのように簡単に行うことができるのでは，会社法が特に監査役の責任を定めた趣旨が没却されてしまう。そこで監査役の会社に対する責任の免除については特別の制限が設けられており，総株主の同意があってはじめて免除が可能とされている（法424）。

総株主の同意が必要であるから，一人の株主でも反対すれば，監査役の会社に対する責任を免除することはできない。したがって，小規模の同族会社などの場合は別として，多数の株主がいる大規模の会社においては，責任の免除は事実上不可能と言ってよい。

総株主の同意とは，すべての株主の個別的な同意で足り，株主総会の決議である必要はない。なお，本条で免除される監査役の責任は，会社に対する責任のみであり，監査役の第三者に対する責任はたとえ総株主の同意があっても免除できない。

免除がない場合は，監査役の会社に対する責任は，10年の時効期間（民167Ⅰ）の経過により消滅するまで存続する。したがって，監査役を辞任したからといって，在任中の責任は消滅時効にかかるまでは消滅しない。

ロ　責任の一部免除（注15）

上記のとおり，任務懈怠による責任全部の免除については厳格な要件でのみ認められているが，相当因果関係を有する損害のすべてにつき賠償を求めることは監査役にとって酷な場合が考えられる。

そこで会社法上，任務懈怠による責任を負う監査役が，任務を行うにつき善意でかつ重大な過失がないときは，株主総会の特別決議によって，責任の一部を免除することが認められている（法425Ⅰ・309Ⅱ⑧）。もっとも，当該規定により免除することができる金額の上限は法定されており，監査役の場合，概ね以下の算式により計算される（法425Ⅰ①ハ・②）。

　　免除が認められる額＝賠償の責任を負う額－最低責任限度額
　　最低責任限度額＝１年当たりの報酬等の額（注16）×２＋ストックオプション（有利発行に該当する場合に限る）に関する財産上の利益金額（注17）

(注15)　ロ〜ニまで，会社に最終完全親会社等がある場合における特定責任の免除に関する事項についての記載は省略している。
(注16)　会規113
(注17)　会規114

取締役は，株主総会において，責任の原因となった事実および賠償の責任を負う額，免除することができる額の限度およびその算定の根拠，責任を免除すべき理由および免除額を開示しなければならない（法425Ⅱ）。

また，当該規定に基づいて責任の一部免除の株主総会決議があった場合において，後に当該監査役に対して退職慰労金等を与える場合，またはストックオプション（有利発行に該当する場合に限る）を行使し，または譲渡する場合においては，株主総会の承認が必要となる（法425Ⅳ）。

これを受けて，この退職慰労金贈呈の議案を株主総会に上程するにあたっては，株主総会参考書類に，責任を免除した監査役が得る退職慰労金等の内容を記載しなければならないものとされている（会規84の2①）。

ハ　定款の定めがある場合の特則

さらに，監査役設置会社（取締役が２名以上ある場合に限る）は，監査役の会社に対する損害賠償責任について，当該監査役が職務を行うにつき善意でか

つ重大な過失がないときは，上記ロの免除が認められる額を限度として，取締役の過半数の同意（取締役会設置会社においては，取締役会の決議）によって免除することができる旨を定款で定めることができる（法426Ⅰ）。

ただし，定款をもってしても，悪意，重過失の場合にも監査役の賠償額を免除できる旨を定めることはできず，仮に定めたとしてもかかる定款の定めは会社法上の強行法規に反して無効である。

監査役設置会社以外の会社（監査の対象を会計に限るものに限定した会社）は，この定款の定めは認められない。

この定款の定めがあるときは，定めの内容が登記事項となる（法911Ⅲ㉔）。

かかる定款の定めに基づき，取締役（会）が責任免除を同意した場合，遅滞なく，責任の原因となった事実および賠償の責任を負う額，免除することができる額の限度およびその算定の根拠，責任を免除すべき理由および免除額，責任を免除することに異議がある場合には一定の期間内（1ヶ月を下ることができない）に異議を述べるべき旨を公告し，または株主に通知しなければならない（非公開会社においては，公告によることはできない（法426Ⅲ・Ⅳ））。かかる公告または通知の結果，総株主の議決権の100分の3（これを下回る割合を定款で定めた場合にあっては，その割合）以上の議決権を有する株主が期間内に異議を述べたときは，免除はできない（法426Ⅶ）。

なお，当該規定に基づき監査役の責任を免除した後，当該監査役に対して退職慰労金を供与し，またはストックオプション（有利発行に該当する場合に限る）を行使または譲渡する場合に，株主総会の承認が要求される点等は，責任の一部免除（上記ロ）の場合と同様である（法426Ⅷ）。

ニ　責任限定契約

さらに，上記のイ〜ハの責任の免除に加えて，会社は，定款で定めることにより，監査役の会社に対する損害賠償責任について，当該監査役が職務を行うにつき善意でかつ重大な過失がないときは，最大で，定款で定めた額の範囲内であらかじめ会社が定めた額と，上記ロの最低責任限度額とのいずれか高い額までこれを限定する契約（責任限定契約）を監査役と締結することが認められ

ている（法427Ⅰ）。

　かかる定めを定款上置いた場合，当該会社は監査役との間で個別に責任限定契約を締結し，かかる契約に基づき監査役が任務懈怠により賠償すべき金額に上限が付されることになる。

　ただし，定款をもってしても，悪意，重過失の場合にも監査役の賠償額を限定する旨の契約を締結することはできず，仮に締結したとしてもかかる契約は会社法上の強行法規に反して無効である。

　前記ハの場合と異なり，監査役設置会社以外の会社（監査の対象を会計に限るものに限定した会社）についても，この定款の定めは可能である。

　この定款の定めがあるときは，定めの内容が登記事項となる（法911Ⅲ㉕）。

　責任限定契約を締結した会社が，当該契約の相手方である監査役が任務を怠ったことにより損害を受けたことを知ったときは，その後最初に招集される株主総会において，責任の原因となった事実および賠償の責任を負う額，免除することができる額の限度およびその算定の根拠，当該契約の内容および当該契約を締結した理由，当該監査役が賠償する責任を負わないとされた額を開示しなければならない（法427Ⅳ）。

　なお，責任限定契約によって監査役の責任を負わないとされた後，当該監査役に対して退職慰労金を供与し，またはストックオプション（有利発行に該当する場合に限る）を行使または譲渡する場合に，株主総会の承認が要求される点等は，責任の一部免除（上記ロ）の場合と同様である（法427Ⅴ）。

⑦　株主による責任追及等の訴え（代表訴訟）（注18）

　監査役が会社に対し責任を負っている場合には，本来会社が当該監査役に対して損害賠償の請求をなすべきである。しかし，一般的に，会社がこのような請求を監査役にすることは期待できない面がある。そこで会社法は，株主自らが会社のために監査役の責任追及を行う権利を認めている（法847Ⅰ）。

　　（注18）　株式交換等完全子会社の旧株主による責任追及訴訟および最終完全親会社等の株主による特定責任追及の訴え（多重代表訴訟）についての記載は省略している。

すなわち、6ヶ月（これを下回る期間を定款で定めた場合にあっては、その期間）前から引き続き株式を有する株主（ただし、非公開会社においては、保有期間要件はない）は、会社に対し書面等をもって、監査役の責任を追及する訴えを提起するよう請求することができる。もし会社がこの請求を受けながら60日以内に訴えを提起しないときは、その株主は会社のために訴えを提起することができる。また、株主は、60日間の経過により会社に回復不能な損害を生ずるおそれがある場合には、会社に対する提訴請求を経ないで、直ちに会社のために訴えを提起することができる。もっとも、責任追及の訴えが当該株主もしくは第三者の不正な利益を図り、または会社に損害を与えることを目的とする場合には提訴請求をなし、または自ら責任追及の訴えを提起することはできない。

この「監査役の責任」の範囲については、監査役の地位に基づく責任のほか、監査役の会社に対する取引債務についての責任も含まれる（最判平21.3.10民集63—3—361）。また、監査役在任中に生じた責任については、終任後も対象となる。一方、不法行為に基づく責任、監査役就任以前から会社に対して負担していた債務についての責任等は、原則として含まれないと解される。

会社に対し訴えの提起を請求することのできる株主は、特に持株数に制限はなく、1株の株主でもよい。ただし、定款の定めによりその権利を行使することができないとされた単元未満株主には請求権はない（法847Ⅰ）。他方、この訴えの提起請求は会社の構成員であることによって株主に認められるのであるから、無議決権株主も含まれる。

また、公開会社における株主の持株期間としては、訴えの提起請求の時点で6ヶ月間株主名簿上の株主であることが必要である。取締役の違法な行為があったときに株主であった必要はない。つまり取締役の違法行為を知った後に株式を取得した場合であっても、その後6ヶ月経過すれば代表訴訟を提起できる。ただし、提訴した株主は、訴訟中、継続して株主である必要がある。訴訟中に株主たる地位を失った場合、原則として原告適格を失い、当該請求は却下されることになるが、会社法上、例外として訴訟を続行することができる場合

が規定されている（法851）。

　次に，訴え提起の請求の相手方は代表取締役である。他方，前記のとおり，取締役に対する訴え提起の請求の相手方は監査役とされているので（法386Ⅰ。ただし，監査の範囲を会計に関するものに限定した場合を除く（法389Ⅶ）），取締役と監査役の双方の責任を問う場合には，請求は監査役と代表取締役の双方にする必要がある。

　この代表訴訟は，本店所在地の地方裁判所の管轄に専属する（法848）。

　代表訴訟の目的の価額の算定については，財産権上の請求ではない請求に係る訴えとみなされ（法847の4Ⅰ），訴訟の目的の価額は160万円とされるため（民訴費用4Ⅱ），申立手数料は一律1万3,000円である。なお，株主がこの訴えを提起したときは，裁判所は，被告の申立てにより，当該株主に対し，相当の担保を立てるべきことを命ずることができるが，そのためには，被告は訴えの提起が悪意によるものであることを疎明しなければならない（法847の4Ⅱ・Ⅲ）。

　この代表訴訟の判決の効力は，勝訴・敗訴のいずれであっても会社に及ぶ（民訴115Ⅰ②）。したがって，一部株主と監査役との間での馴れ合い訴訟を防止するため，会社または他の株主も共同訴訟人として訴訟参加ができる。また，会社は，監査役に責任がないと考える場合は，監査役側に補助参加することもできる。ただし，不当に訴訟手続を遅延させたり，または裁判所に過大な事務負担を及ぼすことになるときは，この限りでない（法849Ⅰ）。会社が代表訴訟に参加するためには，その訴訟が提起されたことを知る必要があるので，原告は訴えの提起後，遅滞なく，会社に対し，訴訟告知をしなければならない（法849Ⅳ）。また，会社は，この訴訟告知を受けたときは，遅滞なく，その旨を公告し，または株主に通知（ただし，非公開会社は通知に限定）しなければならない（法849Ⅴ・Ⅸ）。

　代表訴訟においても和解は可能であるが，会社が和解の当事者でないときは，裁判所は，会社に対し和解の内容を通知し，かつ，当該和解に異議があれば2週間以内に異議を述べるべき旨を催告しなければならない。当該期間内に異議がなければ会社は和解内容を承認したとみなされ，会社に確定判決と同一の効

力が及ぶ（法850Ⅰ～Ⅲ）。

　代表訴訟において、訴えを提起した株主が勝訴（一部勝訴を含む）した場合には、訴訟に関し支出した必要な費用の額の範囲内、または、弁護士に支払うべき報酬額の範囲内で、相当と認められる額の支払を、会社に対し請求することができる（法852Ⅰ）。一方、株主が敗訴した場合であっても、悪意があったときを除き、当該株主は会社に対し損害賠償の義務を負わない（法852Ⅱ）。これらの費用・賠償に関する規定は、訴訟に参加した株主についても準用されている（法852Ⅲ）。

　被告である監査役が勝訴した場合には、弁護士報酬額を含め防御に要した相当の額を、受任者が委任事務を処理するために受けた損害として、会社に対し請求できる（民650Ⅲ）。

⑧　**監査役の責任が認められた具体例**

　監査役の会社に対する責任が認められた近時の事例として、次のようなものがある。取締役の場合と比較し、監査役に対する責任が認められる事例は多くはないが、これは取締役と監査役との職務、権限の性質の違い（違法行為の直接の主役は、業務執行の決定者であり、執行者でもある取締役であることが一般である）によるものと推測される。

　ただし、近時は、株主代表訴訟の増加に伴い、取締役に加え、監査役をも被告とする責任追及の事例が相当数現れてきており、これに伴い監査役の責任が認められる事例も増えてきていることには留意をすべきである。

イ　大阪地判平12.9.20判時1721—3（大和銀行事件）

　取締役の職務執行を監査する職務、ならびに、会計監査人の行う監査の方法および結果が適正か否かを監査する職務に任務懈怠がないか検討され、監査役一般については、十分な監査を行っており、財務省証券の残高確認方法の問題点を知り得なかったとして責任を否定し、ニューヨーク支店に往査した監査役についてのみ会計監査人による財務省証券の残高確認方法が不適切であることを知り得たものであり、これをしなかったため損害の発生を未然に防止できなかったとして責任を肯定した（ただし現実の損害賠償責任は任務懈怠と因果関

係のある損害額が特定できないとして否定した)。

　ただし，同判決に対しては，ニューヨーク支店に往査したこと程度の事実摘示のみで，会計監査人による財務省証券の残高確認方法が不適切であることを知り得たとしており，いわば専門家である会計監査人ですら気付かない問題点の認識可能性を前提としているかのような論理になっており，納得感に乏しいとの批判がなされている。

ロ　大阪高判平18.6.9判時1979—115（ダスキン事件）

　食品衛生法に違反して未承認添加物が混入した食品販売を継続していた事実を認識しながら，取締役会において議論したうえで，当該事実を「自ら積極的には公表しない」との方針を採用し，消費者やマスコミの反応をも視野に入れたうえでの積極的な損害回避の方策の検討を怠った点について取締役には善管注意義務違反が認められ，上記方針・方策の検討に参加しながら，取締役らの明らかな任務懈怠に対する監査を怠った点において，監査役にも善管注意義務違反があるとして責任を認めた。

　ただし，同判決に対しては，不祥事の公表義務については，これが認められるかどうかは事案によって異なり，同判決を安易に一般化して捉えるべきではないとの指摘がなされている。

ハ　最判平21.11.27判時2067—136（大原町農業協同組合事件）

　農業協同組合の代表理事が補助金の交付の申請について理事会に虚偽の報告をするなどして，補助金の交付のないまま同組合の費用負担の下で堆肥センター建設事業を進めた場合において，同組合の監事について，同組合の理事会における上記代表理事の説明は不十分で，上記事業が「補助金の交付を受けることにより同組合の資金的負担のない形で実行できるか否かについて疑義」があったのであるから，代表理事に対して「補助金の交付申請内容やこれが受領できる見込みに関する資料の提出を求めるなど，堆肥センターの建設資金の調達方法について調査，確認する義務」があったところ，これを怠ったとして監事の責任を認めた。本判決は，農業協同組合監事についての事案であるものの，農業協同組合法は組合の機関に関する規定の大部分において会社法（旧商法）

の条文を準用しているため、株式会社の監査役の任務懈怠についても参考になる。

ニ　大阪地判平25.12.26判時2220—109（セイクレスト事件）

取締役にはリスク管理体制の構築義務を果たす義務があるとしたうえで、監査役には、これを監視する義務があり、会社のリスク管理体制が構築されていない場合や不十分なものである場合には、取締役に対して、適切なリスク管理体制の構築を勧告すべき義務を負うとし、代表取締役の任務懈怠行為（会社資金の不当流出）の反復について認識していた監査役としては、資金流出を防止するためのリスク管理体制を直ちに構築するよう勧告すべきであり、さらに、代表取締役解職および取締役解任決議を目的事項とする臨時株主総会を招集することを勧告すべき義務もあったと認められる等として、監査役の責任を認めた。

控訴審においても、この判断は維持されている（大阪高判平27.5.21金判1469—16）。

ただし、同判決に対しては、本来監査役の職務ではない事項を監査役の職務として扱い、義務違反を認めているとの批判がなされている。

(2) 第三者に対する責任

監査役がその職務を行うについて悪意または重大な過失があったときは、当該監査役は、これによって第三者に生じた損害を賠償する責任を負う（法429Ⅰ）。

また、監査役が、監査報告に記載しまたは記録すべき重要な事項について虚偽の記載または記録をしたときは、注意を怠らなかったこと（無過失）を証明しない限り、これによって第三者に生じた損害を賠償する責任を負う（法429Ⅱ③）。

① 職務執行についての悪意・重過失の場合の責任

監査役がその職務を行うについて悪意または重大な過失があったときは、当該監査役はこれによって第三者に生じた損害を賠償する責任を負う（法429Ⅰ）。前記のとおり、この責任の法的性質は、会社法の認める法定責任である。

イ　責任成立の要件

⑴　任務懈怠

基本的には，会社に対する責任の場合と同じである。

⑵　悪意・重過失

取締役の任務懈怠についての重過失の有無を判断する前提となる監査役の注意義務は，会社に対する善管注意義務に基づくものであるから，監査役として一般に要求される能力および識見が基準となり，これに照らして著しい不注意により任務懈怠した場合に，重過失が認められる。ただし，例えば，監査役が弁護士・公認会計士等の有資格者の場合など，要求される具体的な注意義務の内容ないしは尽くすべき監査業務が監査役の経歴や知見により異なることはあり得る。この場合，重過失の有無は，その監査役の経歴や知見により求められる一般的水準の注意義務を基準に判断されることとなろう。

なお，監査役と第三者の間には何らの契約関係もないから，債務不履行責任である会社に対する責任とは異なり，監査役の責任を追及しようとする第三者は監査役の悪意重過失も含めて要件すべてを自ら立証しなければならない。

⑶　損害の発生

損害の範囲は，監査役の悪意または重過失のある任務懈怠により直接第三者が被った損害（直接損害）に限るのか，それとも監査役の行為により会社が損害を受けた結果，第三者が被った損害（間接損害）に限るのか，さらには直接損害と間接損害の両方を含むのかが問題になる。この点，通説・判例は，直接損害・間接損害の両方を含むと解している（最判昭44. 11. 26民集23—11—2150）。

第三者の損害と監査役の任務懈怠との間に，相当因果関係があることも必要である。

なお，この損害の範囲の問題に関連して，会社法429条１項の「第三者」の範囲，特に第三者の中に株主が含まれるかどうかについて学説が分かれている。判例も，株主の被る間接損害については株主代表訴訟により損害を回復すべきであるとし，これを否定するもの（東京地判平８．６．20判時1578—131，東京高判平17. １. 18金判1209—10）と，これを認めるもの（大阪高判平11. ６. 17判時1717—

144）とに分かれている。他方，会社債権者は当然に含まれる。

ロ　遅延損害金・責任の消滅時効・過失相殺

取締役の第三者に対する責任の遅延損害金の利率は，民事法定利率である年5分である（最判平元.9.21判時1334—223）。

監査役の第三者に対する責任の消滅時効は10年である（最判昭49.12.17民集28—10—2059）。

なお，第三者の側にも損害を被るについての過失があった場合，過失相殺をなしうる（最判59.10.4判時1143—143）。

ハ　責任の免除等

前記のとおり，監査役の会社に対する責任は総株主の同意があれば免除されるが（法424），第三者に対する責任は，たとえ総株主の同意があっても免除されない。ただし，個別の被害者が損害賠償請求権を放棄し，またはその債務を免除した場合は，その被害者に対する関係においては責任は消滅する。

ニ　請求権の競合

会社法429条1項の責任と民法の一般不法行為責任との関係について，判例は，旧商法266条ノ3第1項（法429Ⅰ）は，直接損害であると間接損害であるとを問わず，当該取締役が直接に第三者に対し損害賠償の責に任ずべきことを規定したのであり，このことは，取締役がその職務を行うにつき故意または過失により直接第三者に損害を加えた場合に，一般不法行為の規定によって，その損害を賠償する義務を負うことを妨げるものではないとし，請求権の競合を肯定している（最判昭44.11.26民集23—11—2150）。この考え方は監査役の場合も同様である。

ホ　監査役の第三者に対する責任が認められた具体例

監査役の第三者に対する責任が認められた近時の事例として，例えば，次のようなものがある。

(イ)　東京地判平17.11.29判タ1209—274（ジーオーグループ事件）

破産した傘下の子会社が行っていた詐欺的商法について，監査役の名義を貸していただけで経営には全く関与していない名目的監査役であるとの主張を否

定し，取締役の職務執行について何ら監査を行わなかったのは重大な過失であるとして，監査役の責任を認めた。

㈡　大阪地判平21.1.15労判979―16（昭和観光事件）

労働基準法37条に定める時間外労働についての割増賃金支払義務の懈怠について，監査役の責任を認めた。

㈢　東京地判平21.5.21判時2047―36（控訴審は東京高判平23.11.30判時2152―116），東京地判平21.6.18判時2049―77（いずれもライブドア事件）

有価証券報告書の重要な事項に虚偽記載があったことについて，監査法人の担当会計士より架空売上が計上されている可能性があるとの指摘を受けていた監査役は，平成18年改正前証券取引法24条，22条，21条1項1号に基づき損害賠償責任を負う（21条2項の免責事由が存在しない）とともに，「監査法人に対しなぜ連結財務諸表に無限定適正意見を示すに至ったのかについて具体的な報告を求め…，取締役や執行役員に対してなぜ架空との疑念が持たれるほどの多額の売上げを期末に計上するに至ったのかについて報告を求めるなどして，…会計処理の適正を確認する義務があったものというべきであり，かつ，その義務は容易に認識し，履行し得た」にもかかわらず，特段の調査もしなかったとして，少なくとも重過失により自らの任務を懈怠したとして，監査役の責任を認めた。

㈣　東京地判平23.6.8 LLI/DB06630322

虚偽の説明に基づく米国債の購入の勧誘について，監査役の責任を認めた。

㈤　名古屋高判平23.8.25判時2162―136

外国為替証拠金取引を行う会社等において，取締役による預かり金の費消等を漫然と放置し投資家の被害を防ぐべき義務を怠ったとして，監査役の責任を認めた。

② **監査報告の虚偽記載の責任**

監査役が，監査報告に記載しまたは記録すべき重要な事項について虚偽の記載または記録をしたときは，注意を怠らなかったこと（無過失）を証明しない限り，これによって第三者に生じた損害を賠償する責任を負う（法429Ⅱ③）。

監査報告の重要性は言うまでもなく，その内容に虚偽があれば第三者に損害を及ぼすことがあることは当然予測できる。そこで，会社法は，その中の重要事項の記載または記録が虚偽であること自体から監査役の過失を推定し，監査役が無過失を証明しない限り責任を負うものとしたのである。
　ここでいう重要な事項とは，合理的な判断をする第三者が投資・融資等を行い，または権利を行使するにあたって，その判断に影響を与える事項である。虚偽の記載または記録とは，積極的に虚偽の記載等をすることばかりでなく，記載すべき重要な事項を記載等しないことを含み，また，誤解を生じさせないために必要な事項の記載が欠けている場合も含む。
　監査役会設置会社にあっては，各監査役は監査役会の監査報告の記載につき反対の意見または異議を付記することができ（会規130Ⅱ，計規123Ⅱ・128Ⅱ），監査役会の監査報告に虚偽の記載があった場合においても，監査報告に反対の意見または異議を付記した監査役は免責される。
　監査役が実務において直面することが多い悩ましい問題として，記載内容に疑問を感じたが確信には至らない場合，記載が要求される違法行為等が存在する疑いは抱いたが確信には至らない場合等に，いかに対応すべきであるかという問題がある。これについては，疑いの内容，程度等を踏まえ事案ごとに記載の要否および記載内容を判断するしかないが，疑いについての監査報告への記載自体により会社の信用を害するおそれもあることも考慮のうえ慎重に判断する必要がある。ただ，一方で，完全な確信までないからといって常に記載しないことが許容されるというわけではないことには留意すべきである。
　遅延損害金，責任の消滅時効，過失相殺および責任の免除等について，前記の職務執行についての悪意・重過失の場合の責任と同様に考えてよい。
　なお，この監査報告の虚偽記載の責任が認められた近時の事例として，改正前証券取引法（金融商品取引法）上の責任に加え，この責任も認めた東京地判平21．7．9判タ1338―156（ライブドア事件）がある。

(3) 連帯責任
① 監査役間の連帯責任
イ　会社に対する連帯責任

　数人の監査役が会社に対する任務懈怠の責任を負うときは，連帯債務者となる（法430）。

　数人の監査役が連帯債務を負う例として，常勤監査役に監査を任せきりにし，その任務懈怠を他の監査役が監督しなかった場合などが考えられる。

　この結果，監査役は，会社に対する関係においては，個々の監査役の任務懈怠の程度は問わず，任務懈怠があった以上は連帯債務者となる。

　これに反して，監査役相互の内部関係においては，任務懈怠の程度によって，負担部分も決まってくる。任務懈怠の程度を決定しがたい場合には，これら監査役の平等負担となる。負担部分を超えて会社に賠償した監査役は，超過部分について他の監査役に対して求償することとなる（民442）。

ロ　第三者に対する連帯責任

　数人の監査役が第三者に対する責任を負う場合も，やはり連帯債務者となる（法430）。

② 取締役との連帯責任
イ　会社に対する連帯責任

　監査役は，会社の業務執行に直接関与するわけではなく，取締役の行為を前提として監査を行うものであるから，監査役が責任を負う場合は，同時に取締役が責任を負う場合であることが多い。この場合，両者は連帯債務者となる（法430）。

　監査役と取締役の求償関係は，その任務懈怠の程度に従って負担部分が決められる。

ロ　第三者に対する連帯責任

　監査役と取締役が第三者に対する責任を負う場合も，やはり両者が連帯債務者となる（法430）。

③ 会計監査人設置会社における会計監査人との連帯責任

イ 会社に対する連帯責任

　会計監査人は，その任務を怠ったときは，会社に対し，これによって生じた損害を賠償する責任を負う（法423Ⅰ）。そして会計監査人が会社に対して責任を負う場合において，取締役または監査役も責任を負うときは，会計監査人，取締役および監査役は連帯債務者となる（法430）。

ロ 第三者に対する連帯責任

　会計監査人が，会計監査報告に記載しまたは記録すべき重要な事項について虚偽の記載または記録をしたときは，注意を怠らなかったこと（無過失）を証明しない限り，これによって第三者に生じた損害を賠償する責任を負う（法429Ⅱ④）。

　この場合において，取締役または監査役も責任を負うときは，会計監査人，取締役および監査役は連帯債務者となる（法430）。

2 監査役の金融商品取引法による責任

　金融商品取引法は，上場会社に対し，有価証券届出書・有価証券報告書・四半期報告書・臨時報告書等の開示書類の提出を義務付けており，監査役は，その重要な虚偽記載についても責任を負う。近時は，監査役その他の役員等に対しこの責任を追及する事案が多発しており，免責の抗弁（相当の注意）が認められず監査役の責任が認定された事案として，前記の東京地判平21．5．21判時2047—36，その控訴審である東京高判平23.11.30判時2152—116（ライブドア事件）等がある。

　具体的には，まず，発行市場に係る有価証券届出書については，重要な事項について虚偽の記載があり，または記載すべき重要な事項もしくは誤解を生じさせないために必要な重要な事実の記載が欠けているときは，監査役は，当該有価証券を募集または売出しに応じて取得した者に対し，記載が虚偽でありまたは欠けていることにより生じた損害を賠償する責に任ずるが，取得者がその取得の申込みの際にそのことを知っていたときはこの限りでない（金商21Ⅰ①）。

また，監査役は，記載が虚偽でありまたは欠けていることを知らず，かつ，相当な注意を用いたにもかかわらず知ることができなかったことを証明したときは，この限りではない（同Ⅱ①）。

また，監査役は，記載が虚偽でありまたは欠けていることを知らないで，有価証券届出書の届出者が発行者である有価証券を募集または売出しによらないで取得した者または処分した者に対し，記載が虚偽でありまたは欠けていることにより生じた損害を賠償する責に任ずるが（金商22Ⅰ），記載が虚偽でありまたは欠けていることを知らず，かつ，相当な注意を用いたにもかかわらず知ることができなかったことを証明したときは，この限りではない（同Ⅱ）。

次に，流通市場に係る有価証券報告書等については，重要な事項について虚偽の記載がありまたは記載すべき重要な事項もしくは誤解を生じさせないために必要な重要な事実の記載が欠けているときは，監査役は，記載が虚偽でありまたは欠けていることを知らないで，当該有価証券を取得した者または処分した者に対し，記載が虚偽でありまたは欠けていることにより生じた損害を賠償する責に任ずるが，記載が虚偽でありまたは欠けていることを知らず，かつ，相当な注意を用いたにもかかわらず知ることができなかったことを証明したときは，この限りではない（金商24の4・22）。

さらに，これら以外にも，目論見書，内部統制報告書等の虚偽記載についても監査役の損害賠償責任が定められている。

3　監査役の刑事責任

監査役が，その監査役としての業務を遂行する中で，詐欺・業務上横領・贈賄・脱税・インサイダー取引，各種行政取締法規違反などの違法行為を行った場合，刑法等の規定に従い刑事責任を負うことがある。

さらに，会社法は，「第8編　罰則」（法960以下）において，監査役の不正に対して，特別な刑罰を定めるとともに，比較的軽微な法令違反に対しては，行政罰としての過料を定めている。

以下，会社法の定める特別な刑罰および行政罰について，特別背任罪を中心

(1) 刑　　罰
① 特別背任罪

　監査役は，自己もしくは第三者の利益を図りまたは会社に損害を加える目的で，その任務に背く行為をし，会社に財産上の損害を加えたときは，10年以下の懲役もしくは1,000万円以下の罰金またはこれらの併科に処せられ（法960Ⅰ），その未遂も罰せられる（法962）。

　本罪は刑法247条に定める背任罪の特別規定であり，監査役の身分を有する者の背任行為は，社会に与える影響が大きく，かつ深刻であるので，刑法の背任罪より重く処分しようとするのである。

　構成要件は次のとおりである。

イ　自己もしくは第三者の利益を図りまた株式会社に損害を与える目的（図利加害目的）

　図利加害の目的を認めるためには，必ずしも「意欲ないし積極的に認容」することを必要としない（最決昭63.11.21刑集42─9─1251）。

　自己もしくは第三者の利益を図る目的と会社の利益を図る目的とは，必ずしも常に背反するものではなく両者が競合する場合がある。例えば，銀行の取締役が倒産に瀕した融資先の企業に対して，既存の貸付の貸倒れを防ぐため回収の見込みが不確実であるのに十分な担保を取らず，救済融資を行い，監査役もそれを積極的に指示したような場合である。この問題につき，判例は一貫して，目的の主従，行為の決定的動機となった目的または究極的な目的がいずれにあるかに従って決すべきものとしている（最判昭35.8.12刑集14─10─1360）。

　また，判例は，図利または加害の目的は必ずしも財産上の利益を図る目的である必要はなく，「自己保身の動機」等の身分上の利益でも足りるとしている（新潟地判昭59.5.17判時1123─3等）。

　したがって，上記救済融資のような事例では，主として自己もしくは第三者の利益を図った（取締役・監査役自身の会社に対する信用・面目の維持，地位の保全を図った）と認定され，特別背任罪の成立が認められる場合が多いこと

に注意を要する。

ロ　任務に背く行為をなし（任務違背行為）

　任務違背になるか否かは，監査役の善管注意義務を踏まえ実質的に判断される。基本的には，前記の民事責任の場合と同様である。

ハ　会社に財産上の損害を加えること（財産上の損害の発生）

　財産上の損害とは，経済的見地から財産的価値が減少したと認められる場合をいう。それは積極財産の減少であると，消極財産の増加，すなわち得べかりし利益の喪失であるとを問わない。

ニ　故　　意

　本罪は故意犯である。したがって，その成立のためには，任務違背と財産上の損害を加えることについての認識を要する。自己の行為が任務の本旨に適しているものと信じていた場合や会社に損害を加えるとの認識がなかった場合には故意が阻却される。これらの認識は未必の故意で足りるとするのが判例・通説である（大判大13.11.11刑集3―788）。

　なお，監査役が特別背任罪に問われた事例として，顧問弁護士でもあり，経営上強い発言力を持っていた監査役が代表取締役らと共謀のうえ不正融資を行ったとされた平和相互銀行事件（最判平10.11.25判時1662―157。懲役3年6ヶ月の実刑）がある。

② **会社財産を危うくする罪**

　次の行為をした監査役は，5年以下の懲役もしくは500万円以下の罰金またはこれらの併科に処せられる（法963Ⅰ・Ⅱ・Ⅴ）。

　　イ　会社の設立に際して発行する株式の，会社法34条1項もしくは63条1項の規定による払込みもしくは現物出資の給付について，または現物出資，財産引受，設立費用，発起人の受ける報酬その他の特別利益等について，裁判所，創立総会もしくは種類創立総会に対して虚偽の申述を行い，または事実を隠蔽したとき

　　ロ　募集株式または募集新株予約権に関し，金銭以外の財産を出資の目的とすることについて，裁判所，株主総会もしくは種類株主総会に対して虚偽

ハ　何人の名義をもってするかを問わず，会社の計算において不正にその株式を取得したとき
ニ　法令または定款の規定に違反して，剰余金の配当をしたとき
ホ　会社の目的の範囲外において，投機取引のために会社の財産を処分したとき

　本条は，会社の役職員の会社財産の基礎を危うくする行為のうち，典型的かつ重要なものをとりあげ，会社に具体的な財産上の危険が発生したか否かを問わず罰するもので，特別背任罪の補充規定である。

③　**虚偽文書行使等の罪**

　監査役は，株式・新株予約権・社債または新株予約権付社債を引き受ける者の募集にあたり，会社の事業その他の事項に関する説明を記載した資料もしくは当該募集の公告その他の当該募集に関する文書であって，重要な事項について虚偽の記載のあるものを行使したとき（電磁的記録による場合を含む）は，5年以下の懲役もしくは500万円以下の罰金またはこれらの併科に処せられる（法964Ⅰ①）。株式・新株予約権・社債または新株予約権付社債の売出しを行うにあたり，その売出しに関する文書であって重要な事項について虚偽の記載のあるものを行使した場合（電磁的記録による場合を含む）も同様である（法964Ⅱ）。

④　**預合いの罪**

　監査役は，株式の発行に係る払込みを仮装するために預合いを行ったときは，5年以下の懲役もしくは500万円以下の罰金またはこれらの併科に処せられる（法965）。

⑤　**贈収賄罪**

　監査役は，職務に関し，不正の請託を受けて，財産上の利益を収受し，要求しまたは約束したときは，5年以下の懲役または500万円以下の罰金に処せられる（法967Ⅰ）。

　公務員の収賄罪とは異なり，「不正の請託」を受けたことが要件として加え

られている。

「不正の請託」とは，監査役の職務上の義務に違反する行為を依頼することである。現実には，この「不正の請託」の立証は困難であり，本罪の適用例は極めて稀となっている。

⑥ 株主の権利の行使に関する利益供与の罪

監査役は，株主の権利の行使に関し，会社または子会社の計算において財産上の利益を人に供与したときは，3年以下の懲役または300万円以下の罰金に処せられる（法970Ⅰ）。

いわゆる総会屋対策のための規定である。禁止されるのは，会社または子会社の計算による利益供与である。監査役など会社以外の者が，その者の負担で利益を供与することは禁止されていない。ただし，会社等による利益供与か否かの判断は，形式的に何人の名義によるかでなく，実質的に会社の計算でなされたか否かによる。

供与の相手方に限定はない。当該会社の株主のみならず，株主の指定する者，株主と特別な関係にある者（親族・友人・株主の支配する団体・子会社など），株主に対し影響力を有する者でもよく，また，将来株式を取得しないことを条件として金員の交付を受けた者でもよい。

「財産上の利益」とは，経済上の価額を有する利益をいい，その種類を問わない。例えば，金品の供与，貸与，便益・役務の提供，債務免除，情報の提供，信用の供与などが考えられる。また，対価のいかんを問わず，反対給付を伴い有償のときであっても，それが対価として不相当な場合，対価として相当なときでも会社にとって不必要，不合理な取引の場合も含まれる。

禁止されるのは，株主の権利行使に関してなされる利益供与である。株主の権利とは，株主として行使しうる権利（株主権）のすべてをいう。「株主の権利行使に関し」とは，株主の権利の積極的行使，消極的行使に影響を与える趣旨でとの意味であり，その態様・方法を問わず，また，特定の権利の行使・不行使が会社の請託と結びつく必要もない。

なお，この利益供与に監査役が積極的にかかわるケースは極めて稀と考えら

れるが，過去の摘発例として常勤監査役が利益供与に中心的役割を果たしていたイトーヨーカ堂事件（東京地判平5.3.11資料版商事111—83。懲役6ヶ月・3年間執行猶予）がある。

(2) **行 政 罰**

　行政罰については，会社法976条が規定しており，これらに該当する場合には，監査役は100万円以下の過料に処せられる。

　過料に処せられる行為のうち，特に監査役に関係が深いものは，監査役が株主総会に対し虚偽の申述をしまたは事実を隠蔽したとき（法976⑥），監査役が監査報告に記載または記録すべき事項を記載せず，また，不実の記載または記録をしたとき（同⑦），監査役が正当な理由がないのに株主総会における株主の質問に対する説明をしなかったとき（同⑨）等である。

7

監査実務

1 監査役監査基準

　監査役監査においては実務上，監査役の職務遂行上の行動基準として監査基準を制定し，これに従って監査業務を実施することが広く行われている。

　この点，公益社団法人日本監査役協会は，監査基準の基本モデルとして「監査役監査基準」（平成27年7月23日最終改正。以下「監査役監査基準」という）を制定しており，監査基準を制定するにあたり参考となる。もっとも，これは会社法上の大会社を対象とし，主として上場会社を念頭において作成されたベストプラクティスを含むものであるため，大会社（かつ上場会社）でない会社においては，これを参考にして，会社の経営規模，業種，監査環境等に応じて自社に最も適した監査基準を作成することになろう。

　ところで，このベストプラクティスを含む監査役監査基準は，監査役がその職務を遂行するための行動基準を的確に整理したものであり，監査役のあるべき監査実務を理解するには最適なものである。そこで，以下においては，本章の締めくくりとして，この監査役監査基準をベースにして，実際の監査実務上のポイントを整理しておくこととしたい。

　なお，監査役監査基準では，以下で取り上げた事項以外に，監査役の職責と心構え（第2章・2～3条），監査役および監査役会（第3章・4～12条），

コーポレートガバナンス・コードを踏まえた対応（第4章・13～14条），株主代表訴訟等への対応（第10章・50～55条）等についても併せて記載・整理されている。これらを含む監査役監査基準の全文については，公益社団法人日本監査役協会のホームページ（http://www.kansa.or.jp/support/library/regulations/）をご参照いただきたい。

2 監査環境の整備

　監査役は，自らがその責任で監査することが要請されているが，一方で，その職務を適切に行使し，監査の実効性を高めるためには，会社・子会社の取締役・会計参与・使用人等と意思疎通を図り，情報の収集および監査の環境の整備に努め，必要に応じ，他の監査役・親会社および子会社の監査役等との意思疎通および情報の交換に努めなければならない。この場合において，取締役（会）は，監査役の職務の執行のための必要な体制の整備に留意しなければならない（法381Ⅰ，会規105Ⅱ・Ⅳ）。

　また，監査役が，その職務を適切に行使し，監査の実効性を高めるためには，監査スタッフ（補助使用人）の充実や取締役からの独立性が重要である。

　さらに，会社・子会社の取締役・会計参与・使用人等が，違法行為等を認識した場合に監査役に報告をするための体制（内部通報システムを含む）も重要である。

　そして，これらについては，大会社である取締役会設置会社において整備が義務付けられているいわゆる内部統制システムに関する決議事項ともされている（法362Ⅳ⑥，会規100Ⅲ）。

　これらについて，監査役監査基準は次のような規定を置いている。

第15条（代表取締役との定期的会合）
　　監査役は，代表取締役と定期的に会合をもち，代表取締役の経営方針を確かめるとともに，会社が対処すべき課題，会社を取り巻くリスクのほか，監査役

の職務を補助すべき使用人（本基準において「補助使用人」という。）の確保及び監査役への報告体制その他の監査役監査の環境整備の状況、監査上の重要課題等について意見を交換し、代表取締役との相互認識と信頼関係を深めるよう努める。

第16条（社外取締役との連携）
1. 監査役会は、会社に社外取締役が選任されている場合、社外取締役との情報交換及び連携に関する事項について検討し、監査の実効性の確保に努める。監査役及び監査役会は、社外取締役がその独立性に影響を受けることなく情報収集力の強化を図ることができるよう、社外取締役との連携の確保に努める。
2. 筆頭独立社外取締役が選定されている場合、当該筆頭独立社外取締役との連携の確保に努める。
3. 前2項のほか、監査役は、社外取締役を含めた非業務執行役員と定期的に会合をもつなど、会社が対処すべき課題、会社を取り巻くリスクのほか、監査上の重要課題等について意見を交換し、非業務執行役員間での情報交換と認識共有を図り、信頼関係を深めるよう努める。

第17条（監査役監査の実効性を確保するための体制）
1. 監査役は、監査の実効性を高め、かつ、監査職務を円滑に執行するための体制の確保に努める。
2. 前項の体制確保のため、監査役は、次に掲げる体制の内容について決定し、当該体制を整備するよう取締役又は取締役会に対して要請する。
    一 補助使用人の設置及び当該補助使用人に関する事項
    二 補助使用人の取締役からの独立性に関する事項
    三 補助使用人に対する指示の実効性の確保に関する事項
    四 次に掲げる体制その他の監査役への報告に関する体制
       イ 取締役及び使用人が監査役に報告をするための体制
       ロ 子会社の取締役、監査役及び使用人又はこれらの者から報告を受けた者が監査役に報告をするための体制
    五 前号の報告をした者が当該報告をしたことを理由として不利な取扱いを受けないことを確保するための体制
    六 監査役の職務の執行について生ずる費用の前払又は償還の手続その他の当該職務の執行について生ずる費用又は債務の処理に係る方針に関する事項
    七 その他監査役の監査が実効的に行われることを確保するための体制

第18条（補助使用人）

1．監査役は，企業規模，業種，経営上のリスクその他会社固有の事情を考慮し，監査の実効性の確保の観点から，補助使用人の体制の強化に努める。
2．監査役及び監査役会の事務局は，専任の補助使用人が当たることが望ましい。なお，専任者の設置が困難な場合は，少なくとも兼任者を1名以上設置するよう取締役又は取締役会に対して要請するものとする。

第19条（補助使用人の独立性及び指示の実効性の確保）

1．監査役は，補助使用人の業務執行者からの独立性の確保に努める。
2．監査役は，以下の事項の明確化など，補助使用人の独立性及び補助使用人に対する指示の実効性の確保に必要な事項を検討する。
　一　補助使用人の権限（調査権限・情報収集権限のほか，必要に応じて監査役の指示に基づき会議へ出席する権限等を含む。）
　二　補助使用人の属する組織
　三　監査役の補助使用人に対する指揮命令権
　四　補助使用人の人事異動，人事評価，懲戒処分等に対する監査役の同意権
　五　必要な知識・能力を備えた専任又は兼任の補助使用人の適切な員数の確保，兼任の補助使用人の監査役の補助業務への従事体制
　六　補助使用人の活動に関する費用の確保
　七　内部監査部門等の補助使用人に対する協力体制

第20条（監査役への報告に関する体制等）

1．監査役は，取締役及び使用人が監査役に報告をするための体制（子会社の取締役，監査役及び使用人が監査役に直接又は間接に報告をするための体制を含む。）など監査役への報告に関する体制の強化に努める。
2．監査役は，取締役が会社に著しい損害を及ぼすおそれのある事実があることを発見したときは，これを直ちに監査役会に報告することが自らの義務であることを強く認識するよう，取締役に対して求める。
3．前項に定める事項のほか，監査役は，取締役との間で，監査役又は監査役会に対して定期的に報告を行う事項及び報告を行う者を，協議して決定するものとする。臨時的に報告を行うべき事項についても同様とする。
4．あらかじめ取締役と協議して定めた監査役又は監査役会に対する報告事項について実効的かつ機動的な報告がなされるよう，監査役は，社内規則の制定その他の社内体制の整備を代表取締役に求める。
5．会社に内部通報システムがおかれているときには，監査役は，重要な情報が

監査役にも提供されているか及び通報を行った者が通報を行ったことを理由として不利な取扱いを受けないことが確保されているかを確認し、その内部通報システムが企業集団を含め有効に機能しているかを監視し検証しなければならない。また、監査役は、内部通報システムから提供される情報を監査職務に活用するよう努める。

6. 監査役は、第37条に定める内部監査部門等との連携体制が実効的に構築・運用されるよう、取締役又は取締役会に対して体制の整備を要請するものとする。

3 業務監査

1 業務監査の対象と内容

　監査役の行う業務監査は、会計に関する職務を除いた取締役の職務執行全般に及ぶ。その内容は多岐にわたるが、大別すれば、取締役の職務の執行の監査、取締役会等の意思決定の監査、取締役会の監督義務の履行状況の監査に分けることができる。取締役の職務の執行の監査、取締役会等の意思決定の監査には、必要があると認めた場合の是正権限の行使も含まれる。

　また、大会社である取締役会設置会社は、いわゆる内部統制システムを取締役会で決議することが義務付けられており（法362Ⅳ⑥・Ⅴ、会規100Ⅲ）、監査役は、この決議の内容ならびに実際に取締役が行う内部統制システムの構築・運用の状況を監視し検証することも求められる。

　さらに、近時は、グループ経営が浸透し、単体の会社だけでなく、企業集団における健全性の維持（例えば、子会社等における不祥事を防ぐための対応等）の重要性がいっそう増しており、企業集団における監査も重要である。

　なお、類型的に危険性の高い取締役の行為として、競業取引・利益相反取引等があり、これに対する監査については特に留意が必要である。

　これらについて、監査役監査基準は次のような規定を置いている。

　なお、公益社団法人日本監査役協会は、内部統制システムに関する監査について、「内部統制システムに係る監査の実施基準」（平成27年7月23日最終改正）も公表しており、これも参考になる。

第21条（取締役の職務の執行の監査）
1．監査役は，取締役の職務の執行を監査する。
2．前項の職責を果たすため，監査役は，次の職務を行わなければならない。
　一　監査役は，取締役会決議その他における取締役の意思決定の状況及び取締役会の監督義務の履行状況を監視し検証しなければならない。
　二　監査役は，取締役が，内部統制システムを適切に構築・運用しているかを監視し検証しなければならない。
　三　監査役は，取締役が会社の目的外の行為その他法令若しくは定款に違反する行為をし，又はするおそれがあると認めたとき，会社に著しい損害又は重大な事故等を招くおそれがある事実を認めたとき，会社の業務に著しく不当な事実を認めたときは，取締役に対して助言又は勧告を行うなど，必要な措置を講じなければならない。
　四　監査役又は監査役会は，取締役から会社に著しい損害が発生するおそれがある旨の報告を受けた場合には，必要な調査を行い，取締役に対して助言又は勧告を行うなど，状況に応じ適切な措置を講じなければならない。
3．監査役は，前項に定める事項に関し，必要があると認めたときは，取締役会の招集又は取締役の行為の差止めを求める。
4．監査役は，取締役の職務の執行に関して不正の行為又は法令若しくは定款に違反する重大な事実があると認めたときは，その事実を監査報告に記載しなければならない。その他，株主に対する説明責任を果たす観点から適切と考えられる事項があれば監査報告に記載する。
5．監査役会は，各監査役の監査役監査報告に基づき審議を行い，監査役会としての監査意見を形成し監査役会監査報告に記載しなければならない。

第22条（取締役会等の意思決定の監査）
1．監査役は，取締役会決議その他において行われる取締役の意思決定に関して，善管注意義務，忠実義務等の法的義務の履行状況を，以下の観点から監視し検証しなければならない。
　一　事実認識に重要かつ不注意な誤りがないこと
　二　意思決定過程が合理的であること
　三　意思決定内容が法令又は定款に違反していないこと
　四　意思決定内容が通常の企業経営者として明らかに不合理ではないこと
　五　意思決定が取締役の利益又は第三者の利益でなく会社の利益を第一に考え

てなされていること
2．前項に関して必要があると認めたときは，監査役は，取締役に対し助言若しくは勧告をし，又は差止めの請求を行う。

第23条（取締役会の監督義務の履行状況の監査）

監査役は，代表取締役その他の業務執行取締役がその職務の執行状況を適時かつ適切に取締役会に報告しているかを確認するとともに，取締役会が監督義務を適切に履行しているかを監視し検証しなければならない。

第24条（内部統制システムに係る監査）

1．監査役は，会社の取締役会決議に基づいて整備される次の体制（本基準において「内部統制システム」という。）に関して，当該取締役会決議の内容及び取締役が行う内部統制システムの構築・運用の状況を監視し検証しなければならない。
　一　取締役及び使用人の職務の執行が法令及び定款に適合することを確保するための体制
　二　取締役の職務の執行に係る情報の保存及び管理に関する体制
　三　損失の危険の管理に関する規程その他の体制
　四　取締役の職務の執行が効率的に行われることを確保するための体制
　五　次に掲げる体制その他の会社並びにその親会社及び子会社から成る企業集団における業務の適正を確保するための体制
　　イ　子会社の取締役の職務の執行に係る事項の会社への報告に関する体制
　　ロ　子会社の損失の危険の管理に関する規程その他の体制
　　ハ　子会社の取締役の職務の執行が効率的に行われることを確保するための体制
　　ニ　子会社の取締役及び使用人の職務の執行が法令及び定款に適合することを確保するための体制
　六　第17条第2項に定める監査役監査の実効性を確保するための体制
2．監査役は，内部統制システムの構築・運用の状況についての報告を取締役に対し定期的に求めるほか，内部監査部門等との連携及び会計監査人からの報告等を通じて，内部統制システムの状況を監視し検証しなければならない。
3．監査役は，内部統制システムに関する監査の結果について，取締役又は取締役会に報告し，必要があると認めたときは，取締役又は取締役会に対し内部統制システムの改善を助言又は勧告する。
4．監査役は，監査役監査の実効性を確保するための体制に係る取締役会決議の

状況及び関係する各取締役の当該体制の構築・運用の状況について監視し検証し，必要があると認めたときは，代表取締役その他の取締役との間で協議の機会をもつ。
5．監査役は，取締役又は取締役会が監査役監査の実効性を確保するための体制の適切な構築・運用を怠っていると認められる場合には，取締役又は取締役会に対して，速やかにその改善を助言又は勧告しなければならない。
6．監査役は，内部統制システムに関する監査の結果について，監査役会に対し報告をしなければならない。
7．監査役は，内部統制システムに係る取締役会決議の内容が相当でないと認めたとき，内部統制システムに関する事業報告の記載内容が著しく不適切と認めたとき，及び内部統制システムの構築・運用の状況において取締役の善管注意義務に違反する重大な事実があると認めたときには，その旨を監査報告に記載しなければならない。その他，株主に対する説明責任を果たす観点から適切と考えられる事項があれば監査報告に記載する。
8．監査役会は，各監査役の監査役監査報告に基づき審議を行い，監査役会としての監査意見を形成し監査役会監査報告に記載しなければならない。
9．内部統制システムに関する監査については，本基準に定める事項のほか，別に定める内部統制システムに係る監査の実施基準による。

第25条（企業集団における監査）

1．子会社を有する会社の監査役は，連結経営の視点を踏まえ，取締役の子会社の管理に関する職務の執行の状況を監視し検証しなければならない。
2．監査役は，子会社において生じる不祥事等が会社に与える損害の重大性の程度を考慮して，内部統制システムが会社及び子会社において適切に構築・運用されているかに留意してその職務を執行するよう努めるとともに，企業集団全体における監査の環境の整備にも努める。
3．会社に重要な関連会社がある場合には，当該関連会社の重要性に照らして，前2項に準じて監査を行う。

第26条（競業取引及び利益相反取引等の監査）

1．監査役は，次の取引等について，取締役の義務に違反する事実がないかを監視し検証しなければならない。
　一　競業取引
　二　利益相反取引
　三　会社がする無償の財産上の利益供与（反対給付が著しく少ない財産上の利

四　親会社等又は子会社若しくは株主等との通例的でない取引
　　五　自己株式の取得及び処分又は消却の手続
2．前項各号に定める取引等について，社内部門等からの報告又は監査役の監査の結果，取締役の義務に違反し，又はするおそれがある事実を認めたときは，監査役は，取締役に対して助言又は勧告を行うなど，必要な措置を講じなければならない。
3．監査役は，個別注記表に注記を要する親会社等との取引について，事業報告に記載されている当該取引が会社の利益を害さないかどうかに係る取締役会の判断及び理由が適切か否かについての意見を監査役監査報告に記載しなければならない。
4．監査役は，第1項各号に掲げる事項以外の重要又は異常な取引等についても，法令又は定款に違反する事実がないかに留意し，併せて重大な損失の発生を未然に防止するよう取締役に対し助言又は勧告しなければならない。

2　企業不祥事発生時の対応

　監査役にとって，企業不祥事が発生した場合の対応は，非業務執行役員として選任されている会社役員としての中心的責務の一つである。企業不祥事が発生した場合には，原因の究明，損害の拡大防止，早期収拾，再発防止のための対応，対外的公表等が必要となるが，監査役は，これらに関する取締役の対応を監視し検証しなければならない。また，取締役の対応が不適切な場合には，監査役自ら，前述の監査役に与えられた諸権限を行使するなど，適切な措置を講じなければならない。

　また，近時は，不祥事の原因の究明，再発防止策の策定および責任の認定等を目的として，外部の独立した専門家（弁護士等）に依頼して第三者委員会を設置し，調査を行うことも多い。監査役は，これに対しても積極的に関与する必要がある。

　これらについて，監査役監査基準は次のような規定を置いている。

> **第27条（企業不祥事発生時の対応及び第三者委員会）**
> 1．監査役は，企業不祥事（法令又は定款に違反する行為その他社会的非難を招く不正又は不適切な行為をいう。以下本条において同じ。）が発生した場合，直ちに取締役等から報告を求め，必要に応じて調査委員会の設置を求め調査委員会から説明を受け，当該企業不祥事の事実関係の把握に努めるとともに，原因究明，損害の拡大防止，早期収束，再発防止，対外的開示のあり方等に関する取締役及び調査委員会の対応の状況について監視し検証しなければならない。
> 2．前項の取締役の対応が，独立性，中立性又は透明性等の観点から適切でないと認められる場合には，監査役は，監査役会における協議を経て，取締役に対して当該企業不祥事に対する原因究明及び再発防止策等の検討を外部の独立した弁護士等に依頼して行う第三者委員会（本条において「第三者委員会」という。）の設置の勧告を行い，あるいは必要に応じて外部の独立した弁護士等に自ら依頼して第三者委員会を立ち上げるなど，適切な措置を講じる。
> 3．監査役は，当該企業不祥事に対して明白な利害関係があると認められる者を除き，当該第三者委員会の委員に就任することが望ましく，第三者委員会の委員に就任しない場合にも，第三者委員会の設置の経緯及び対応の状況等について，早期の原因究明の要請や当局との関係等の観点から適切でないと認められる場合を除き，当該委員会から説明を受け，必要に応じて監査役会への出席を求める。監査役は，第三者委員会の委員に就任した場合，会社に対して負っている善管注意義務を前提に，他の弁護士等の委員と協働してその職務を適正に遂行する。

3　事業報告等の監査

　監査役は，会社の事業年度を通じて期中監査を行うが，その１年間の業務監査の結果は，取締役が提出する事業報告およびその附属明細書に係る監査に集約されることになる（会規129Ⅰ・130Ⅰ）。

　この事業報告等の監査について，監査役監査基準は次のような規定を置いている。

> **第28条(事業報告等の監査)**
> 1. 監査役は,事業年度を通じて取締役の職務の執行を監視し検証することにより,当該事業年度に係る事業報告及びその附属明細書(本基準において「事業報告等」という。)が適切に記載されているかについて監査意見を形成しなければならない。
> 2. 監査役は,特定取締役(会社法施行規則第132条第4項に定める取締役をいう。以下本条において同じ。)から各事業年度における事業報告等を受領し,当該事業報告等が法令又は定款に従い,会社の状況を正しく示しているかどうかを監査しなければならない。
> 3. 監査役は,前2項を踏まえ,事業報告等が法令又は定款に従い,会社の状況を正しく示しているかどうかについての意見を監査役監査報告に記載しなければならない。
> 4. 監査役会は,各監査役の監査役監査報告に基づき,事業報告等が法令又は定款に従い,会社の状況を正しく示しているかどうかについての意見を監査役会監査報告に記載しなければならない。
> 5. 監査役会は,その決議によって,特定取締役から事業報告等の通知を受ける職務を行う特定監査役(会社法施行規則第132条第5項に定める監査役をいう。)を定めることができる。
> 6. 事業報告等の監査に当たって,監査役及び監査役会は,必要に応じて,会計監査人との連携を図る。
>
> **第29条(事業報告における社外監査役の活動状況等)**
> 　監査役及び監査役会は,事業報告において開示される会社役員に関する事項及び社外役員等に関する事項のうち,社外監査役の活動状況その他監査役に関する事項について,適切に記載されているかにつき検討しなければならない。

4　会計監査

　監査役の行う会計監査は,取締役の会計に関する職務の執行を監査することをいい,その中心は,計算関係書類が会社の財産および損益の状況をすべての重要な点において適正に表示しているかどうかについての意見を形成することである(計規122・123)。

会計監査人設置会社においては，会計の専門家である会計監査人が一義的な会計監査を行うことから，監査役はこれを前提として監査を行う。すなわち，監査役は，会計監査人の監査報告の内容を調査し，その監査の方法または結果を相当でないと認めたときにのみ，その旨およびその理由を監査報告に記載することになる（計規127・128）。この場合，監査役は一般に会計の専門家ではないことから，会計監査人が行った監査方法が企業会計原則等の一定の監査方法に基づいて行われ，その結果に相当性を疑うに足りる事情がなければ，会計監査人の監査結果を信頼して自己の監査報告書に利用してよい。しかし，監査役としても，会計監査の職責を免除されているわけではなく，少なくとも会計監査人の監査の方法および結果の相当性について，会計監査人の適格性・独立性，監査計画の内容，監査の実施状況，監査結果の合理性等の観点から，自ら可能な範囲で調査・判断を行うことは必要である。

また，会計監査人設置会社においては，監査役は，会計監査人の取締役からの独立性を確保するため，会計監査人の選解任に関する議案の決定権，解任権，報酬等決定に対する同意権を与えられている。監査役は，これらの権限についても，会計監査人の職務の遂行が適切に遂行できるよう，適切に行使しなければならない。

この会計監査について，監査役監査基準は次のような規定を置いている。

第30条（会計監査）
1．監査役及び監査役会は，事業年度を通じて取締役の職務の執行を監視し検証することにより，当該事業年度に係る計算関係書類（計算書類及びその附属明細書並びに連結計算書類等の会社計算規則第2条第3項第3号に規定するものをいう。以下本基準において同じ。）が会社の財産及び損益の状況を適正に表示しているかどうかに関する会計監査人の監査の方法及び結果の相当性について監査意見を形成しなければならない。
2．監査役は，会計監査の適正性及び信頼性を確保するため，会計監査人が公正不偏の態度及び独立の立場を保持し，職業的専門家として適切な監査を実施しているかを監視し検証しなければならない。

第31条（会計監査人の職務の遂行が適正に行われることを確保するための体制の確認）
　監査役は，会計監査人の職務の遂行が適正に行われることを確保するため，次に掲げる事項について会計監査人から通知を受け，会計監査人が会計監査を適正に行うために必要な品質管理の基準を遵守しているかどうか，会計監査人に対して適宜説明を求め確認を行わなければならない。
一　独立性に関する事項その他監査に関する法令及び規程の遵守に関する事項
二　監査，監査に準ずる業務及びこれらに関する業務の契約の受任及び継続の方針に関する事項
三　会計監査人の職務の遂行が適正に行われることを確保するための体制に関するその他の事項

第32条（会計方針の監査）
1．監査役は，会計方針（会計処理の原則及び手続並びに表示方法その他計算関係書類作成のための基本となる事項をいう。以下本条において同じ。）が，会社財産の状況，計算関係書類に及ぼす影響，適用すべき会計基準及び公正な会計慣行等に照らして適正であるかについて，会計監査人の意見を徴して検証しなければならない。また，必要があると認めたときは，取締役に対し助言又は勧告する。
2．会社が会計方針を変更する場合には，監査役及び監査役会は，あらかじめ変更の理由及びその影響について報告するよう取締役に求め，その変更の当否についての会計監査人の意見を徴し，その相当性について判断しなければならない。

第33条（計算関係書類の監査）
1．監査役は，各事業年度における計算関係書類を特定取締役（計算関係書類の作成に関する職務を行った取締役等の会社計算規則第130条第4項に定める取締役をいう。以下本条において同じ。）から受領する。監査役は，取締役及び使用人等に対し重要事項について説明を求め確認を行う。
2．監査役は，各事業年度における計算関係書類につき，会計監査人から会計監査報告及び監査に関する資料を受領する。監査役は，会計監査人に対し会計監査上の重要事項について説明を求め，会計監査報告の調査を行う。当該調査の結果，会計監査人の監査の方法又は結果を相当でないと認めたときは，監査役は，自ら監査を行い，相当でないと認めた旨及び理由を監査役監査報告に記載しなければならない。

3．監査役会は，各監査役の監査役監査報告に基づき，会計監査人の監査の方法及び結果の相当性について審議を行い，監査役会としての監査意見を形成しなければならない。当該審議の結果，会計監査人の監査の方法又は結果を相当でないと認めたときは，監査役会は，相当でないと認めた旨及び理由を監査役会監査報告に記載しなければならない。

4．監査役会は，その決議によって，特定取締役から計算関係書類の通知を受け，会計監査人から会計監査報告の通知を受ける職務を行う特定監査役（会社計算規則第130条第5項に定める監査役をいう。）を定めることができる。

第34条（会計監査人の選任等の手続）

1．監査役会は，会計監査人の解任又は不再任の決定の方針を定めなければならない。

2．監査役会は，会計監査人の再任の適否について，取締役，社内関係部署及び会計監査人から必要な資料を入手しかつ報告を受け，毎期検討する。

3．監査役会は，会計監査人の再任の適否の判断に当たって，前項の検討を踏まえ，会計監査人の職務遂行状況（従前の事業年度における職務遂行状況を含む。），監査体制，独立性及び専門性などが適切であるかについて，確認する。

4．監査役会は，会計監査人の再任が不適当と判断した場合は，速やかに新たな会計監査人候補者を検討しなければならない。新たな会計監査人候補者の検討に際しては，取締役及び社内関係部署から必要な資料を入手しかつ報告を受け，第31条に定める事項について確認し，独立性や過去の業務実績等について慎重に検討するとともに，監査計画や監査体制，監査報酬水準等について会計監査人候補者と打合せを行う。

5．監査役会は，前項までの確認の結果や方針に従い，株主総会に提出する会計監査人の選任及び解任並びに不再任に関する議案の内容を決定する。

6．監査役会は，会計監査人の選任議案について，当該候補者を会計監査人の候補者とした理由が株主総会参考書類に適切に記載されているかについて確認しなければならない。

第35条（会計監査人の報酬等の同意手続）

1．監査役は，会社が会計監査人と監査契約を締結する場合には，取締役，社内関係部署及び会計監査人から必要な資料を入手しかつ報告を受け，また非監査業務の委託状況及びその報酬の妥当性を確認のうえ，会計監査人の報酬等の額，監査担当者その他監査契約の内容が適切であるかについて，契約毎に検証する。

2．監査役会は，会計監査人の報酬等の額の同意の判断に当たって，前項の検証

を踏まえ，会計監査人の監査計画の内容，会計監査の職務遂行状況（従前の事業年度における職務遂行状況を含む。）及び報酬見積りの算出根拠などが適切であるかについて，確認する。
3．監査役会は，会計監査人の報酬等の額に同意した理由が，事業報告に適切に記載されているかについて確認しなければならない。

5 監査の方法等

(1) 監査計画および業務の分担

監査役が監査を開始するにあたって，あらかじめ監査方針を定め，これを踏まえた監査計画を策定することが一般的である。監査役の監査対象は極めて広範に及び，限られた人員と時間で効率的に監査を実施するためには，これが必要となるからである。

監査役が複数いる場合，組織的かつ効率的な監査を実現するため，各監査役の職務分担を定めることも必要となる。

監査役会設置会社においては，これらは監査役会の決議により決定する（法390Ⅱ③）。

この監査計画および業務の分担について，監査役監査基準は次のような規定を置いている。

第36条（監査計画及び業務の分担）
1．監査役会は，内部統制システムの構築・運用の状況にも留意のうえ，重要性，適時性その他必要な要素を考慮して監査方針をたて，監査対象，監査の方法及び実施時期を適切に選定し，監査計画を作成する。監査計画の作成は，監査役会全体の実効性についての分析・評価の結果を踏まえて行い，監査上の重要課題については，重点監査項目として設定する。
2．監査役会は，効率的な監査を実施するため，適宜，会計監査人及び内部監査部門等と協議又は意見交換を行い，監査計画を作成する。
3．監査役会は，組織的かつ効率的に監査を実施するため，監査業務の分担を定める。

4．監査役会は，監査方針及び監査計画を代表取締役及び取締役会に説明するものとする。
  5．監査方針及び監査計画は，必要に応じ適宜修正する。

(2) 内部監査部門等との連携

　内部監査部門その他内部統制システムにおけるモニタリング機能を所管する部署は，代表取締役の指揮命令系統下にある任意の組織ではあるものの，監査との視点で捉えれば，監査役と目的を同じくする部分も多々ある。したがって，会社全体としての監査効率の増大を考えれば，監査役は，これら内部監査部門等との相互の連携と情報交換を図ることが重要である。これにより，重複する監査業務を避けることも可能となる。

　この内部監査部門等との連携について，監査役監査基準は次のような規定を置いている。

第37条（内部監査部門等との連携による組織的かつ効率的監査）
  1．監査役は，会社の業務及び財産の状況の調査その他の監査職務の執行に当たり，内部監査部門その他内部統制システムにおけるモニタリング機能を所管する部署（本基準において「内部監査部門等」という。）と緊密な連携を保ち，組織的かつ効率的な監査を実施するよう努める。
  2．監査役は，内部監査部門等からその監査計画と監査結果について定期的に報告を受け，必要に応じて調査を求める。監査役は，内部監査部門等の監査結果を内部統制システムに係る監査役監査に実効的に活用する。
  3．監査役は，取締役のほか，コンプライアンス所管部門，リスク管理所管部門，経理部門，財務部門その他内部統制機能を所管する部署（本条において「内部統制部門」という。）その他の監査役が必要と認める部署から内部統制システムの構築・運用の状況について定期的かつ随時に報告を受け，必要に応じて説明を求める。
  4．監査役会は，各監査役からの報告を受けて，取締役又は取締役会に対して助言又は勧告すべき事項を検討する。ただし，監査役会の決定は各監査役の権限の行使を妨げることはできない。

(3) 企業集団における監査の方法

前記のとおり，近時は，グループ経営が浸透し，単体の会社だけでなく，企業集団における健全性の維持（例えば，子会社等における不祥事を防ぐための対応等）の重要性がいっそう増しており，企業集団における監査も重要である。

そこで，この企業集団における監査の方法について，監査役監査基準は次のような規定を置いている。

第38条（企業集団における監査の方法）
1. 監査役は，取締役及び使用人等から，子会社の管理の状況について報告又は説明を受け，関係資料を閲覧する。
2. 監査役は，その職務の執行に当たり，親会社及び子会社の監査役，内部監査部門等及び会計監査人等と積極的に意思疎通及び情報の交換を図るよう努める。
3. 監査役は，取締役の職務の執行を監査するため必要があると認めたときは，子会社に対し事業の報告を求め，又はその業務及び財産の状況を調査する。
4. 会社に重要な関連会社がある場合には，当該関連会社の重要性に照らして，第1項及び第2項に準じて監査を行うものとする。

---

(4) 日常監査の方法

前記のとおり，監査役は，会社法により，その職務を適切に遂行できるよう，様々な調査権限，是正権限，報告権限等を与えられている。

監査役会監査基準は，この内，重要性が高く日常的に行われる権限の行使方法について，次のような規定を置いている。

第39条（取締役会への出席・意見陳述）
1. 監査役は，取締役会に出席し，かつ，必要があると認めたときは，意見を述べなければならない。
2. 監査役は，取締役が不正の行為をし，若しくは当該行為をするおそれがあると認めたとき，又は法令若しくは定款に違反する事実若しくは著しく不当な事実があると認めたときは，遅滞なく，その旨を取締役会に報告しなければならない。

3．監査役は，取締役会に前項の報告をするため，必要があると認めたときは，取締役会の招集を請求する。また，請求後，一定期間内に招集の通知が発せられない場合は，自らが招集する。

4．監査役は，取締役会議事録に議事の経過の要領及びその結果，その他法令で定める事項が適切に記載されているかを確かめ，出席した監査役は，署名又は記名押印しなければならない。

第40条（取締役会の書面決議）

取締役が取締役会の決議の目的である事項について法令の規定に従い当該決議を省略しようとしている場合には，監査役は，その内容（取締役会の決議を省略することを含む。）について検討し，必要があると認めたときは，異議を述べる。

第41条（特別取締役による取締役会への出席・意見陳述）

1．取締役会が特別取締役による取締役会の決議をすることができる旨を定めている場合には，監査役会は，その決議によって当該取締役会に出席する監査役をあらかじめ定めることができる。ただし，その他の監査役の当該取締役会への出席を妨げることはできない。

2．特別取締役による取締役会に出席した監査役は，必要があると認めたときは，意見を述べなければならない。

3．特別取締役による取締役会に出席した監査役は，特別取締役による取締役会の議事録に議事の経過の要領及びその結果，その他法令で定める事項が適切に記載されているかを確かめ，これに署名又は記名押印しなければならない。

4．特別取締役による取締役会に出席した監査役は，他の監査役に対して付議事項等について報告を行わなければならない。

第42条（重要な会議等への出席）

1．監査役は，取締役会のほか，重要な意思決定の過程及び職務の執行状況を把握するため，経営会議，常務会，リスク管理委員会，コンプライアンス委員会その他の重要な会議又は委員会に出席し，必要があると認めたときは，意見を述べる。

2．前項の監査役が出席する会議に関して，監査役の出席機会が確保されるとともに，出席に際して十分な事前説明が行われるよう，監査役は，取締役等に対して必要な要請を行う。

3．第1項の会議又は委員会に出席しない監査役は，当該会議等に出席した監査役又は取締役若しくは使用人から，付議事項についての報告又は説明を受け，

関係資料を閲覧する。

第43条（文書・情報管理の監査）
1. 監査役は，主要な稟議書その他業務執行に関する重要な書類を閲覧し，必要があると認めたときは，取締役又は使用人に対しその説明を求め，又は意見を述べる。
2. 監査役は，所定の文書・規程類，重要な記録その他の重要な情報が適切に整備され，かつ，保存及び管理されているかを調査し，必要があると認めたときは，取締役又は使用人に対し説明を求め，又は意見を述べる。

第44条（法定開示情報等に関する監査）
1. 監査役は，有価証券報告書その他会社が法令の規定に従い開示を求められる情報で会社に重大な影響のあるもの（本条において「法定開示情報等」という。）に重要な誤りがなくかつ内容が重大な誤解を生ぜしめるものでないことを確保するための体制について，第24条に定めるところに従い，法定開示情報等の作成及び開示体制の構築・運用の状況を監視し検証する。
2. 監査役は，継続企業の前提に係る事象又は状況，重大な事故又は災害，重大な係争事件など，企業の健全性に重大な影響のある事項について，取締役が情報開示を適時適切な方法により，かつ，十分に行っているかを監視し検証する。

第45条（取締役及び使用人に対する調査等）
1. 監査役は，必要があると認めたときは，取締役及び使用人に対し事業の報告を求め，又は会社の業務及び財産の状況を調査しなければならない。
2. 監査役は，必要に応じ，ヒアリング，往査その他の方法により調査を実施し，十分に事実を確かめ，監査意見を形成するうえでの合理的根拠を求める。

第46条（会社財産の調査）
監査役は，重要な会社財産の取得，保有及び処分の状況，会社の資産及び負債の管理状況等を含めた会社財産の現況及び実質価値の把握に努める。

(5) 会計監査人との連携

前記のとおり，会計監査人設置会社においては，会計の専門家である会計監査人が一義的な会計監査を行い，監査役はこれを前提として監査を行うことから，監査役は，会計監査人と定期的に会合を持つなど，会計監査人と有機的な連携を保つことが重要である。また，取締役の違法行為等は会計帳簿等から会計監査人が最初に把握することも多く，監査役が会計監査人と連携を保つこと

は，業務監査を充実させるためにも有益である。

この会計監査人との連携について，監査役監査基準は次のような規定を置いている。

第47条（会計監査人との連携）

1．監査役及び監査役会は，会計監査人と定期的に会合をもち，必要に応じて監査役会への出席を求めるほか，会計監査人から監査に関する報告を適時かつ随時に受領し，積極的に意見及び情報の交換を行うなど，会計監査人と緊密な連携を保ち実効的かつ効率的な監査を実施することができるよう，そのための体制の整備に努める。

2．監査役及び監査役会は，会計監査人から監査計画の概要を受領し，監査重点項目等について説明を受け，意見交換を行う。

3．監査役は，業務監査の過程において知り得た情報のうち，会計監査人の監査の参考となる情報又は会計監査人の監査に影響を及ぼすと認められる事項について会計監査人に情報を提供するなど，会計監査人との情報の共有に努める。

4．監査役は，必要に応じて会計監査人の往査及び監査講評に立ち会うほか，会計監査人に対し監査の実施経過について，適宜報告を求めることができる。

5．監査役は，会計監査人から取締役の職務の執行に関して不正の行為又は法令若しくは定款に違反する重大な事実（財務計算に関する書類の適正性の確保に影響を及ぼすおそれがある事実を含む。）がある旨の報告等を受けた場合には，監査役会において審議のうえ，必要な調査を行い，取締役会に対する報告又は取締役に対する助言若しくは勧告など，必要な措置を適時に講じなければならない。

6　会社の支配に関する基本方針等および第三者割当等の監査

(1)　会社の支配に関する基本方針等についての意見

会社が，会社の財務および事業の方針の決定を支配する者の在り方に関する基本方針について定めた場合は，その内容の概要等が事業報告の内容として記載される（会規118Ⅲ）。その場合，監査役は，それに関する意見を監査報告に記載しなければならない（会規129Ⅰ⑥・130Ⅱ②）。

これについて，監査役監査基準は次のような規定を置いている。

> **第48条（会社の支配に関する基本方針等）**
> 1．監査役は，会社がその財務及び事業の方針の決定を支配する者の在り方に関する基本方針（本条において「基本方針」という。）を定めている場合には，取締役会その他における審議の状況を踏まえ，次に掲げる事項について検討し，監査報告において意見を述べなければならない。
>   一 基本方針の内容の概要
>   二 次に掲げる取組みの具体的な内容の概要
>   イ 会社の財産の有効な活用，適切な企業集団の形成その他の基本方針の実現に資する特別な取組み
>   ロ 基本方針に照らして不適切な者によって会社の財務及び事業の方針の決定が支配されることを防止するための取組み（本条において「買収防衛策」という。）
> 2．監査役は，前項第2号に定める各取組みの次に掲げる要件への該当性に関する取締役会の判断及びその判断に係る理由について，取締役会その他における審議の状況を踏まえて検討し，監査報告において意見を述べなければならない。
>   一 当該取組みが基本方針に沿うものであること
>   二 当該取組みが会社の株主の共同の利益を損なうものではないこと
>   三 当該取組みが会社の会社役員の地位の維持を目的とするものではないこと
> 3．監査役は，買収防衛策の発動又は不発動に関する一定の判断を行う委員会の委員に就任した場合，会社に対して負っている善管注意義務を前提に，会社利益の最大化に沿って適正に当該判断を行う。

(2) 第三者割当等の監査

　平成26年改正会社法により，公開会社が株式または新株予約権の第三者割当または総額引受けによる発行を行い，当該株式等の引受人が総株主の議決権の過半数を有することとなる場合，予め既存株主に対して当該第三者割当等に関する事項を通知する義務が課され，既存株主から一定数以上の反対があった場合には，株主総会の決議を要するものとされた（法206の2・244の2）。既存株主等に通知すべき事項には，当該新株または新株予約権の第三者割当等に関する監査役の意見が含まれていることから（会規42の2⑦・55の2⑦），公開会社が上記に該当する株式等の割当等を行おうとする場合には，監査役の意見が

必要となる。これを中心とする第三者割当等の監査について，監査役監査基準は次のような規定を置いている。

> **第49条（第三者割当等の監査）**
> 　監査役は，募集株式又は募集新株予約権（以下「募集株式等」という。）の発行等に際し，第22条及び第44条第1項に定める監査を行うほか，次に掲げる職務を行う。
> 一　監査役は，支配株主の異動を伴う募集株式等の引受人（その子会社を含む。）が総株主の議決権の過半数を有することとなる募集株式の発行等を会社が行う場合，当該募集株式等の発行等に関する意見を表明する。
> 二　監査役は，会社が株式又は新株予約権（新株予約権付社債を含む。）の第三者割当を行う場合，有利発行該当性に関する事項を検討し，法令又は金融商品取引所の上場規則等が求めるところに従い意見を述べる。
> 三　監査役は，株主総会決議を経ずに行われる大規模第三者割当（直近6ヶ月間における第三者割当による議決権の希薄化率が25％以上となる場合又は第三者割当によって支配株主となる者が生じる場合をいう。以下本条において同じ。）について，会社役員の地位の維持を目的とするものではないか等を検討し，必要に応じて取締役に対して助言又は勧告を行う。監査役が当該大規模第三者割当に関し独立した者としての第三者意見を述べる場合には，会社に対する善管注意義務を前提に，その職務を適正に遂行する。

7　監査の報告

　前記のとおり，監査役は，各種の報告権限を有しており，これは同時に監査役の義務でもある。また，監査役は，監査活動および監査結果に対する透明性と信頼性を確保するため，必要に応じ自らの職務遂行の状況や監査の内容を説明することも求められる。

　この監査役の監査内容等の報告について，監査役監査基準は次のような規定を置いている。

第58条(代表取締役及び取締役会への報告)

1. 監査役及び監査役会は,監査の実施状況とその結果について,定期的に代表取締役及び取締役会に報告する。
2. 監査役及び監査役会は,その期の重点監査項目に関する監査及び特別に実施した調査等の経過及び結果を代表取締役及び取締役会に報告し,必要があると認めたときは,助言又は勧告を行うほか,状況に応じ適切な措置を講じる。

第59条(監査報告の作成・通知)

1. 監査役は,監査役監査報告を作成し,監査役会に提出しなければならない。
2. 監査役会は,各監査役が作成した監査役監査報告に基づき,審議のうえ,正確かつ明瞭に監査役会監査報告を作成しなければならない。
3. 監査役会は,特定取締役(第28条第2項及び第33条第1項に規定された特定取締役をいう。以下本条において同じ。)から受領した事業報告,計算関係書類その他の書類について,法定記載事項のほか,開示すべき事項が適切に記載されているかを確かめ,必要に応じ取締役に対し説明を求め,又は意見を述べ,若しくは修正を求める。
4. 監査役会は,監査役会監査報告を作成するに当たり,取締役の法令又は定款違反行為及び後発事象の有無等を確認するとともに,第44条第2項に掲げる事項にも留意のうえ,監査役会監査報告に記載すべき事項があるかを検討する。
5. 監査役は,監査役会監査報告の内容と自己の監査報告の内容が異なる場合には,自己の監査役監査報告の内容を監査役会監査報告に付記する。
6. 監査役は,自己の監査役監査報告及び監査役会監査報告に署名又は記名押印する。また,常勤の監査役及び社外監査役はその旨を記載するものとする。また,監査役会監査報告には,作成年月日を記載しなければならない。
7. 特定監査役(第28条第5項及び第33条第4項の規定により定められた特定監査役をいう。以下本条において同じ。)は,事業報告等に係る監査役会監査報告の内容及び計算関係書類に係る監査役会監査報告の内容を特定取締役に通知し,計算関係書類に係る監査役会監査報告の内容を会計監査人に通知しなければならない。ただし,事業報告等に係る監査報告と計算関係書類に係る監査報告を一通にまとめて作成する場合には,当該監査報告の内容を会計監査人に通知しなければならない。
8. 前項において,特定監査役は,必要に応じて,事業報告等に係る監査役会監査報告の内容を特定取締役に通知すべき日について特定取締役との間で合意し,

計算関係書類に係る会計監査報告の内容を特定監査役に通知すべき日並びに計算関係書類に係る監査役会監査報告の内容を特定取締役及び会計監査人に通知すべき日について特定取締役及び会計監査人との間で合意して定めるものとする。

第61条（株主総会への報告・説明等）

1. 監査役は，株主総会に提出される議案及び書類について法令若しくは定款に違反し又は著しく不当な事項の有無を調査し，当該事実があると認めた場合には，株主総会において調査結果を報告しなければならない。また，監査役は，監査役の説明責任を果たす観点から，必要に応じて株主総会において自らの意見を述べるものとする。
2. 監査役は，株主総会において株主が質問した事項については，議長の議事運営に従い説明する。
3. 監査役は，株主総会議事録に議事の経過の要領及びその結果，その他法令で定める事項が適切に記載されているかを確かめる。

第2章

監査委員会・監査等委員会

1

監査役制度との異同

　わが国においては，伝統的に取締役による業務執行とは一線を画した監査役が経営の監視機能を担ってきたが，諸外国においては，取締役会が経営の基本方針，業務執行者の選解任やその報酬の決定等を通じて，経営を監視する（業務執行には関与しない）モニタリング・モデルが主流となっている。

　そこで，平成14年改正商法においては，監査役会設置会社に続く新たな機関設計として，監査役を設置せず，社外取締役が過半数を占める三委員会が役員候補者の指名，報酬等の決定および監査などを行う指名委員会等設置会社が導入された。

　しかし，近時，社外取締役の活用の促進が求められる中，監査役会設置会社については，3名以上の監査役のうち半数以上を社外監査役としなければならないため（法335Ⅲ），これに加えて社外取締役を選任することは，重複感・負担感があるとの指摘がなされている。他方，指名委員会等設置会社については，監査役を設置する必要がないことから，2名以上の社外取締役を選任すれば足りる（その意味で，監査役会設置会社のような重複感・負担感はない）が，役員候補者の指名や報酬等の決定を社外取締役が過半数を占める指名委員会および報酬委員会において決定しなければならないことへの抵抗感等から，必ずしも広く利用されるに至っていないとの指摘がある。実際，平成27年8月26日に公表された日本取締役協会「上場企業のコーポレート・ガバナンス調査」によれば，平成27年8月1日現在，全上場企業3,584社のうち，指名委員会等設置

会社は65社（約1.8％）にとどまっている。

　そこで，平成26年会社法改正においては，監査役会設置会社，指名委員会等設置会社に続く第三の機関設計として，監査役を設置せず，社外取締役が過半数を占める監査等委員会が監査等を行う（他方，指名委員会等設置会社とは異なり，指名委員会や報酬委員会の設置は強制されない）監査等委員会設置会社が導入された。

　監査役会設置会社，指名委員会等設置会社および監査等委員会設置会社の主な特徴は，以下の図表のとおりである。

		監査役会（監査役会設置会社）	監査委員会（指名委員会等設置会社）	監査等委員会（監査等委員会設置会社）
構成	員数	3名以上の監査役（半数以上は社外監査役）	3名以上の取締役（過半数は社外取締役）	3名以上の取締役（過半数は社外取締役）
	資格	当該会社またはその子会社の取締役・支配人その他の使用人・会計参与，当該子会社の執行役は兼任不可	当該会社またはその子会社の執行役・業務執行取締役・支配人その他の使用人・会計参与は兼任不可	当該会社もしくはその子会社の業務執行取締役・支配人その他の使用人・会計参与，当該子会社の執行役は兼任不可
	常勤の要否	必要	不要	不要
	任期	原則4年	原則1年	監査等委員は2年，それ以外の取締役は1年
	選任・選定方法	株主総会において選任	取締役については，株主総会において選任 委員については，取締役の中から，取締役会において選定	その他取締役とは別に株主総会において選任
	取締役選任議案	取締役会において決定 監査役会に同意権，議題・議案提案権	指名委員会において決定	取締役会において決定 監査等委員会に同意権，議題・議案提案権
	解任・解職方法	株主総会の特別決議	取締役については，株主総会の普通決議 委員については，取締役会決議	株主総会の特別決議

職務	監査の内容	取締役の職務執行の監査	執行役および取締役の職務執行の監査	取締役の職務執行の監査
	監査の特色	各監査役が単独で権限を行使（独任制）	内部統制部門を通じて監査	内部統制部門を通じて監査
	監査報告	各監査役の監査報告に基づき，監査役会が作成（ただし，各監査役は自己の監査報告の内容が異なる場合，当該内容を付記できる）	監査委員の多数決により監査委員会が作成（ただし，各監査委員は自己の意見が異なる場合，当該意見を付記できる）	監査等委員の多数決により監査等委員会が作成（ただし，各監査等委員は自己の意見が異なる場合，当該意見を付記できる）
	取締役会への報告義務	各監査役の義務	各監査委員の義務	各監査等委員の義務
	株主総会に提出する議案等の調査義務	各監査役の義務	—	各監査等委員の義務
権限	報告請求・業務財産調査権	各監査役の権限	監査委員会が選定する監査委員の権限	監査等委員会が選定する監査等委員の権限
	子会社調査権	各監査役の権限	監査委員会が選定する監査委員の権限	監査等委員会が選定する監査等委員の権限
	委員会への出席・説明請求権	—	監査委員会の権限	監査等委員会の権限
	違法行為等の差止請求権	各監査役の権限	各監査委員の権限	各監査等委員の権限
	会社・取締役等間の訴訟における会社の代表者	監査役（各監査役が代表可能）	監査委員会が選定する監査委員（訴訟の当事者である場合を除く）	監査等委員会が選定する監査等委員（訴訟の当事者である場合を除く）
	責任の一部免除等に関する権限	監査役全員の同意が必要	監査委員全員の同意が必要	監査等委員全員の同意が必要

	選任等についての意見陳述権	監査役について，各監査役の権限	―	監査等委員について，各監査等委員の権限 監査等委員以外の取締役について，監査等委員会が選定する監査等委員の権限
	報酬等についての意見陳述権	監査役について，各監査役の権限	―	監査等委員について，各監査等委員の権限 監査等委員以外の取締役について，監査等委員会が選定する監査等委員の権限
	会計監査人の選任等に関する権限	監査役会が，選任・解任・不再任に関する議案の内容を決定	監査委員会が，選任・解任・不再任に関する議案の内容を決定	監査等委員会が，選任・解任・不再任に関する議案の内容を決定
	会計監査人の報酬等に関する権限	監査役会の同意が必要	監査委員会の同意が必要	監査等委員会の同意が必要
	取締役会の招集権限	各監査役の権限	監査委員会が選定する監査委員の権限	監査等委員会が選定する監査等委員の権限
	利益相反取引の事前承認権限	―	―	監査等委員会において事前承認を行うことにより，任務懈怠の推定を排除
その他	報酬等	定款または株主総会の決議により決定	報酬委員会により決定	その他取締役とは別に定款または株主総会決議により決定
	取締役会における業務執行の決定	会社法362条4項各号に掲げる事項その他の重要な業務執行の決定は取締役へ委任不可	一定の重要な業務執行の決定以外は執行役へ委任可能	定款の定めまたは取締役会の過半数が社外取締役であれば，一定の重要な業務執行の決定以外は取締役へ委任可能

2

監査委員会
（指名委員会等設置会社）

1 指名委員会等設置会社とは

　指名委員会等設置会社とは，平成14年商法改正により導入された機関設計であり，定款の定めにより，指名委員会，監査委員会および報酬委員会の三委員会を置く株式会社をいう（法2⑫）。

　指名委員会等設置会社は，いわゆるモニタリング・モデルを指向する機関設計であり，業務執行は執行役がこれを行う。取締役は，業務執行者の職務の執行の監督（法416Ⅰ②）に注力するため，原則として業務執行を行わず（法415。ただし，執行役と取締役を兼ねることは認められている（法402Ⅵ）），業務執行の決定を大幅に執行役に委任することが認められている（法416Ⅳ）。また，監督機能を強化するため，指名委員会，監査委員会および報酬委員会の三委員会が，役員候補者の指名，その報酬等の決定および監査などを行うこととされている（法404）。

　機関構成としては，取締役会および会計監査人を設置する必要がある一方（法327Ⅰ④・Ⅴ），取締役からなる監査委員会が監査を担うことから，監査役を設置することはできない（法327Ⅳ）。

　なお，監査役設置会社が定款の定めによらず任意の委員会を設置することは

禁止されていないことから，監査役設置会社のまま指名委員会や報酬委員会を設置している会社もあるが，これらの委員会は会社法に基づく委員会ではないから，同法に定める独自の決定権限等は認められない。

2 監査委員会の構成

1 監査委員の員数・資格

(1) 監査委員の員数

監査委員会は3名以上の取締役で組織され，その過半数は，社外取締役でなければならない（法400Ⅰ～Ⅲ）。監査役会設置会社において，監査役の半数以上が社外監査役でなければならないとされていること（法335Ⅲ）と比較すると，より高い割合で社外者を選任することが要求されている。

指名委員会および報酬委員会についても同様の規制が設けられているが，委員の兼任は認められていることから，最低2名の社外取締役がいれば，指名委員会等設置会社は成立する。ただし，これはあくまで法定の最低員数であり，定款で別途上限または下限を定めることも可能である。実務上，指名委員会等設置会社へ移行する会社は，比較的大規模な会社が多く，公益社団法人日本監査役協会が平成27年1月9日付で公表した「役員等の構成の変化などに関する第15回インターネット・アンケート集計結果（委員会設置会社版）」（以下「日本監査役協会アンケート」という）によれば，平成26年現在，指名委員会等設置会社の社外取締役の人数は平均で5.00名とされている。

監査委員が3名未満となった場合や社外取締役の占める割合が半数以下となった場合など，法定の員数を欠いた状態で行われた監査委員会の決議等については，会社法の定める効力が生じないものと解されている。具体的には，員数要件を欠く監査委員会が監査報告を作成したとしても，会社法439条（会計監査人設置会社の特則）の適用はなく，株主総会で計算書類の承認決議がなされた場合も決議取消事由となる（江頭憲治郎＝中村直人編『論点体系会社法3』351頁〔石井裕介〕）。

指名委員会等設置会社においては，このような場合に備え，あらかじめ補欠取締役の選任を行っておくことが考えられるが（法329Ⅲ），かかる補欠取締役の選任を行っていないなどの理由により欠員が生じてしまった場合には，速やかに臨時株主総会を開催して新たな取締役を選任するか，または裁判所に一時取締役の職務を行うべき者の選任を申し立てることになる（法346Ⅱ）。

欠員の場合の処置および欠員の場合の監査の効力については，前記**第1章2**④3～4も参照されたい。

(2) **監査委員の資格**

監査委員は，社外取締役であるか否かを問わず，当該会社またはその子会社の執行役，業務執行取締役，支配人その他の使用人または会計参与であってはならない（法400Ⅳ・331Ⅳ・333Ⅲ①）。指名委員会および報酬委員会については，業務執行に従事するものを構成員とすることも許容されているが，監査委員会については，監査する者と監査される者が同一であっては監査の実を損なうおそれがあることから，業務執行者からの独立性を確保するため，このような規制が設けられている。かかる兼任禁止規制において問題となる使用人の範囲等は，監査役と同様であることから，前記**第1章2**①4を参照されたい。

(3) **常勤の監査委員の要否**

監査委員会による監査の方法については，後記⑤2のとおり，取締役会が設ける内部統制システムを通じて監査を行うことが想定されていることから，監査役会設置会社のように常勤の監査委員を設置することは必ずしも必須とはされていない。

ただし，監査委員会による情報収集の実効性を高める等の観点からは，常勤監査委員を設けるほうが望ましく，公益社団法人日本監査役協会が定めるベストプラクティスである「監査委員会監査基準」（平成27年9月29日最終改定。以下「監査委員会監査基準」という）5条2項においては，監査委員会は，必要があると認めたときは，常勤の監査委員を選定することができるとされている。実務上も，かかる観点から常勤の監査委員を設置する会社は多く，日本監査役協会アンケートによれば，平成26年現在，常勤の監査委員を設けている会社は

76.0％に上る。

　これを受け，平成26年改正会社法においては，常勤の監査委員の選定の有無およびその理由を事業報告に記載することが義務付けられることとなった（会規121⑩ロ）。

　常勤の意義や非常勤者との権限・責任の相違については，前記**第１章２**③**２**も参照されたい。

(4) 委員長・議長の要否

　会社法上，監査委員会において，委員長・議長を定めるべき義務はないが，会議体としての運営を行っていくうえでは，これらの役職を定めることが便宜である。監査委員会監査基準８条２項においては，監査委員会は監査委員会の長を定めるものとし，当該者は，監査委員会を招集し運営するほか，監査委員会の委嘱を受けた職務を遂行するものとされている。

　監査委員会は，取締役会の内部機関であることから，委員長・議長の選定方法としては，取締役会の決議による方法や，監査委員会の決議または監査委員間の互選による方法などが考えられる。

　監査委員会は，その性質上，他の委員会よりも高い独立性が求められることから，委員長・議長には社外取締役が選定されることが多く，日本監査役協会アンケートによれば，平成26年現在，68.0％の会社が社外取締役を委員長・議長としている。

(5) 監査スタッフの要否

　監査委員会の監査の実効性を高めるためには，監査スタッフの充実が重要である。指名委員会等設置会社においては，内部統制システムの基本方針の一環として，監査委員会の職務を補助すべき取締役（ここでの補助すべき取締役としては，監査委員でない取締役であって，執行役と兼務しない者や内部統制システムの構築・運用に関与している者などをこれに充てることが考えられる）および使用人に関する事項，当該取締役および使用人の執行役からの独立性に関する事項，監査委員会の当該取締役および使用人に対する指示の実効性の確保に関する事項などを決議することが求められている（法416Ⅰ①ロ，会規112

Ⅰ①〜③）。

　監査委員会監査基準5条5項においては，監査委員会は，監査委員会事務局の設置を取締役会に対して要請することができ，設置する場合，その使用人は専任の者であることが望ましいとされている。実務上も，日本監査役協会アンケートによれば，平成26年現在，96.0％の会社が監査スタッフを設置しており，72.0％の会社が専属のスタッフを設置している。

　また，同基準16条においては，監査委員会は，監査スタッフの体制の強化に努めるとともに，執行役その他業務執行者からの独立性の確保に留意しなければならないとされており，具体的には，監査スタッフの権限，属する組織，監査委員会の監査スタッフに対する指揮命令権，監査スタッフの人事異動，人事評価，懲戒処分等に対する同意権等について明確化しておくなど，監査スタッフの独立性および監査スタッフに対する指示の実効性の確保に必要な事項を検討することとされている。

2　監査委員の任期

　指名委員会等設置会社の取締役の任期は，監査委員であるか否かを問わず，選任後1年以内に終了する事業年度のうち最終のものに関する定時株主総会の終結の時までとされている（法332Ⅲ）。定款または株主総会の決議によって，その任期を短縮することは可能だが（法332Ⅰ但書），全株式譲渡制限会社であっても，定款によって，その任期を伸長することは許されない（法332Ⅱ）。

　会社法上，指名委員会等設置会社の取締役については，かかる取締役としての任期に関する規定が存するのみであり，監査委員の任期に関する固有の規定は存しない（取締役としての任期が満了すれば，当然に監査委員としての任期も満了する）。ただし，定款や取締役会決議により，別途，監査委員としての任期を定めること自体は可能である。

　また，取締役については，任期の途中で解任された場合，その解任について正当な理由がある場合を除き，会社に対し，解任によって生じた損害（具体的には，残任期間の報酬等）の賠償を請求することができるとされているが（法

339Ⅱ），監査委員については，このような規定は存しない。

3　監査委員の選定・解職等
(1)　監査委員の選定

　監査委員は，取締役の中から，取締役会の決議によって選定される（法400Ⅱ）。

　この点，監査委員の予選の可否（株主総会において，取締役を改選する場合に，改選前の取締役が改選後の監査委員を予選できるか否か）について，明確な登記先例は存しないが，代表取締役の予選が，株主総会において取締役が全員再選され，取締役に変動を生じない場合に限り認められている（株主総会における改選の結果，取締役に変動を生ずる場合には，代表取締役の予選は認められない）ことにかんがみれば，同じく取締役の中から選定される監査委員の予選についても，同様の条件が必要と解される（江頭憲治郎＝中村直人編『論点体系会社法3』350頁〔石井裕介〕）。また，監査委員については，取締役の選任と異なり，補欠者の選任に関する規定（法329）が設けられていないが，監査委員の選定方法については代表取締役の選定と同様に広く取締役会の裁量にゆだねられることから，取締役会決議によって補欠の監査委員を選任することは可能と解される（江頭憲治郎＝中村直人編『論点体系会社法3』351頁〔石井裕介〕）。

　監査委員の選定は，取締役会の専決事項であり，取締役会決議をもってしても，執行役に委任することは認められない（法416Ⅳ⑧）。

(2)　監査委員の解職等

　会社と委員との法律関係は委任契約であり，各当事者がいつでもその解除をすることができる（民651Ⅰ）。

　したがって，取締役会は，その決議によって，いつでも監査委員を解職することができる（法401Ⅰ）。解職の対象となる取締役は，当該決議に際して，特別利害関係を有するため，議決に加わることはできない（法369Ⅱ）。

　監査委員の解職は，選定と同様に，取締役会の専決事項であり，取締役会決議をもってしても，執行役に委任することは認められない（法416Ⅳ⑧）。

また，委員が自ら辞任をすることも可能である。

ただし，法令または定款で規定する監査委員の員数が欠けた場合には，任期の満了または辞任により退任した監査委員は，新たに選定された監査委員が就任するまで，なお監査委員としての権利義務を有する（法401Ⅱ）。この場合，会社としては，残る取締役の中から新たに監査委員を選定することが考えられるが，兼任禁止規制や社外取締役の員数との関係で適切な取締役がいない場合には，臨時株主総会を開催して新たに取締役を選任するか，または裁判所への申立てにより一時委員の職務を行うべき者の選任（法401Ⅲ）を求めることとなる。

③ 監査委員会・監査委員の職務等

1 監査委員会・監査委員の職務

(1) 監査および監査報告の作成

① 監査報告の内容

監査委員会は，執行役等の職務の執行を監査し（法404Ⅱ①），各事業年度ごとに以下の事項を内容とする監査報告を作成する（法436Ⅱ②，会規131）。

イ 監査委員会の監査の方法およびその内容

ロ 事業報告およびその附属明細書が法令または定款に従い当該株式会社の状況を正しく示しているかどうかについての意見

ハ 当該株式会社の取締役および執行役の職務の遂行に関し，不正の行為または法令もしくは定款に違反する重大な事実があったときは，その事実

ニ 監査のため必要な調査ができなかったときは，その旨およびその理由

ホ 内部統制システムの基本方針に関する決定または決議（会規118②）がある場合において，当該事項の内容が相当でないと認めるときは，その旨およびその理由

ヘ 当該株式会社の財務および事業の方針の決定を支配する者の在り方に関する基本方針（会規118③）もしくは親会社等との取引に係る事項（会規

118⑤・128Ⅲ）が事業報告またはその附属明細書の内容となっているときは，当該事項についての意見

ト　監査報告を作成した日

これら業務監査に際して注意すべきポイント等については，監査委員会監査基準20条～29条に定めがある。

また，監査委員会は，会計を監査し，各事業年度ごとに以下の事項を内容とする監査報告を作成する（法436Ⅱ①・444Ⅳ，計規129）。

イ　監査委員会の監査の方法およびその内容

ロ　会計監査人の監査の方法または結果を相当でないと認めたときは，その旨およびその理由（会計監査人が通知期限日を徒過した場合にあっては，会計監査報告を受領していない旨）

ハ　重要な後発事象（会計監査報告の内容となっているものを除く）

ニ　会計監査人の職務の遂行が適正に実施されることを確保するための体制に関する事項

ホ　監査のため必要な調査ができなかったときは，その旨およびその理由

ヘ　監査報告を作成した日

これら会計監査に際して注意すべきポイント等については，監査委員会監査基準30条～35条に定めがある。

監査役会設置会社においては，各監査役が監査報告を作成したうえで，これに基づき監査役会の監査報告が作成されるが，指名委員会等設置会社においては各監査委員の監査報告は存在せず，監査報告の内容は監査委員会の決議をもって定めなければならない（会規131Ⅱ，計規129Ⅱ）。ただし，監査委員は，監査報告の内容が当該監査委員の意見と異なる場合には，その意見を監査報告に付記することができる（会規131Ⅰ後段，計規129Ⅰ後段）。

監査報告の作成等に際して注意すべきポイント等については，監査委員会監査基準51条～56条に定めがある。

② **具体的な監査スケジュール**

監査報告の授受に際しては，その窓口として，執行役の中から特定取締役，

監査委員の中から特定監査役がそれぞれ定められる（会規132Ⅳ・Ⅴ④，計規130Ⅳ・Ⅴ④）。

そして，監査委員会は，執行役から，事業報告およびその附属明細書を受領後，以下のうちいずれか遅い日までに監査報告を作成し，その内容を特定取締役に通知しなければならない（会規132Ⅰ）。

　イ　事業報告を受領した日から４週間を経過した日
　ロ　事業報告の附属明細書を受領した日から１週間を経過した日
　ハ　特定取締役および特定監査役の間で合意した日

また，監査委員会は，会計監査人から計算書類およびその附属明細書ならびに連結計算書類についての会計監査報告を受領後，以下の日までに監査報告を作成し，その内容を特定取締役に通知しなければならない（計規132Ⅰ）。

　イ　連結計算書類以外の計算関係書類については以下のいずれか遅い日
　　(イ)　会計監査報告を受領した日（会計監査人が通知期限日を徒過した場合にはその日）から１週間を経過した日
　　(ロ)　特定取締役および特定監査役の間で合意により定めた日があるときは，その日
　ロ　連結計算書類については，会計監査報告を受領した日から１週間を経過した日（特定取締役および特定監査役の間で合意により定めた日がある場合にあっては，その日）

特定監査役が，これらの期限までに監査報告の内容の通知をしない場合，各書類は，当該期限をもって，監査委員会の監査を受けたものとみなされる（会規132Ⅲ，計規132Ⅲ）。

なお，指名委員会等設置会社においては，計算書類および事業報告，これらの附属明細書ならびに連結計算書類について，監査委員会および会計監査人の監査を経たうえで，取締役会において承認を得る必要がある（法436Ⅲ・444Ⅴ）。かかる承認は，監査後に行えば足りることから，監査委員会または会計監査人に対してこれらの書類を提出するに際して，取締役会における審議等を経る必要は必ずしもないが，監査後の取締役会における審議の結果，事後的な内容変更

2　監査委員会（指名委員会等設置会社）

が生じた場合には監査をやり直さなければならなくなる可能性もあることから，実務的には，取締役会の中で一定の確認を経たうえで監査委員会または会計監査人へ提出を行うことが考えられる。

③　具体的な記載例

公益社団法人日本監査役協会の公表する監査委員会監査報告のひな型（平成21年4月16日最終改正）に平成26年改正会社法を反映させたものは，以下のとおりである。

【事業報告等に係る監査報告書ならびに計算書類およびその附属明細書に係る監査報告書（個別の監査報告書）】

平成〇年〇月〇日

〇〇〇〇株式会社
執行役〇〇〇〇殿

監査委員会

監査報告書の提出について

　当監査委員会は，会社法第404条第2項第1号に基づき監査報告書を作成しましたので，別紙のとおり提出いたします。

以　上

監査報告書

　当監査委員会は，平成〇年〇月〇日から平成〇年〇月〇日までの第〇〇期事業年度における取締役及び執行役の職務の執行について監査いたしました。その方法及び結果につき以下のとおり報告いたします。

1．監査の方法及びその内容

　監査委員会は，会社法第416条第1項第1号ロ及びホに掲げる事項に関する取締役会決議の内容並びに当該決議に基づき整備されている体制（内部統制システム）の状況について監視及び検証し，かつ，監査委員会が定めた監査の方針，職務の分担等に従い，会社の内部統制部門と連係の上，重要な会議に出席し，取

締役及び執行役等からその職務の執行に関する事項の報告を受け，必要に応じて説明を求め，重要な決裁書類等を閲覧し，本社及び主要な事業所において業務及び財産の状況を調査しました。また，事業報告に記載されている会社法施行規則第118条第3号イの基本方針及び同号ロの各取組み並びに会社法施行規則第118条第5号イの留意した事項及び同号ロの判断及び理由については，取締役会その他における審議の状況等を踏まえ，その内容について検討を加えました。子会社については，子会社の取締役，執行役及び監査役等と意思疎通及び情報の交換を図り，必要に応じて子会社から事業の報告を受けました。

さらに，会計監査人が独立の立場を保持し，かつ，適正な監査を実施しているかを監視及び検証するとともに，会計監査人からその職務の執行状況について報告を受け，必要に応じて説明を求めました。また，会計監査人から「職務の遂行が適正に行われることを確保するための体制」（会社計算規則第131条各号に掲げる事項）を「監査に関する品質管理基準」（平成17年10月28日企業会計審議会）等に従って整備している旨の通知を受け，必要に応じて説明を求めました。

以上の方法に基づき，当該事業年度に係る事業報告，計算書類（貸借対照表，損益計算書，株主資本等変動計算書及び個別注記表）及びそれらの附属明細書につき検討いたしました。

2．監査の結果
　(1) 事業報告等の監査結果
　　一　事業報告及びその附属明細書は，法令及び定款に従い，会社の状況を正しく示しているものと認めます。
　　二　取締役及び執行役の職務の執行に関する不正の行為又は法令もしくは定款に違反する重大な事実は認められません。
　　三　内部統制システムに関する取締役会の決議の内容は相当であると認めます。また，当該内部統制システムに関する取締役及び執行役の職務の執行についても，指摘すべき事項は認められません。
　　四　事業報告に記載されている会社の財務及び事業の方針の決定を支配する者の在り方に関する基本方針は相当であると認めます。事業報告に記載されている会社法施行規則第118条第3号ロの各取組みは，当該基本方針に沿ったものであり，当社の株主共同の利益を損なうものではなく，かつ，当社の会社役員の地位の維持を目的とするものではないと認めます。
　　五　事業報告に記載されている親会社等との利益相反取引について，当該取引をするに当たり当社の利益を害さないように留意した事項及び当該取引

が当社の利益を害さないかどうかについての取締役会の判断及びその理由について，指摘すべき事項は認められません。

　(2) 計算書類及びその附属明細書の監査結果

　　会計監査人○○○○の監査の方法及び結果は相当であると認めます。

３．監査委員○○○○の意見（異なる監査意見がある場合）

４．後発事象（重要な後発事象がある場合）

　　平成○年○月○日

○○○○株式会社　監査委員会
監査委員　○○○○　㊞
監査委員　○○○○　㊞
監査委員　○○○○　㊞

(注)　監査委員○○○○及び○○○○は，会社法第2条第15号及び第400条第3項に規定する社外取締役であります。

【連結計算書類に係る監査報告書】

平成○年○月○日

○○○○株式会社

執行役○○○○殿

監査委員会

連結計算書類に係る監査報告書の提出について

　当監査委員会は，会社法第444条第4項に基づき監査報告書を作成しましたので，別紙のとおり提出いたします。

以　　上

連結計算書類に係る監査報告書

　当監査委員会は，平成○年○月○日から平成○年○月○日までの第○○期事業年度における連結計算書類（連結貸借対照表，連結損益計算書，連結株主資本等変動計算書及び連結注記表）について監査いたしました。その方法及び結果につき以下のとおり報告いたします。

1．監査の方法及びその内容
　監査委員会は，その定めた監査の方針，職務の分担等に従い，連結計算書類について執行役等から報告を受け，必要に応じて説明を求めました。さらに，会計監査人が独立の立場を保持し，かつ，適正な監査を実施しているかを監視及び検証するとともに，会計監査人からその職務の執行状況について報告を受け，必要に応じて説明を求めました。また，会計監査人から「職務の遂行が適正に行われることを確保するための体制」（会社計算規則第131条各号に掲げる事項）を「監査に関する品質管理基準」（平成17年10月28日企業会計審議会）に従って整備している旨の通知を受け，必要に応じて説明を求めました。
　以上の方法に基づき，当該事業年度に係る連結計算書類につき検討いたしました。
2．監査の結果
　会計監査人○○○○の監査の方法及び結果は相当であると認めます。
3．監査委員○○○○の意見（異なる監査意見がある場合）
4．後発事象（重要な後発事象がある場合）
　平成○年○月○日

　　　　　　　　　　　　　　　　　　○○○○株式会社　監査委員会
　　　　　　　　　　　　　　　　　　　　監査委員　○○○○　㊞
　　　　　　　　　　　　　　　　　　　　監査委員　○○○○　㊞
　　　　　　　　　　　　　　　　　　　　監査委員　○○○○　㊞
（注）　監査委員○○○○及び○○○○は，会社法第2条第15号及び第400条第3項に規定する社外取締役であります。

　監査報告の作成・提出については，前記**第1章5**[2]**3**(3)も参照されたい。
(2) **取締役会への報告義務**
　各監査委員は，執行役または取締役が不正の行為をし，もしくは当該行為をするおそれがあると認めるとき，または法令もしくは定款に違反する事実もしくは著しく不当な事実があると認めるときは，遅滞なく，その旨を取締役会に報告しなければならない（法406）。
　後記2(1)のとおり，監査委員については，監査委員会にて選定された監査委員とそれ以外の監査委員とで，調査権限の有無が異なるが，上記報告義務は監

査委員会にて選定された監査委員のみならずすべての監査委員に課されている。そして，ここで報告された事実については，取締役会議事録に記載または記録されるとともに（会規101Ⅲ⑥ト），監査委員会監査報告に記載され（会規131Ⅰ②・129Ⅰ③），かつ，当該監査報告は株主に対しても提供される（会規133）。

また，監査委員会がその委員の中から選定する者は，遅滞なく，当該委員会の職務の執行の状況を取締役会に報告しなければならない（法417Ⅲ）。

(3) 株主総会に提出する議案等の調査義務

監査役設置会社の監査役には，取締役が株主総会に提出しようとする議案，書類その他法務省令で定めるものを調査し，当該議案等に法令もしくは定款に違反し，または著しく不当な事項があると認めるときは，その調査の結果を株主総会に報告する義務が定められているが（法384），指名委員会等設置会社の監査委員会は取締役会の内部機関であり，株主総会への議案提出等においても一体して行動することが求められていることから，かかる報告義務は定められていない。

2 監査委員会・監査委員の権限

指名委員会等設置会社においては，取締役会の監督機能を強化するため，社外取締役が過半数を占める指名委員会が取締役候補者の指名を行うとともに，報酬委員会が執行役等（執行役，取締役および会計参与）の個人別の報酬等の内容を決定する。また，監査については，他の委員会よりもさらに独立性の高い監査委員が，適法性のみならず妥当性に関する監査も行う。

かかる監査の実効性を担保するため，監査委員会または各監査委員には，以下のような権限が認められている。

(1) 調査権限

監査委員会が選定する監査委員は，いつでも，執行役等および使用人に対し，その職務の執行に関する事項の報告を求め，または会社の業務および財産の状況の調査をすることができる（法405Ⅰ）。

また，当該監査委員は，監査委員会の職務を執行するため必要があるときは，

子会社に対して事業の報告を求め、または当該子会社の業務および財産の状況の調査をすることができ（法405Ⅱ）、当該子会社は、正当な理由がない限り、当該報告または調査を拒むことができない（同Ⅲ）。

さらに、執行役等からの意見聴取が必要となった場合に備え、監査委員会の要求があったときは、執行役等は、監査委員会に出席し、監査委員会が求めた事項について説明をしなければならないとされている（法411Ⅲ）。

監査委員は、後記5②のとおり、独任制ではない（この点において、監査役設置会社の監査役とは異なる）ことから、これらの調査権限を行使できるのは、各監査委員ではなく、監査委員会が選定した監査委員に限られている（ただし、かかる権限を有する監査委員を複数選定することも可能であり、監査委員全員を選定することもできる）。また、監査委員会が選定した監査委員であっても、これらの調査権限を行使するに際して、監査委員会の決議があるときは、これに従わなければならない（法405Ⅳ）。

指名委員会等設置会社においては、かかる調査の実効性を確保するため、当該会社およびその子会社の役職員が当該会社の監査委員会に報告をするための体制ならびに監査委員会に報告をした者が当該報告をしたことを理由として不利な取扱いを受けないことを確保するための体制を、内部統制システムの基本方針として決定することが必要とされている（法416Ⅰ①ロ、会規112Ⅰ④⑤）。具体的な体制については、監査委員会監査基準17条において、執行役からの報告体制や内部通報システムからの情報提供体制の整備が定められている。

かかる調査権限の具体的内容については、前記**第1章5**②1も参照されたい。

(2) 是正権限

各監査委員は、執行役または取締役が会社の目的の範囲外の行為その他法令もしくは定款に違反する行為をし、またはこれらの行為をするおそれがあり、かつ、当該行為によって会社に著しい損害が生ずるおそれがあるときは、当該執行役または取締役に対し、当該行為の差止めを請求することができる（法407Ⅰ）。後記5②のとおり、監査委員は独任制ではないが、かかる差止請求権については、緊急に行使される必要があり得ることから、例外的に、各監査委

員に権限が付与されている。差止めの要件や方法は，基本的に監査役による取締役に対する差止請求権（法385Ⅰ）と同様であると考えられる。

また，会社が，執行役または取締役（執行役または取締役であった者を含む）に対し，責任追及等のための訴えを提起する場合には，会社との利益相反や馴れ合いを回避するため，監査委員が当事者である場合を除き，監査委員会が選定する監査委員が会社を代表する（法408Ⅰ②）。かかる訴えを提起するか否かについて，監査役設置会社においては，個々の監査役が意思決定権限を有すると解されるが，指名委員会等設置会社においては，上記のとおり，監査委員会による選定が必要である以上，訴えの提起についても監査委員会が意思決定権限を有するものと解される（岩原紳作編『会社法コンメンタール9』134頁〔伊藤靖史〕）。

さらに，各監査委員は，株主代表訴訟に関し，株主から提訴請求を受ける権限や和解について裁判所から通知および催告を受ける権限等を有する（法408Ⅴ）。

加えて，執行役または取締役（監査委員を除く）の会社に対する責任について，株主総会決議，定款の定めに基づく取締役会決議または責任限定契約により，責任の一部免除を行う場合には，これらに関する議案の上程や定款変更等を行うに際して，監査委員全員の同意が必要となる（法425Ⅲ③・426Ⅱ・427Ⅲ）。かかる同意については，各監査委員による同意の意思表示が確認できれば足り，監査委員会を開催する必要は必ずしもない。

かかる是正権限の具体的内容については，前記第1章5②2も参照されたい。

(3) **会計監査人の選任等および報酬等に関する権限**

指名委員会等設置会社は，大会社であるか否かにかかわらず，会計監査人を設置しなければならない（法327Ⅴ）。指名委員会等設置会社における監査は，後記⑤2のとおり，内部統制システムを利用した組織的監査により行われるところ，内部統制システムの構築にあたっては，計算書類の適正性・信頼性の確保の観点から会計監査人が重要な役割を果たすと考えられたためである。

そして，監査委員会は，株主総会に提出する会計監査人の選任，解任および

不再任に関する議案の内容を決定することができる（法404Ⅱ②）。これは，会計監査人の独立性を確保し，監査委員会と会計監査人とが緊密な協力関係を構築するための措置である。会計監査人設置会社においては，会計監査人は，定時株主総会において別段の決議がされなかったときは自動的に再任されたものとみなされるところ（法338Ⅱ），上記のとおり，会計監査人の選任等に関する権限が監査委員会に帰属する関係上，監査委員会としては，毎事業年度に係る定時株主総会前に，会計監査人の再任の当否について審議を行い，その結果（特に，交代が必要である場合には，旧会計監査人の不再任および新会計監査人の選任に関する議案の内容）を取締役会に対して通知することが考えられる。

また，公開会社である会計監査人設置会社においては，事業報告に会計監査人の解任または不再任の決定の方針を記載する必要があるが（会規126④），同様に会計監査人の選任等に関する権限が監査委員会に帰属する関係上，かかる方針についても，監査委員会において決定を行う必要がある。

さらに，監査委員会は，会計監査人が次のいずれかに該当するときは，監査委員全員の同意をもって，当該会計監査人を解任することができる（法340Ⅰ・Ⅱ・Ⅵ）。

　イ　職務上の義務に違反し，または職務を怠ったとき
　ロ　会計監査人としてふさわしくない非行があったとき
　ハ　心身の故障のため，職務の執行に支障があり，またはこれに堪えないとき

会計監査人の報酬等は，定款または株主総会決議によって定める必要はない（取締役会またはその委任を受けた執行役が定めることができる）が，取締役が当該報酬等を定めるに際しては，監査委員会の同意が必要となる（法399Ⅳ・Ⅰ）。

監査委員会監査基準34条および35条によれば，監査委員会は，これらの判断に際して，執行役，社内関係部署および会計監査人から必要な資料を入手し，かつ報告を受けたうえで，会計監査人の監査計画の内容，会計監査人の職務遂行状況，監査体制，独立性および専門性，報酬見積もりの算出根拠などが適切

であるかを確認することとされている。

かかる会計監査人に関する権限については，前記**第1章5**[2]**4**(3)も参照されたい。

(4) 取締役会の招集権限

取締役会設置会社においては，定款または取締役会において取締役会を招集する取締役を指定することが可能であるが（法366Ⅰ），指名委員会等設置会社においては，かかる招集権者の定めがある場合であっても，各委員会がその委員の中から選定する者が取締役会を招集することができる（法417Ⅰ）。

(5) 監査費用の取扱い

監査委員が，その職務の執行について，会社に対し，以下の請求をしたときは，当該会社は，当該請求にかかる費用または債務が当該監査委員の職務の執行に必要でないことを証明した場合を除き，これを拒むことができない（法404Ⅳ）。

　イ　費用の前払の請求
　ロ　支出をした費用および支出の日以後におけるその利息の償還の請求
　ハ　負担した債務の債権者に対する弁済（当該債務が弁済期にない場合は相当の担保の提供）の請求

また，かかる監査費用の処理についての監査委員の予測可能性を高め，その職務の円滑な執行を促進するため，平成26年改正会社法により，監査委員の職務の執行について生ずる費用の前払または償還の手続その他の当該職務の執行について生ずる費用または債務の処理に係る方針に関する事項を，内部統制システムの基本方針として決定することが求められることとなった（法416Ⅰ①ロ，会規112Ⅰ⑥）。

監査委員会監査基準10条3項においては，監査委員会は，その職務の執行上必要と認める費用について，あらかじめ予算を計上しておくことが望ましいとされている。

3 監査委員の報酬等

監査委員の個人別の報酬等は、他の取締役と同様に、報酬委員会がこれを定める（法404Ⅲ）。

4 監査委員の責任

(1) 監査委員の責任に関する会社法上の規律

監査委員は、取締役として、会社に対し、善管注意義務（法330、民644）および忠実義務（法355）を負い、その任務を怠ったときは、会社に対し、これによって生じた損害を賠償する責任を負う（法423Ⅰ）。

また、監査委員固有の責任として、監査報告に記載し、または記録すべき重要な事項についての虚偽の記載または記録があった場合には、当該行為をすることについて注意を怠らなかったことを証明したときを除き、これによって第三者に生じた損害を賠償する責任を負う（法429Ⅱ③）。

その他、株主権の行使に関する利益供与についての責任（法120Ⅳ）、剰余金の配当等に関して分配可能額の超過または欠損が生じた場合の責任（法462・465）、第三者に対する悪意または重過失による任務懈怠による責任（法429条1項）等を負うことは、一般の取締役と同様である。

(2) 責任の全部または一部の免除

監査委員の会社に対する責任を免除するためには、原則として総株主の同意が必要である（法424）。

ただし、株主総会決議、定款の定めに基づく取締役会決議により、法令の定める最低責任限度額まで責任を一部免除することは認められる（法425・426）。また、前記②1(2)のとおり、監査委員については業務執行者との兼任が禁じられていることから、定款の定めを設けることにより、善意でかつ重大な過失がないときは責任を一部免除する旨の責任限定契約を締結することも可能である（法427）。

なお、前記2(2)のとおり、執行役または取締役（監査委員を除く）の会社に対する責任について、株主総会決議、定款の定めに基づく取締役会決議または

責任限定契約により，責任の一部免除を行う場合には，これらに関する議案の上程や定款変更等を行うに際して，監査委員全員の同意が必要となるが（法425Ⅲ③・426Ⅱ・427Ⅲ），監査委員についてこれらを行う場合には，監査委員の同意は不要である。

4 監査委員会の運営

1 監査委員会の招集

(1) 招集権者

監査委員会は，各委員が招集する（法410）。取締役会について，定款または取締役会決議により招集権者を限定することが認められているのとは異なり（法366Ⅰ但書），社外取締役である委員の招集権を保障する等の理由から，招集権者の限定は認められていない。実務上は，内部規則等において，委員長など特定の監査委員を一次的な招集権者としている例もあるが，かかる規定をもってしても他の監査委員の招集権限が制約されるわけではない。

(2) 招集の期限および方法

監査委員会を招集するには，その委員は，委員会の日の1週間（中7日。ただし，これを下回る期間を取締役会で定めた場合にあっては，その期間）前までに，当該委員会の各委員に対してその通知を発しなければならない（法411Ⅰ）。実務上は，緊急に招集することが必要となった場合に備え，内部規則等において，招集期間を短縮している例も多い。また，監査委員全員の同意があるときは，招集の手続を経ることなく監査委員会を開催することができる（法411Ⅱ）。監査委員が一堂に会し，審議および決議をすることに同意する場合（全員出席委員会の場合）も同様である。

監査委員会の招集通知の方法について，特に制約はないことから，理論的には，書面やeメールに限らず，口頭による招集を行うことも可能である。また，招集に際して目的事項を特定する必要はない。仮に目的事項が特定されていたとしても，それ以外の事項をその場で目的事項とし，審議・決議することは妨

2 監査委員会の決議方法

　監査委員会の決議は，議決に加わることができる監査委員の過半数が出席し，その過半数をもって行う（法412 I）。出席の方法については，実際に監査委員会が開催されている場所に出席する方法に加え，電話会議システム等により遠隔地から参加することも認められている（会規111Ⅲ①括弧書参照）。

　取締役会決議により，定足数または決議要件を加重することは認められているが，緩和することは認められていない。また，加重の方法についても，条文上，割合による加重（例えば，監査委員の3分の2以上の出席または賛成を必要とすること）は認められているが，特定の監査委員（例えば，社外取締役である監査委員の過半数）の出席または賛成を要件とすることは認められないものと解される（岩原紳作編『会社法コンメンタール9』154頁〔森本滋〕）。

　取締役会と同様に代理人による出席は認められない。

　当該決議について特別の利害関係を有する監査委員は，議決に加わることができない（法412Ⅱ）。ただし，監査委員会における決議について，かかる特別の利害関係が問題となる場面はそれほど多くないと考えられる。

　監査委員会の決議については，取締役会（法370）と異なり，定款の定めによっても，決議の省略（いわゆる書面決議）を行うことは認められていない。他方，執行役，取締役，会計参与または会計監査人が監査委員全員に対して監査委員会に報告すべき事項を通知した時は，監査委員会への報告は省略することができる（法414）。

3 監査委員会の議事録

　監査委員会の議事については，以下の事項について，議事録を作成し，かつ，当該議事録が書面により作成されているときは，出席した監査委員の署名または記名押印を得る必要がある（法412Ⅲ，会規111）。

　イ　委員会が開催された日時および場所（当該場所に存しない取締役，執行

役,会計参与または会計監査人が,電話会議システム等を利用して出席した場合には,当該出席の方法を含む)
ロ　委員会の議事の経過の要領およびその結果
ハ　決議を要する事項について特別の利害関係を有する委員があるときは,その氏名
ニ　法令に基づき述べられた意見または発言があるときは,その意見または発言の内容の概要
ホ　委員会に出席した取締役(監査委員を除く),執行役,会計参与または会計監査人の氏名または名称
ヘ　委員会の議長が存するときは,議長の氏名

監査委員会議事録の具体的な記載例は,以下のとおりである。

監査委員会議事録

日時　平成○年○月○日　午前○時○分
場所　当社本店会議室
出席者　監査委員3名(監査委員総数3名)
　　　　A,B,C
　定刻,委員長Aが議長席に着き,開会を宣し,議事に入った。

議案　第○期事業年度監査報告書作成の件
　議長より,第○期事業年度に係る会計監査人の計算書類及び連結計算書類の監査結果の説明後,第○期事業年度監査報告書を別紙のとおりとしたい旨の提案があり,議場に諮った結果,出席委員全員一致で承認可決した。

　以上をもって,本日の議事を終了したので,午前○時○分,議長は閉会を宣した。
　上記議事の経過の要領及びその結果を明確にするため,この議事録を作成し,出席委員はこれに記名押印する。

　　　　　　　　　　　　　平成○年○月○日
　　　　　　　　　　　　　　○○株式会社　監査委員会

議長	監査委員長	A	㊞
	監査委員	B	㊞
	監査委員	C	㊞

　指名委員会等設置会社は，委員会の日から10年間，議事録をその本店に備え置かなければならず（法413Ⅰ），当該指名委員会等設置会社の取締役（監査委員以外の取締役を含む）は，その閲覧および謄写をすることができる（法413Ⅱ）。また，株主，債権者および親会社社員には，当該議事録の閲覧・謄写請求権が認められている（法413Ⅲ・Ⅳ）。

　なお，監査委員会の決議に参加した委員であって，その議事録に異議をとどめないものは，その決議に賛成したものと推定される（法412Ⅴ）。したがって，監査委員は，監査委員会において，自らの意思にそぐわない決議がなされる可能性があるときは，他の監査委員に追従するのではなく，積極的に異議をとどめるか否かを検討する必要がある。

5 　監査委員会の実務

1　適法性監査と妥当性監査

　前記３１(1)のとおり，監査委員会は，執行役等の職務の執行を監査することを職務とする。

　この点，一般に，取締役相互または取締役会による取締役の職務執行の監督が当該職務執行の妥当性にまで及ぶのに対し，監査役設置会社の監査役による監査は，原則として職務執行の適法性（法令または定款違反がないか）の監査にとどまると解されている。

　これに対して，監査委員会は，全員が取締役である監査委員により構成されることから，その監査の範囲は，職務執行の適法性のみならず妥当性（当該職務執行が全体的に見て効率的に行われているか否か）にまで及ぶものと解されている。

2 監査手法(内部統制システムとの関係)

　監査役設置会社の監査役が,独立して監査権限を行使し,自ら会社の業務・財産等の調査を行う(独任制)のに対し,監査委員については,独任制は採用されておらず(前記③2(1)のとおり,調査権限等を行使できるのは,各監査委員ではなく,監査委員会が選定した監査委員に限られており,かつ監査委員会が選定した監査委員であっても,これらの調査権限を行使するに際して,監査委員会の決議があるときは,これに従わなければならない),取締役会が設ける内部統制部門を通じて監査を行うことが想定されている。

　このため,前記②1(3)のとおり,指名委員会等設置会社においては,常勤の監査委員の選定は義務付けられていない。また,監査役設置会社においては,大会社でなければ内部統制システムの基本方針の決定が義務付けられないのに対し(法362Ⅴ・Ⅳ⑥),指名委員会等設置会社においては,会社の規模を問わず,もれなく内部統制システムの基本方針の決定が義務付けられている(法416Ⅰ①ホ・ロ,会規112)。監査委員会は,かかる内部統制システムが適切に構成・運営されているかを監視し,必要に応じて内部統制部門により具体的指示を行うことをもって,監査を行うこととなる。

　内部統制システムの基本方針として,具体的に決定すべき内容は,以下のとおりである。

　イ　当該株式会社の執行役の職務の執行が法令および定款に適合することを確保するための体制
　ロ　当該株式会社の執行役の職務の執行に係る情報の保存および管理に関する体制
　ハ　当該株式会社の損失の危険の管理に関する規程その他の体制
　ニ　当該株式会社の執行役の職務の執行が効率的に行われることを確保するための体制
　ホ　当該株式会社の使用人の職務の執行が法令および定款に適合することを確保するための体制
　ヘ　次に掲げる体制その他の当該株式会社ならびにその親会社および子会社

から成る企業集団における業務の適正を確保するための体制

 (イ) 当該株式会社の子会社の取締役，執行役，業務を執行する社員，会社法598条1項の職務を行うべき者その他これらの者に相当する者（以下(ハ)および(ニ)において「取締役等」という）の職務の執行に係る事項の当該株式会社への報告に関する体制

 (ロ) 当該株式会社の子会社の損失の危険の管理に関する規程その他の体制

 (ハ) 当該株式会社の子会社の取締役等の職務の執行が効率的に行われることを確保するための体制

 (ニ) 当該株式会社の子会社の取締役等および使用人の職務の執行が法令および定款に適合することを確保するための体制

ト 当該株式会社の監査委員会の職務を補助すべき取締役および使用人に関する事項

チ 上記トの取締役および使用人の当該株式会社の執行役からの独立性に関する事項

リ 当該株式会社の監査委員会の上記トの取締役および使用人に対する指示の実効性の確保に関する事項

ヌ 次に掲げる体制その他の当該株式会社の監査委員会への報告に関する体制

 (イ) 当該株式会社の取締役（監査委員である取締役を除く），執行役および会計参与ならびに使用人が当該株式会社の監査委員会に報告をするための体制

 (ロ) 当該株式会社の子会社の取締役，会計参与，監査役，執行役，業務を執行する社員，会社法598条1項の職務を行うべき者その他これらの者に相当する者および使用人またはこれらの者から報告を受けた者が当該株式会社の監査委員会に報告をするための体制

ル 上記ヌの報告をした者が当該報告をしたことを理由として不利な取扱いを受けないことを確保するための体制

ヲ 当該株式会社の監査委員の職務の執行（監査委員会の職務の執行に関す

る者に限る）について生ずる費用の前払または償還の手続その他の当該職務の執行について生ずる費用または債務の処理に係る方針に関する事項
ワ　その他当該株式会社の監査委員会の監査が実効的に行われることを確保するための体制

　かかる内部統制システムの基本方針の内容自体は，監査役設置会社の場合と概ね同様であるが，違いとしては，(i)内部統制システムによる規律の対象が取締役ではなく執行役とされていること，(ii)独任制が採用されていない関係上，報告等の対象が監査委員会とされていること，(iii)監査委員会の職務を補助すべき者として使用人に加え取締役が挙げられていることなどがある。

　監査委員会監査基準15条によれば，監査委員会は，監査委員会に関する内部統制システムの基本方針の内容について，監査委員会としての基本方針を決定または決議し，取締役会に対して報告もしくは提案または意見の表明を行わなければならないとされている。また，同基準18条によれば，監査委員会は，内部監査部門その他内部統制システムにおけるモニタリング機能を所管する部署等と緊密な連携が保持される体制を整備するとともに，必要に応じて取締役会または執行役に対して体制の整備に関する要請または勧告を行わなければならないとされている。さらに，同基準23条によれば，監査委員会は，内部統制システムの構築・運用の状況に関する報告を執行役に対し定期的に求める等の方法で内部統制システムの構築・運用の状況を監視・検証し，必要に応じて，改善を助言または勧告しなければならないとされている。その他組織監査に関して注意すべきポイント等については，監査委員会監査基準36条〜42条に定めがある。

　なお，内部統制システムに関する監査については，公益社団法人日本監査役協会が，「内部統制システムに関する監査委員会監査の実施基準」（平成27年9月29日最終改正）を公表しており，こちらも参考となる。

3　監査委員会規則

　これまで述べてきた事項を含め，監査委員会の運営に関する細目的事項につ

いては，内規によって，これを定めることが考えられる。監査委員会は取締役会の内部機関であることから，かかる内規を制定する権限は取締役会または監査委員会が有すると考えられる。ただし，いずれにせよ，監査委員会の招集期間の短縮は，取締役会決議で定める必要がある（法411Ⅰ）。

公益社団法人日本監査役協会の公表する監査委員会規則のひな型（平成27年7月23日制定）は，以下のとおりである。

監査委員会規則（モデル案）

第1条（目的）
　本規則は，法令及び定款に基づき，監査委員会に関する事項を定める。

第2条（組織）
1．監査委員会は，すべての取締役会で選定された取締役監査委員（以下，本規則において「監査委員」という。）で組織する。
2．監査委員会は，監査委員会の長を置く。
3．監査委員会は，常勤の監査委員を置く。

第3条（監査委員会の職務）
　監査委員会は，次に掲げる職務を行う。
　一　執行役及び取締役の職務の執行の監査及び監査報告の作成
　二　会計監査人の選任及び解任並びに不再任に関する議案の内容の決定
　三　その他法令及び定款に定められた職務

第4条（開催）
　監査委員会は，定期に開催する。ただし，必要あるときは随時開催することができる。

第5条（招集権者）
1．監査委員会は，監査委員会の長が招集し運営する。
2．各監査委員は，監査委員会の長に対し監査委員会を招集するよう請求することができる。
3．前項の請求にもかかわらず，監査委員会の長が監査委員会を招集しない場合は，その請求をした監査委員は，自らこれを招集し運営することができる。

第6条（招集手続）
1．監査委員会を招集するには，監査委員会の日の1週間前までに，各監査委員

に対してその通知を発する。
2．監査委員会は，監査委員の全員の同意があるときは，招集の手続を経ることなく開催することができる。

第7条（決議の方法）
1．監査委員会の決議は，議決に加わることができる監査委員の過半数が出席し，その過半数をもって行う。
2．前項の決議について特別の利害関係を有する監査委員は，議決に加わることができない。
3．決議にあたっては，十分な資料に基づき審議しなければならない。

第8条（監査委員会の決議事項）
1．監査委員会は，法令又は定款に別段の定めがある場合を除き，下記の事項を決議する。
　一　監査委員会の長の選定又は解職
　二　常勤監査委員の選定又は解職
　三　第9条に掲げる事項を行う監査委員（以下，本規則において「選定監査委員」という。）の選定
　四　第10条に掲げる事項を行う監査委員（以下，本規則において「特定監査委員」という。）の選定
　五　監査委員会監査基準の策定
　六　監査の方針，監査計画，監査の方法，監査職務の分担等に関する事項
　七　監査費用の予算，選定監査委員が行う職務の遂行に関する事項など監査委員がその職務を遂行するうえで必要と認めた事項
　八　監査報告の作成
　九　会計監査人の解任又は不再任の決定の方針
　十　会計監査人を再任することの適否の決定
　十一　株主総会に提出する会計監査人の解任又は不再任に関する議案の内容の決定
　十二　株主総会に提出する会計監査人の選任に関する議案の内容の決定
　十三　会計監査人が欠けた場合の一時会計監査人の職務を行うべき者の選任
　十四　支配権の異動を伴う募集株式の発行等が行われる際に株主に対して通知しなければならない監査委員会の意見表明
　十五　その他監査委員会の職務の執行に関し，監査委員会が必要と認めた事項

第9条（選定監査委員）

1. 監査委員会は，次に掲げる事項を行う選定監査委員を定める。
   - 一 執行役，取締役及び支配人その他の使用人に対し，その職務の執行に関する事項の報告を求め，又は会社の業務及び財産の状況の調査をすること
   - 二 子会社に対して事業の報告を求め，又はその子会社の業務及び財産の状況の調査をすること
   - 三 会計監査人に対してその監査に関する報告を求めること
   - 四 第12条第1項第1号に定める手続に従い会計監査人を解任した場合の解任後最初の株主総会における解任の旨及びその理由の説明
   - 五 取締役会の招集
   - 六 監査委員会の職務の執行状況を遅滞なく取締役会に報告すること
   - 七 会社と取締役間の訴訟において会社を代表すること
   - 八 その他訴訟提起等に関し会社を代表すること
2. 前項第1号又は第2号に掲げる事項を行う選定監査委員は，当該各号の報告の徴収又は調査に関する事項についての監査委員会の決議があるときは，これに従わなければならない。

第10条（特定監査委員）

1. 監査委員会は，その決議によって次に掲げる職務を行う者（以下，本条において「特定監査委員」という。）を定める。
   - 一 監査委員会が受領すべき事業報告及びその附属明細書並びに計算関係書類を取締役又は執行役から受領し，それらを他の監査委員に対し送付すること
   - 二 事業報告及びその附属明細書に関する監査委員会の監査報告の内容を，その通知を受ける者として定められた取締役又は執行役（以下，本条において「特定取締役」という。）に対し通知すること
   - 三 特定取締役との間で，前号の通知をすべき日について合意をすること
   - 四 会計監査人から会計監査報告の内容の通知を受け，当該監査報告の内容を他の監査委員に対し通知すること
   - 五 特定取締役及び会計監査人との間で，前号の通知を受けるべき日について合意をすること
   - 六 計算関係書類に関する監査委員会の監査報告の内容を特定取締役及び会計監査人に対し通知すること
   - 七 特定取締役との間で，前号の通知をすべき日について合意をすること
2. 特定監査委員は，常勤の監査委員とする。

第11条（会計監査人の報酬等に対する同意）

会計監査人又は一時会計監査人の職務を行うべき者の報酬等に対する同意は，監査委員会の決議によって行う。

第12条（監査委員の全員の同意事項）

1. 監査委員の全員の同意を要する下記の事項については，監査委員会における協議を経て行うことができる。
    一　会計監査人を法定の解任事由に基づき解任すること
    二　取締役の責任の一部免除に関する議案を株主総会に提出すること
    三　取締役会決議によって取締役の責任の一部免除をすることができる旨の定款変更に関する議案を株主総会に提出すること
    四　定款の規定に基づき取締役の責任の一部免除に関する議案を取締役会に提出すること
    五　非業務執行取締役との間で責任の一部免除の契約をすることができる旨の定款変更に関する議案を株主総会に提出すること
    六　株主代表訴訟において会社が被告取締役側へ補助参加すること
2. 前項の同意は，緊急の必要がある場合には，書面又は電磁的記録により行うことができる。

第13条（監査委員の権限行使に関する協議）

監査委員は，次の事項に関する権限を行使する場合又は義務を履行する場合には，事前に監査委員会において協議をすることができる。
    一　株主より株主総会前に通知された監査委員に対する質問についての説明
    二　取締役会に対する報告等
    三　執行役又は取締役による会社の目的の範囲外の行為その他法令又は定款違反行為に対する差止め請求

第14条（監査委員会に対する報告）

1. 監査委員は，自らの職務の執行の状況を監査委員会に定期かつ随時に報告するとともに，監査委員会の求めがあるときはいつでも報告しなければならない。
2. 会計監査人，取締役，執行役，内部監査部門等の使用人その他の者から報告を受けた監査委員は，これを監査委員会に報告しなければならない。
3. 監査委員会は，必要に応じて，会計監査人，取締役，執行役，内部監査部門等の使用人その他の者に対して報告を求める。
4. 前3項に関して，監査委員，会計監査人，取締役，執行役又は内部監査部門等の使用人その他の者が監査委員の全員に対して監査委員会に報告すべき事項

を通知したときは、当該事項を監査委員会へ報告することを要しない。

第15条（監査報告の作成）
1．監査委員会は、その決議により、監査報告を作成する。
2．監査報告の内容が各監査委員の意見と異なる場合であって、かつ、当該監査委員の求めがあるときは、監査委員会は、当該監査委員の意見を監査報告に付記するものとする。
3．監査委員会の監査報告には各監査委員が署名又は記名押印（電子署名を含む。）する。常勤の監査委員及び社外取締役である監査委員はその旨を記載又は記録する。
4．前3項の規定は、会社が臨時計算書類又は連結計算書類を作成する場合には、これを準用する。

第16条（議事録）
1．監査委員は、次に掲げる事項を内容とする議事録を作成し、出席した監査委員がこれに署名又は記名押印（電子署名を含む。）する。
　一　開催の日時及び場所（当該場所に存しない取締役、執行役又は会計監査人が監査委員会に出席した場合における当該出席の方法を含む。）
　二　議事の経過の要領及びその結果
　三　決議を要する事項について特別の利害関係を有する監査委員があるときは、その氏名
　四　次に掲げる事項につき監査委員会において述べられた意見又は発言があるときは、その意見又は発言の内容の概要
　　イ　会社に著しい損害を及ぼすおそれのある事実を発見した旨の執行役からの報告
　　ロ　取締役の職務の執行に関し不正の行為又は法令若しくは定款に違反する重大な事実があることを発見した旨の会計監査人からの報告
　五　監査委員会に出席した取締役、執行役又は会計監査人の氏名又は名称
　六　監査委員会の議長の氏名
2．第15条第4項の規定により監査委員会への報告を要しないものとされた場合には、次の各号に掲げる事項を内容とする議事録を作成する。
　一　監査委員会への報告を要しないものとされた事項の内容
　二　監査委員会への報告を要しないものとされた日
　三　議事録の作成に係る職務を行った監査委員の氏名
3．会社は、前2項の議事録を10年間本店に備え置く。

第17条（監査委員会事務局）

　監査委員会の招集事務，議事録の作成，その他監査委員会運営に関する事務は監査委員会スタッフ等の監査委員会の職務を補助すべき使用人がこれにあたる。

第18条（監査委員会監査基準）

　監査委員会及び監査委員の監査に関する事項は，法令又は定款若しくは本監査委員会規則に定める事項のほか，監査委員会監査基準による。

第19条（本規則の改廃）

　本規則の改廃は監査委員会が行う。

　　附　則

　本規則は，平成○年○月○日より実施する。

3

監査等委員会
（監査等委員会設置会社）

1 監査等委員会設置会社とは

　監査等委員会設置会社とは，平成26年改正会社法により導入された機関設計であり，定款の定めにより，監査等委員会を置く株式会社をいう（法2⑪の2）。
　わが国の株式会社の大半を占める監査役設置会社については，監査機関である監査役に，業務執行者の選定・解職の権限や取締役会決議における議決権がないことから，その監査機能の強化には限界がある。また，平成26年改正会社法においては，社外取締役の活用を促進するため，事業年度の末日において上場会社など一定の要件を満たす会社が社外取締役を置いていない場合には，当該事業年度に関する定時株主総会において社外取締役を置くことが相当でない理由を説明することが義務付けられたが（法327の2），監査役会設置会社については，ただでさえ2名以上の社外監査役を選任する必要があることから，これに加えて社外取締役を選任することについては，重複感・負担感がある。
　これに対して，すでにある指名委員会等設置会社は，2名以上の社外取締役の選任が義務付けられており，かつ，社外監査役の選任が必要ないことから，社外取締役の活用を図るうえでは有用な機関設計といえるが，前記1のとおり，同制度は，役員候補者の指名や報酬等の決定を社外取締役が過半数を占める指名委員会および報酬委員会において決定しなければならないことへの抵抗感等から，必ずしも広く利用されるに至っていない。

そこで，平成26年会社法改正においては，業務執行者に対する監督機能を強化することを目的として，監査を行う者に対し，取締役会における議決権や監査等委員以外の取締役の選任等および報酬等に関する意見陳述権（監査等委員会については，かかる意見陳述権により，監査機能だけではなく監督機能をも有していることから，「監査等」との用語が用いられている）を付与するとともに，社外者を活用するうえでの重複感・負担感をできるだけ避けるための新たな機関設計として，監査等委員会設置会社が導入された。

機関構成としては，取締役会および会計監査人を設置する必要がある一方（法327Ⅰ③・Ⅴ），取締役からなる監査等委員会が監査を担うことから，監査役を設置することはできない（同Ⅳ）。また，モニタリング・モデルを採用できるよう，取締役の過半数が社外取締役である場合または定款の定めを置いた場合には，指名委員会等設置会社と同様に重要な業務執行の決定を大幅に取締役に委任することが認められている（法399の13Ⅴ・Ⅵ）。

なお，監査等委員会設置会社が定款の定めによらず任意の委員会を設置することは禁止されていないことから，任意の委員会としての指名委員会や報酬委員会を設置することも可能であるが，監査役設置会社同様，これらの委員会は会社法に基づく委員会ではないから，同法に定める独自の決定権限等は認められない。

2 監査等委員会の構成

1 監査等委員の員数・資格

(1) 監査等委員の員数

監査等委員会は3名以上の取締役で組織され，その過半数は，社外取締役でなければならない（法331Ⅵ）。監査役会設置会社において，監査役の半数以上が社外監査役でなければならないとされていること（法335Ⅲ）と比較すると，より高い割合で社外者を選任することが要求されている。

また，監査等委員会設置会社においては，監査等委員以外の取締役から代表

取締役を選定しなければならないとされていることから（法399の13Ⅲ），監査等委員会設置会社の取締役は最低でも4名が必要となる。

監査等委員が3名未満となった場合や社外取締役の占める割合が半数以下となった場合など，法定の員数を欠いた状態で行われた監査等委員会の決議等については，会社法の定める効力が生じないものと解される。具体的には，員数要件を欠く監査等委員会が監査報告を作成したとしても，会社法439条（会計監査人設置会社の特則）の適用はなく，株主総会で計算書類の承認決議がなされた場合も決議取消事由となる。

監査等委員会設置会社においては，このような場合に備え，あらかじめ補欠取締役の選任を行っておくことが考えられるが（法329Ⅲ），かかる補欠取締役の選任を行っていないなどの理由により欠員が生じてしまった場合には，速やかに臨時株主総会を開催して新たな取締役を選任するか，または裁判所に一時取締役の職務を行うべき者の選任を申し立てることになる（法346Ⅱ）。

欠員の場合の処置および欠員の場合の監査の効力については，前記**第1章2**④3～4も参照されたい。

(2) **監査等委員の資格**

監査等委員は，社外取締役であるか否かを問わず，当該会社もしくはその子会社の業務執行取締役，支配人その他の使用人もしくは会計参与，または当該子会社の執行役であってはならない（法331Ⅲ・333Ⅲ①）。監査等委員会については，監査する者と監査される者が同一であっては監査の実を損なうおそれがあることから，業務執行者からの独立性を確保するため，このような規制が設けられている。かかる兼任禁止規制において問題となる使用人の範囲等は，監査役と同様であることから，前記**第1章2**①4を参照されたい。

(3) **常勤の監査等委員の要否**

監査等委員会による監査の方法については，後記⑤2のとおり，取締役会が設ける内部統制システムを通じて監査を行うことが想定されていることから，監査役会設置会社のように常勤の監査等委員を設置することは必ずしも必須とはされていない。ただし，監査等委員会による情報収集の実効性を高める等の

観点からは，常勤監査等委員を設けるほうが望ましく，公益社団法人日本監査役協会が定めるベストプラクティスである「監査等委員会監査等基準」（平成27年9月29日制定。以下「監査等委員会監査等基準」という）5条2項においては，監査等委員会は，必要があると認めた時は，常勤の監査等委員を選定することができるとされている。このため，監査等委員会設置会社においては，常勤の監査等委員の選定の有無およびその理由を事業報告に記載することが義務付けられている（会規121⑩イ）。

常勤の意義や非常勤者との権限・責任の相違については，前記**第1章2③2**も参照されたい。

(4) 委員長・議長の要否

会社法上，監査等委員会において，委員長・議長を定めるべき義務はないが，会議体としての運営を行っていくうえでは，これらの役職を定めることが便宜である。監査等委員会監査等基準9条2項においては，監査等委員会は監査等委員会の長を定めるものとし，当該者は，監査等委員会を招集し運営するほか，監査等委員会の委嘱を受けた職務を遂行するものとされている。

監査等委員会は，指名委員会等設置会社の監査委員会とは異なり，取締役会の内部機関ではないことから，選定方法としては，取締役会の決議によるのではなく，監査等委員会の決議または監査等委員間の互選による方法などが考えられる。

監査等委員会は，その性質上，高い独立性が求められることから，委員長・議長には社外取締役が選定されることが多いと考えられる。

(5) 監査スタッフの要否

監査等委員会の監査の実効性を高めるためには，監査スタッフの充実が重要である。監査等委員会設置会社においては，内部統制システムの基本方針の一環として，監査等委員会の職務を補助すべき取締役（ここでの補助すべき取締役としては，監査等委員でない取締役であって，業務執行取締役でない者や内部統制システムの構築・運用に関与している者などをこれにあてることが考えられる）および使用人に関する事項，当該取締役および使用人の他の取締役

（監査等委員である取締役を除く）からの独立性に関する事項，監査等委員会の当該取締役および使用人に対する指示の実効性の確保に関する事項などを決議することが求められている（法399の13Ⅰ①ロ，会規110の4Ⅰ①～③）。

監査等委員会監査等基準5条5項においては，監査等委員会は，監査等委員会事務局の設置を取締役会に対して要請することができ，設置する場合，その使用人は専任のものであることが望ましいとされている。

また，同基準18条においては，監査等委員会は，監査スタッフの体制の強化に努めるとともに，業務執行者からの独立性の確保に留意しなければならないとされており，具体的には，監査スタッフの権限，属する組織，監査等委員会の監査スタッフに対する指揮命令権，監査スタッフの人事異動，人事評価，懲戒処分等に対する同意権等について明確化しておくなど，監査スタッフの独立性および監査スタッフに対する指示の実効性の確保に必要な事項を検討することとされている。

2 監査等委員の任期

監査等委員会設置会社においては，監査等委員である取締役の任期は選任後2年以内に終了する事業年度のうち最終のものに関する定時株主総会の終結の時までとされている一方（法332Ⅰ），監査等委員でない取締役の任期は選任後1年以内に終了する事業年度のうち最終のものに関する定時株主総会の終結の時までとされている（法332Ⅲ・Ⅰ）。監査等委員である取締役については，独立性確保の観点から，監査等委員でない取締役よりも相対的に任期を長くする必要がある一方，取締役会の構成員として業務執行の決定に関与することから，監査役の任期（4年）ほど長期とすることは適切ではないとの判断がなされている（坂本三郎編著『一問一答平成26年改正会社法』32頁）。

また，監査等委員でない取締役については，定款または株主総会の決議によって，その任期を短縮することが可能だが（法332Ⅰ但書），監査等委員である取締役については，短縮は認められていない（法332Ⅳ）。ただし，定款の規定を設けることにより，補欠として選任された者の任期を前任者の任期と揃え

ることは認められている(法332Ⅴ)。他方、全株式譲渡制限会社であっても、定款によって、その任期を伸長することは許されない(法332Ⅱ)。

さらに、監査等委員は、取締役であるから、任期の途中で解任された場合、その解任について正当な理由がある場合を除き、会社に対し、解任によって生じた損害(具体的には、残任期間の報酬等)の賠償を請求することができる(法339Ⅱ)。

なお、会社法上、取締役会において剰余金の配当等を決定できる旨の定款規定を定めるためには、取締役の任期が1年以内であることが要件とされているが、監査等委員会設置会社にあっては、監査等委員である取締役以外の取締役の任期が1年以内であれば、かかる要件を満たすものとされている(法459Ⅰ)。

3 監査等委員の選任・解任

監査等委員である取締役については、以下に述べるとおり、選任方法等において、監査役会設置会社の監査役と同等の独立性が担保されている。

(1) 監査等委員の選任

監査等委員会設置会社が、株主総会において取締役を選任するに際しては、監査等委員である取締役と監査等委員でない取締役とを区別して選任する必要がある(法329Ⅱ)。したがって、通常、監査等委員会設置会社において取締役選任議案を上程するに際しては、監査等委員である取締役と監査等委員でない取締役とで、別個の議案を上程することになる。決議要件は、一般の取締役選任議案と同様であり、議決権を行使することができる株主の議決権の過半数(3分の1以上の割合を定款で定めた場合にあっては、その割合以上)を有する株主が出席し、出席した当該株主の議決権の過半数(これを上回る割合を定款で定めた場合にあっては、その割合以上)をもって行う(法341)。

また、監査等委員会は、監査等委員である取締役の選任に関する議案について、同意権および提案権を有している(法344の2Ⅰ・Ⅱ)。

さらに、監査等委員である取締役または監査等委員である取締役を辞任した者は、株主総会において意見を述べることができる(法342の2Ⅰ・Ⅱ)。

(2) **監査等委員の解任**

　監査等委員である取締役を解任する場合には，監査役と同様に，特別決議が必要となる（法344の2Ⅲ・339Ⅰ・309Ⅱ⑦）。

　後記③2(3)のとおり，監査等委員である取締役は，株主総会において，監査等委員である取締役の解任について意見を述べることができる（法342の2Ⅰ）。

③　監査等委員会・監査等委員の職務等

1　監査等委員会・監査等委員の職務

(1) **監査および監査報告の作成**

① **監査報告の内容**

　監査等委員会は，取締役および会計参与の職務の執行を監査し（法399の2Ⅲ①），各事業年度ごとに以下の事項を内容とする監査報告を作成する（同①・436Ⅱ②，会規130の2）。

　　イ　監査等委員会の監査の方法およびその内容
　　ロ　事業報告およびその附属明細書が法令または定款に従い当該株式会社の状況を正しく示しているかどうかについての意見
　　ハ　当該株式会社の取締役の職務の遂行に関し，不正の行為または法令もしくは定款に違反する重大な事実があったときは，その事実
　　ニ　監査のため必要な調査ができなかったときは，その旨およびその理由
　　ホ　内部統制システムの基本方針に関する決定または決議（会規118②）がある場合において，当該事項の内容が相当でないと認めるときは，その旨およびその理由
　　ヘ　当該株式会社の財務および事業の方針の決定を支配する者の在り方に関する基本方針（会規118③）もしくは親会社等との取引に係る事項（会規118⑤・128Ⅲ）が事業報告またはその附属明細書の内容となっているときは，当該事項についての意見
　　ト　監査報告を作成した日

これら業務監査に際して注意すべきポイント等については、監査等委員会監査等基準22条～32条に定めがある。

また、監査等委員会は、会計を監査し、各事業年度ごとに以下の事項を内容とする監査報告を作成する（法436Ⅱ①・444Ⅳ、計規128の2）。

イ　監査等委員会の監査の方法およびその内容
ロ　会計監査人の監査の方法または結果を相当でないと認めたときは、その旨およびその理由（会計監査人が通知期限日を徒過した場合にあっては、会計監査報告を受領していない旨）
ハ　重要な後発事象（会計監査報告の内容となっているものを除く）
ニ　会計監査人の職務の遂行が適正に実施されることを確保するための体制に関する事項
ホ　監査のため必要な調査ができなかったときは、その旨およびその理由
ヘ　監査報告を作成した日

これら会計監査に際して注意すべきポイント等については、監査等委員会監査等基準33条～38条に定めがある。

監査役会設置会社においては、各監査役が監査報告を作成したうえで、これに基づき監査役会の監査報告が作成されるが、監査等委員会設置会社においては各監査等委員の監査報告は存在せず、監査報告の内容は、監査等委員会の決議をもって定めなければならない（会規130の2Ⅱ、計規128の2Ⅱ）。ただし、監査等委員は、監査報告の内容が当該監査等委員の意見と異なる場合には、その意見を監査報告に付記することができる（会規130の2Ⅰ後段、計規128の2Ⅰ後段）。

監査報告の作成等に際して注意すべきポイント等については、監査等委員会監査等基準56条～61条に定めがある。

② **具体的な監査スケジュール**

監査報告の授受に際しては、その窓口として、取締役の中から特定取締役、監査等委員の中から特定監査役がそれぞれ定められる（会規132Ⅳ・Ⅴ③、計規130Ⅳ・Ⅴ③）。

そして、監査等委員会は、取締役から、事業報告およびその附属明細書を受領後、以下のうちいずれか遅い日までに監査報告を作成し、その内容を特定取締役に通知しなければならない（会規132Ⅰ）。
　イ　事業報告を受領した日から4週間を経過した日
　ロ　事業報告の附属明細書を受領した日から1週間を経過した日
　ハ　特定取締役および特定監査役の間で合意した日
　また、監査等委員会は、会計監査人から計算書類およびその附属明細書ならびに連結計算書類についての会計監査報告を受領後、以下の日までに監査報告を作成し、その内容を特定取締役に通知しなければならない（計規132Ⅰ）。
　イ　連結計算書類以外の計算関係書類については以下のいずれか遅い日
　　(イ)　会計監査報告を受領した日（会計監査人が通知期限日を徒過した場合にはその日）から1週間を経過した日
　　(ロ)　特定取締役および特定監査役の間で合意により定めた日があるときは、その日
　ロ　連結計算書類については、会計監査報告を受領した日から1週間を経過した日（特定取締役および特定監査役の間で合意により定めた日がある場合にあっては、その日）

　特定監査役が、これらの期限までに監査報告の内容の通知をしない場合、各書類は、当該期限をもって、監査等委員会の監査を受けたものとみなされる（会規132Ⅲ、計規132Ⅲ）。
　なお、監査等委員会設置会社においては、計算書類および事業報告、これらの附属明細書ならびに連結計算書類について、監査等委員会および会計監査人の監査を経たうえで、取締役会において承認を得る必要がある（法436Ⅲ・444Ⅴ）。かかる承認は、監査後に行えば足ることから、監査等委員会または会計監査人に対してこれらの書類を提出するに際して、取締役会における審議等を経る必要は必ずしもないが、監査後の取締役会における審議の結果、事後的な内容変更が生じた場合には監査をやり直さなければならなくなる可能性もあることから、実務的には、取締役会の中で一定の確認を経たうえで監査等委員会

または会計監査人へ提出を行うことが考えられる。

③ 具体的な記載例

公益社団法人日本監査役協会の公表する監査委員会監査報告のひな型（平成21年4月16日最終改正）をベースに作成した監査等委員会監査報告の記載例は，以下のとおりである。

【事業報告等に係る監査報告書ならびに計算書類およびその附属明細書に係る監査報告書（個別の監査報告書）】

平成〇年〇月〇日

〇〇〇〇株式会社
取締役〇〇〇〇殿

監査等委員会

監査報告書の提出について

　当監査等委員会は，会社法第399条の2第3項第1号に基づき監査報告書を作成しましたので，別紙のとおり提出いたします。

以　上

監　査　報　告　書

　当監査等委員会は，平成〇年〇月〇日から平成〇年〇月〇日までの第〇〇期事業年度における取締役の職務の執行について監査いたしました。その方法及び結果につき以下のとおり報告いたします。

1．監査の方法及びその内容

　監査等委員会は，会社法第399条の13第1項第1号ロ及びハに掲げる事項に関する取締役会決議の内容並びに当該決議に基づき整備されている体制（内部統制システム）の状況について監視及び検証し，かつ，監査等委員会が定めた監査の方針，職務の分担等に従い，会社の内部統制部門と連係の上，重要な会議に出席し，取締役等からその職務の執行に関する事項の報告を受け，必要に応じて説明を求め，重要な決裁書類等を閲覧し，本社及び主要な事業所において業務及び財産の状況を調査しました。また，事業報告に記載されている会社法施行規則第

118条第3号イの基本方針及び同号ロの各取組み並びに会社法施行規則第118条第5号イの留意した事項及び同号ロの判断及び理由については，取締役会その他における審議の状況等を踏まえ，その内容について検討を加えました。子会社については，子会社の取締役及び監査役等と意思疎通及び情報の交換を図り，必要に応じて子会社から事業の報告を受けました。

さらに，会計監査人が独立の立場を保持し，かつ，適正な監査を実施しているかを監視及び検証するとともに，会計監査人からその職務の執行状況について報告を受け，必要に応じて説明を求めました。また，会計監査人から「職務の遂行が適正に行われることを確保するための体制」（会社計算規則第131条各号に掲げる事項）を「監査に関する品質管理基準」（平成17年10月28日企業会計審議会）等に従って整備している旨の通知を受け，必要に応じて説明を求めました。

以上の方法に基づき，当該事業年度に係る事業報告，計算書類（貸借対照表，損益計算書，株主資本等変動計算書及び個別注記表）及びそれらの附属明細書につき検討いたしました。

2．監査の結果
 (1) 事業報告等の監査結果
  一　事業報告及びその附属明細書は，法令及び定款に従い，会社の状況を正しく示しているものと認めます。
  二　取締役の職務の執行に関する不正の行為又は法令もしくは定款に違反する重大な事実は認められません。
  三　内部統制システムに関する取締役会の決議の内容は相当であると認めます。また，当該内部統制システムに関する取締役の職務の執行についても，指摘すべき事項は認められません。
  四　事業報告に記載されている会社の財務及び事業の方針の決定を支配する者の在り方に関する基本方針は相当であると認めます。事業報告に記載されている会社法施行規則第118条第3号ロの各取組みは，当該基本方針に沿ったものであり，当社の株主共同の利益を損なうものではなく，かつ，当社の会社役員の地位の維持を目的とするものではないと認めます。
  五　事業報告に記載されている親会社等との利益相反取引について，当該取引をするに当たり当社の利益を害さないように留意した事項及び当該取引が当社の利益を害さないかどうかについての取締役会の判断及びその理由について，指摘すべき事項は認められません。

(2) 計算書類及びその附属明細書の監査結果
　会計監査人○○○○の監査の方法及び結果は相当であると認めます。

3．監査等委員○○○○の意見（異なる監査意見がある場合）

4．後発事象（重要な後発事象がある場合）

　平成○年○月○日
　　　　　　　　　　　　　○○○○株式会社　監査等委員会
　　　　　　　　　　　　　　　　　　　監査等委員　○○○○　㊞
　　　　　　　　　　　　　　　　　　　監査等委員　○○○○　㊞
　　　　　　　　　　　　　　　　　　　監査等委員　○○○○　㊞
（注）　監査等委員○○○○及び○○○○は，会社法第2条第15号及び第331条第6項に規定する社外取締役であります。

【連結計算書類に係る監査報告書】

平成○年○月○日
○○○○株式会社
取締役○○○○殿

　　　　　　　　　　　　　　　　　　　　　　　　　　監査等委員会

　　　　　　　連結計算書類に係る監査報告書の提出について

　当監査等委員会は，会社法第444条第4項に基づき監査報告書を作成しましたので，別紙のとおり提出いたします。
　　　　　　　　　　　　　　　　　　　　　　　　　　以　上

　　　　　　　　　連結計算書類に係る監査報告書

　当監査等委員会は，平成○年○月○日から平成○年○月○日までの第○○期事業年度における連結計算書類（連結貸借対照表，連結損益計算書，連結株主資本等変動計算書及び連結注記表）について監査いたしました。その方法及び結果に

つき以下のとおり報告いたします。

1．監査の方法及びその内容
　監査等委員会は，その定めた監査の方針，職務の分担等に従い，連結計算書類について取締役等から報告を受け，必要に応じて説明を求めました。さらに，会計監査人が独立の立場を保持し，かつ，適正な監査を実施しているかを監視及び検証するとともに，会計監査人からその職務の執行状況について報告を受け，必要に応じて説明を求めました。また，会計監査人から「職務の遂行が適正に行われることを確保するための体制」（会社計算規則第131条各号に掲げる事項）を「監査に関する品質管理基準」（平成17年10月28日企業会計審議会）に従って整備している旨の通知を受け，必要に応じて説明を求めました。
　以上の方法に基づき，当該事業年度に係る連結計算書類につき検討いたしました。

2．監査の結果
　会計監査人〇〇〇〇の監査の方法及び結果は相当であると認めます。

3．監査等委員〇〇〇〇の意見（異なる監査意見がある場合）

4．後発事象（重要な後発事象がある場合）
　平成〇年〇月〇日

　　　　　　　　　　　　　　　〇〇〇〇株式会社　監査等委員会
　　　　　　　　　　　　　　　　監査等委員　〇〇〇〇　㊞
　　　　　　　　　　　　　　　　監査等委員　〇〇〇〇　㊞
　　　　　　　　　　　　　　　　監査等委員　〇〇〇〇　㊞
　（注）　監査等委員〇〇〇〇及び〇〇〇〇は，会社法第2条第15号及び第331条第6項に規定する社外取締役であります。

　監査報告の作成・提出については，前記**第1章5**[2]3(3)も参照されたい。
(2)　**取締役会への報告義務**
　各監査等委員は，取締役が不正の行為をし，もしくは当該行為をするおそれがあると認めるとき，または法令もしくは定款に違反する事実もしくは著しく

不当な事実があると認めるときは，遅滞なく，その旨を取締役会に報告しなければならない（法399の4）。

後記2(1)のとおり，監査等委員については，監査等委員会にて選定された監査等委員とそれ以外の監査等委員とで，調査権限の有無が異なるが，上記報告義務は監査等委員会にて選定された監査等委員のみならずすべての監査等委員に課されている。そして，ここで報告された事実については，取締役会議事録に記載または記録されるとともに（会規101Ⅲ⑥ヘ），監査等委員会監査報告に記載され（会規130の2Ⅰ②・129Ⅰ③），かつ，当該監査報告は株主に対しても提供される（会規133）。

なお，指名委員会等設置会社の監査委員会は，取締役会の内部機関であることから，遅滞なく，委員会の職務の執行の状況を取締役会に報告することが義務付けられているが（法417Ⅲ），監査等委員会については，これに相当する規律は設けられていない。

(3) 株主総会に提出する議案等の調査義務

監査等委員は，取締役が株主総会に提出しようとする議案，書類その他法務省令で定めるものを調査し，当該議案等に法令もしくは定款に違反し，または著しく不当な事項があると認めるときは，その調査の結果を株主総会に報告しなければならない（法399の5）。

2 監査等委員会・監査等委員の権限

(1) 調査権限

監査等委員会が選定する監査等委員は，いつでも，取締役，会計参与および使用人に対し，その職務の執行に関する事項の報告を求め，または会社の業務及び財産の状況の調査をすることができる（法399の3Ⅰ）。

また，当該監査等委員は，監査等委員会の職務を執行するため必要があるときは，子会社に対して事業の報告を求め，または当該子会社の業務および財産の状況の調査をすることができ（法399の3Ⅱ），当該子会社は，正当な理由がない限り，当該報告または調査を拒むことができない（同Ⅲ）。

さらに、監査等委員でない取締役等からの意見聴取が必要となった場合に備え、監査等委員会の要求があったときは、取締役および会計参与は、監査等委員会に出席し、監査等委員会が求めた事項について説明をしなければならないとされている（法399の9Ⅲ）。

監査等委員は、後記5 2のとおり、独任制ではない（この点において、監査役設置会社の監査役とは異なる）ことから、これらの調査権限を行使できるのは、各監査等委員ではなく、監査等委員会が選定した監査等委員に限られている（ただし、かかる権限を有する監査等委員を複数選定することも可能であり、監査等委員全員を選定することもできる）。また、監査等委員会が選定した監査等委員であっても、これらの調査権限を行使するに際して、監査等委員会の決議があるときは、これに従わなければならない（法399の3Ⅳ）。

監査等委員会設置会社においては、かかる調査の実効性を確保するため、当該会社およびその子会社の役職員が当該会社の監査等委員会に報告をするための体制ならびに監査等委員会に報告をした者が当該報告をしたことを理由として不利な取扱いを受けないことを確保するための体制を、内部統制システムの基本方針として決定することが必要とされている（法399の13Ⅰ①ロ、会規110の4Ⅰ④⑤）。具体的な体制については、監査等委員会監査等基準19条において、取締役からの報告体制や内部通報システムからの情報提供体制の整備が定められている。

かかる調査権限の具体的内容については、前記**第1章5 2** 1も参照されたい。

(2) **是正権限**

各監査等委員は、取締役が会社の目的の範囲外の行為その他法令もしくは定款に違反する行為をし、またはこれらの行為をするおそれがあり、かつ、当該行為によって会社に著しい損害が生ずるおそれがあるときは、当該取締役に対し、当該行為の差止めを請求することができる（法399の6Ⅰ）。後記5 2のとおり、監査等委員は独任制ではないが、かかる差止請求権については、緊急に行使される必要があり得ることから、例外的に、各監査等委員に権限が付与されている。差止めの要件や方法は、基本的に監査役による取締役に対する差止

請求権（法385Ⅰ）と同様であると考えられることから，前記**第1章5**[2]**2**(1)を参照されたい。

また，会社が，取締役（取締役であった者を含む）に対し，責任追及等のための訴えを提起する場合には，会社との利益相反や馴れ合いを回避するため，監査等委員が当事者である場合を除き，監査等委員会が選定する監査等委員が会社を代表する（法399の7Ⅰ②）。かかる訴えを提起するか否かについて，監査役設置会社においては，個々の監査役が意思決定権限を有すると解されるが，監査等委員会設置会社においては，上記のとおり，監査等委員会による選定が必要である以上，訴えの提起についても監査等委員会が意思決定権限を有するものと解される。

さらに，各監査等委員は，株主代表訴訟に関し，株主から提訴請求を受ける権限や和解について裁判所から通知および催告を受ける権限等を有する（法399の7Ⅴ）。

加えて，取締役（監査等委員を除く）の会社に対する責任について，株主総会決議，定款の定めに基づく取締役会決議または責任限定契約により，責任の一部免除を行う場合には，これらに関する議案の上程や定款変更等を行うに際して，監査等委員全員の同意が必要となる（法425Ⅲ②・426Ⅱ・427Ⅲ）。かかる同意については，各監査等委員による同意の意思表示が確認できれば足り，監査等委員会を開催する必要は必ずしもない。

かかる是正権限の具体的内容については，前記**第1章5**[2]**2**も参照されたい。

(3) 選任等についての意見陳述権

① 監査等委員である取締役の選任等についての意見陳述権

監査等委員である取締役は，業務執行者からの独立性を確保するため，株主総会において，監査等委員である取締役の選任もしくは解任または辞任について意見を述べることができる（法342の2Ⅰ）。また，監査等委員である取締役を辞任した者は，株主総会において，辞任について意見を述べることができる（法342の2Ⅱ・Ⅲ）。

② 監査等委員でない取締役の選任等に関する意見陳述権

　取締役会が，取締役の職務の執行を監督し，業務執行者の業務執行を是正するに際して，最も重要なものは，業務執行者を含む取締役の人事の決定権限である。監査等委員会においては，業務執行者から独立し，自らは業務執行を行わない社外取締役が，業務執行全般の評価に基づき，取締役会における業務執行者の選定・解職の決定に関して議決権を行使すること等を通じて業務執行者を適切に監督することが期待されている（坂本三郎編著『一問一答平成26年改正会社法』41頁）。

　そこで，監査等委員会設置会社においては，取締役会における議決権に加え，監査等委員会が選定する監査等委員は，株主総会において，監査等委員である取締役以外の取締役の選任もしくは解任または辞任について，監査等委員会の意見を述べることができるとされている（法342の2Ⅳ）。

(4) 報酬等についての意見陳述権

　監査等委員は，株主総会において，監査等委員である取締役の報酬等について意見を述べることができる（法361Ⅴ）。

　また，監査等委員会が選定する監査等委員は，株主総会において，監査等委員である取締役以外の取締役の報酬等について，監査等委員会の意見を述べることができる（法361Ⅵ）。ここでの意見の対象となる「報酬等」が，株主総会で決議された総額を指すのか，それとも個別の支給額を指すのかについては議論があり得るところであるが，事業報告において開示が求められているのが総額に留まることなどからすれば，総額で足りると解するべきである。

　これらも，前記(3)同様，指名委員会等設置会社の報酬委員会が有しているような決定権限には及ばないまでも，社外取締役が過半数を占める監査等委員会による経営評価を，会社の運営に反映させるための仕組みである。

(5) 会計監査人の選任等および報酬等に関する権限

　監査等委員会設置会社は，大会社であるか否かにかかわらず，会計監査人を設置しなければならない（法327Ⅴ）。監査等委員会設置会社における監査は，後記5 2のとおり，内部統制システムを利用した組織的監査により行われると

ころ，内部統制システムの構築にあたっては，計算書類の適正性・信頼性の確保の観点から会計監査人が重要な役割を果たすと考えられたためである。

そして，監査等委員会は，株主総会に提出する会計監査人の選任，解任および不再任に関する議案の内容を決定することができる（法399の2Ⅲ②）。これは，会計監査人の独立性を確保し，監査等委員会と会計監査人とが緊密な協力関係を構築するための措置である。会計監査人設置会社においては，会計監査人は，定時株主総会において別段の決議がされなかったときは自動的に再任されたものとみなされるところ（法338Ⅱ），上記のとおり，会計監査人の選任等に関する権限が監査等委員会に帰属する関係上，監査等委員会としては，毎事業年度に係る定時株主総会前に，会計監査人の再任の当否について審議を行い，その結果（特に，交代が必要である場合には，旧会計監査人の不再任および新会計監査人の選任に関する議案の内容）を取締役会に対して通知することが考えられる。

また，公開会社である会計監査人設置会社においては，事業報告に会計監査人の解任または不再任の決定の方針を記載する必要があるが（会規126④），同様に会計監査人の選任等に関する権限が監査等委員会に帰属する関係上，かかる方針についても，監査等委員会において決定を行う必要がある。

さらに，監査等委員会は，会計監査人が次のいずれかに該当するときは，監査等委員全員の同意をもって，当該会計監査人を解任することができる（法340Ⅰ・Ⅱ・Ⅴ）。

イ　職務上の義務に違反し，または職務を怠ったとき
ロ　会計監査人としてふさわしくない非行があったとき
ハ　心身の故障のため，職務の執行に支障があり，またはこれに堪えないとき

会計監査人の報酬等は，定款又は株主総会決議によって定める必要はない（取締役会またはその委任を受けた取締役が定めることができる）が，取締役が当該報酬等を定めるに際しては，監査等委員会の同意が必要となる（法399条Ⅲ・Ⅰ）。

監査等委員会監査等基準37条および38条によれば、監査等委員会は、これらの判断に際して、取締役、社内関係部署および会計監査人から必要な資料を入手し、かつ報告を受けたうえで、会計監査人の監査計画の内容、会計監査人の職務遂行状況、監査体制、独立性および専門性、報酬見積もりの算出根拠が適切であるかを確認することとされている。

かかる会計監査人に関する権限については、前記第1章5②4(3)も参照されたい。

(6) 取締役会の招集権限

取締役会設置会社においては、定款または取締役会において取締役会を招集する取締役を指定することが可能であるが（法366Ⅰ）、監査等委員会設置会社においては、かかる招集権者の定めがある場合であっても、監査等委員会がその委員の中から選定する者が取締役会を招集することができる（法399の14）。

(7) 利益相反取引の事前承認権限

利益相反取引によって会社に損害が生じた場合、当該取引に関与した取締役は、会社に対する損害賠償責任との関係において、その任務を怠ったものと推定される（法423Ⅲ）。

しかし、監査等委員である取締役以外の取締役が、当該取引について、あらかじめ監査等委員会の承認を受けたときは、かかる推定規定の適用が排除されるため（法423Ⅳ）、原則どおり、責任を追及する側が任務懈怠の立証責任を負うこととなる。

監査等委員会設置会社についてのみ、かかる規律を設けることについて、立案担当者からは、監査等委員会が監査等委員である取締役以外の取締役の人事についての意見陳述権を有し、業務執行者に対する監督機能を有しているのに対し、監査役および監査委員会は監査機能しか有しないからであるとの説明がなされているが（坂本三郎編著『一問一答平成26年改正会社法』44頁）、かかる説明に対しては、論理的理由はなく、監査等委員会設置会社の利用勧奨策という要素が大きいとの評価もある（江頭憲治郎『株式会社法〔第6版〕』580頁）。

(8) 監査費用の取扱い

　監査等委員が，その職務の執行について，会社に対し，以下の請求をしたときは，当該会社は，当該請求にかかる費用または債務が当該監査等委員の職務の執行に必要でないことを証明した場合を除き，これを拒むことができない（法399の2Ⅳ）。

　　イ　費用の前払の請求
　　ロ　支出をした費用および支出の日以後におけるその利息の償還の請求
　　ハ　負担した債務の債権者に対する弁済（当該債務が弁済期にない場合は相当の担保の提供）の請求

　また，かかる監査費用の処理についての監査等委員の予測可能性を高め，その職務の円滑な執行を促進するため，監査等委員の職務の執行について生ずる費用の前払または償還の手続その他の当該職務の執行について生ずる費用または債務の処理に係る方針に関する事項を，内部統制システムの基本方針として決定する必要がある（法399の13 Ⅰ①ロ，会規110の4 Ⅰ⑥）。

　監査等委員会監査等基準12条2項においては，監査等委員会は，その職務の執行上必要と認める費用について，あらかじめ予算を計上しておくことが望ましいとされている。

3　監査等委員の報酬等

　監査等委員の報酬等については，選任方法等と同様に，監査役会設置会社の監査役と同等の独立性が担保されている。

　すなわち，監査等委員会設置会社における取締役の報酬等は，原則どおり定款または株主総会決議によって定めることとなるが，その際には，監査等委員である取締役とそれ以外の取締役とで区別して決定を行う必要がある（法361Ⅱ）。

　また，定款または株主総会決議において上限額など枠のみを決定し，個別の報酬等の決定を下位の機関に一任する場合，当該報酬等は，定款または株主総会決議において定めた範囲内で監査等委員である取締役の協議によって定める

こととなる（法361Ⅲ）。ここでいう「協議」とは全員一致の決定を言い，その方法等についての解釈は，基本的に監査役の個別の報酬等を決定するための協議（法387Ⅱ）と同様であると考えられることから，前記**第1章3①2**を参照されたい。

4 監査等委員の責任

(1) 監査等委員の責任に関する会社法上の規律

監査等委員は，取締役として，会社に対し，善管注意義務（法330，民644）および忠実義務（法355）を負い，その任務を怠ったときは，会社に対し，これによって生じた損害を賠償する責任を負う（法423Ⅰ）。

また，監査等委員固有の責任として，監査報告に記載し，または記録すべき重要な事項についての虚偽の記載または記録があった場合には，当該行為をすることについて注意を怠らなかったことを証明したときを除き，これによって第三者に生じた損害を賠償する責任を負う（法429Ⅱ③）。

その他，株主権の行使に関する利益供与についての責任（法120Ⅳ），剰余金の配当等に関して分配可能額の超過または欠損が生じた場合の責任（法462・465），第三者に対する悪意または重過失による任務懈怠による責任（法429Ⅰ）等を負うことは，一般の取締役と同様である。

(2) 責任の全部または一部の免除

監査等委員の会社に対する責任を免除するためには，原則として総株主の同意が必要である（法424）。

ただし，株主総会決議，定款の定めに基づく取締役会決議により，法令の定める最低責任限度額まで責任を一部免除することは認められる（法425・426）。また，前記②1(2)のとおり，監査等委員については業務執行者との兼任が禁じられていることから，定款の定めを設けることにより，善意でかつ重大な過失がないときは責任を一部免除する旨の責任限定契約を締結することも可能である（法427）。

なお，前記2(2)のとおり，取締役（監査等委員を除く）の会社に対する責任

について，株主総会決議，定款の定めに基づく取締役会決議または責任限定契約により，責任の一部免除を行う場合には，これらに関する議案の上程や定款変更等を行うに際して，監査等委員全員の同意が必要となるが（法425Ⅲ②・426Ⅱ・427Ⅲ），監査等委員についてこれらを行う場合には，監査等委員の同意は不要である。

4 監査等委員会の運営

1 監査等委員会の招集

(1) 招集権者

監査等委員会は，各監査等委員が招集する（法399の8）。取締役会について，定款または取締役会決議により招集権者を限定することが認められているのとは異なり（法366Ⅰ但書），社外取締役である監査等委員の招集権を保障する等の理由から，招集権者の限定は認められていない。実務上は，内部規則等において，委員長など特定の監査等委員を一次的な招集権者とすることも考えられるが，かかる規定をもってしても他の監査等委員の招集権限が制約されるわけではない。

(2) 招集の期限および方法

監査等委員会を招集するには，監査等委員は，監査等委員会の日の1週間（中7日。ただし，これを下回る期間を定款で定めた場合にあっては，その期間）前までに，各監査等委員に対してその通知を発しなければならない（法399の9Ⅰ）。実務上は，緊急に招集することが必要となった場合に備え，定款において，招集期間を短縮することも考えられる。また，監査等委員全員の同意があるときは，招集の手続を経ることなく監査等委員会を開催することができる（法399の9Ⅱ）。監査等委員が一堂に会し，審議および決議をすることに同意する場合（全員出席委員会の場合）も同様である。

監査等委員会の招集通知の方法について，特に制約はないことから，理論的には，書面やeメールに限らず，口頭による招集を行うことも可能である。ま

た，招集に際して目的事項を特定する必要はない。仮に目的事項が特定されていたとしても，それ以外の事項をその場で目的事項とし，審議・決議することは妨げられない。

2 監査等委員会の決議方法

監査等委員会の決議は，議決に加わることができる監査等委員の過半数が出席し，その過半数をもって行う（法399の10Ⅰ）。出席の方法については，実際に監査等委員会が開催されている場所に出席する方法に加え，電話会議システム等により遠隔地から参加することも認められている（会規110の3Ⅲ①括弧書参照）。

かかる定足数または決議要件について，加重または緩和は一切認められていない。

また，取締役会と同様に代理人による出席は認められない。

当該決議について特別の利害関係を有する監査等委員は，議決に加わることができない（法399の10Ⅱ）。ただし，監査等委員会における決議について，かかる特別の利害関係が問題となる場面はそれほど多くないと考えられる。

監査等委員会の決議については，取締役会（法370）と異なり，定款の定めによっても，決議の省略（いわゆる書面決議）を行うことは認められていない。他方，取締役，会計参与または会計監査人が監査等委員全員に対して監査等委員会に報告すべき事項を通知した時は，監査等委員会への報告は省略することができる（法399の12）。

3 監査等委員会の議事録

監査等委員会の議事については，以下の事項について，議事録を作成し，かつ，当該議事録が書面により作成されているときは，出席した監査等委員の署名または記名押印を得る必要がある（法399の10Ⅲ，会規110の3）。

イ　監査等委員会が開催された日時および場所（当該場所に存しない監査等委員，取締役（監査等委員を除く），会計参与または会計監査人が，電話

会議システム等を利用して出席した場合には，当該出席の方法を含む）
ロ　監査等委員会の議事の経過の要領およびその結果
ハ　決議を要する事項について特別の利害関係を有する監査等委員があるときは，その氏名
ニ　法令に基づき述べられた意見または発言があるときは，その意見または発言の内容の概要
ホ　監査等委員会に出席した取締役（監査等委員を除く），会計参与または会計監査人の氏名または名称
ヘ　監査等委員会の議長が存するときは，議長の氏名

監査等委員会議事録の具体的な記載例は，以下のとおりである。

監査等委員会議事録

日時　平成○年○月○日　午前○時○分
場所　当社本店会議室
出席者　監査等委員3名（監査等委員総数3名）
　　　　A，B，C
　定刻，委員長Aが議長席に着き，開会を宣し，議事に入った。

議案　第○期事業年度監査報告書作成の件
　議長より，第○期事業年度に係る会計監査人の計算書類及び連結計算書類の監査結果の説明後，第○期事業年度監査報告書を別紙のとおりとしたい旨の提案があり，議場に諮った結果，出席委員全員一致で承認可決した。

　以上をもって，本日の議事を終了したので，午前○時○分，議長は閉会を宣した。
　上記議事の経過の要領及びその結果を明確にするため，この議事録を作成し，出席委員はこれに記名押印する。

　　　　　　　　　　　　　　　平成○年○月○日
　　　　　　　　　　　　　　　○○株式会社　監査等委員会
　　　　　　　　　　　　　　　　議長　監査等委員長　A　㊞

| | 監査等委員 | B | ㊞ |
| | 監査等委員 | C | ㊞ |

　監査等委員会設置会社は，監査等委員会の日から10年間，議事録をその本店に備え置かなければならず（法399の11Ⅰ），当該監査等委員会設置会社の株主，債権者および親会社社員には，当該議事録の閲覧・謄写請求権が認められている（法399の11Ⅱ・Ⅲ）。

　なお，監査等委員会の決議に参加した委員であって，その議事録に異議をとどめないものは，その決議に賛成したものと推定される（法399の10Ⅴ）。したがって，監査等委員は，監査等委員会において，自らの意思にそぐわない決議がなされる可能性があるときは，他の監査等委員に追従するのではなく，積極的に異議をとどめるか否かを検討する必要がある。

5　監査等委員会の実務

1　適法性監査と妥当性監査

　前記3 1(1)のとおり，監査等委員会は，取締役および会計参与の職務の執行を監査することを職務とする。

　この点，一般に，取締役相互または取締役会による取締役の職務執行の監督が当該職務執行の妥当性にまで及ぶのに対し，監査役設置会社の監査役による監査は，原則として職務執行の適法性（法令または定款違反がないか）の監査に留まると解されている。

　これに対して，監査等委員会は，全員が取締役である監査等委員により構成されることから，その監査の範囲は，職務執行の適法性のみならず妥当性（当該職務執行が全体的に見て効率的に行われているか否か）にまで及ぶものと解されている。

2 監査手法（内部統制システムとの関係）

　監査役設置会社の監査役が，独立して監査権限を行使し，自ら会社の業務・財産等の調査を行う（独任制）のに対し，監査等委員については，独任制は採用されておらず（前記③2(1)のとおり，調査権限等を行使できるのは，各監査等委員ではなく，監査等委員会が選定した監査等委員に限られており，かつ監査等委員会が選定した監査等委員であっても，これらの調査権限を行使するに際して，監査等委員会の決議があるときは，これに従わなければならない），取締役会が設ける内部統制部門を通じて監査を行うことが想定されている。

　このため，前記②1(3)のとおり，監査等委員会設置会社においては，常勤の監査等委員の選定は義務付けられていない。また，監査役設置会社においては，大会社でなければ内部統制システムの基本方針の決定が義務付けられないのに対し（法362Ⅴ・Ⅳ⑥），監査等委員会設置会社においては，会社の規模を問わず，もれなく内部統制システムの基本方針の決定が義務付けられている（法399の13Ⅰ①ハ・ロ，会規110の4）。監査等委員会は，かかる内部統制システムが適切に構成・運営されているかを監視し，必要に応じて内部統制部門により具体的指示を行うことをもって，監査を行うこととなる。

　内部統制システムの基本方針として，具体的に決定すべき内容は，以下のとおりである。

イ　当該株式会社の取締役の職務の執行が法令および定款に適合することを確保するための体制

ロ　当該株式会社の取締役の職務の執行に係る情報の保存および管理に関する体制

ハ　当該株式会社の損失の危険の管理に関する規程その他の体制

ニ　当該株式会社の取締役の職務の執行が効率的に行われることを確保するための体制

ホ　当該株式会社の使用人の職務の執行が法令および定款に適合することを確保するための体制

ヘ　次に掲げる体制その他の当該株式会社ならびにその親会社および子会社

から成る企業集団における業務の適正を確保するための体制
  (イ) 当該株式会社の子会社の取締役，執行役，業務を執行する社員，法598条1項の職務を行うべき者その他これらの者に相当する者（以下(ハ)および(ニ)において「取締役等」という）の職務の執行に係る事項の当該株式会社への報告に関する体制
  (ロ) 当該株式会社の子会社の損失の危険の管理に関する規程その他の体制
  (ハ) 当該株式会社の子会社の取締役等の職務の執行が効率的に行われることを確保するための体制
  (ニ) 当該株式会社の子会社の取締役等および使用人の職務の執行が法令および定款に適合することを確保するための体制
ト 当該株式会社の監査等委員会の職務を補助すべき取締役および使用人に関する事項
チ 上記トの取締役および使用人の当該株式会社の他の取締役（監査等委員である取締役を除く）からの独立性に関する事項
リ 当該株式会社の監査等委員会の上記トの取締役および使用人に対する指示の実効性の確保に関する事項
ヌ 次に掲げる体制その他の当該株式会社の監査等委員会への報告に関する体制
  (イ) 当該株式会社の取締役（監査等委員である取締役を除く）および会計参与ならびに使用人が当該株式会社の監査等委員会に報告をするための体制
  (ロ) 当該株式会社の子会社の取締役，会計参与，監査役，執行役，業務を執行する社員，会社法598条1項の職務を行うべき者その他これらの者に相当する者および使用人またはこれらの者から報告を受けた者が当該株式会社の監査等委員会に報告をするための体制
ル 上記ヌの報告をした者が当該報告をしたことを理由として不利な取扱いを受けないことを確保するための体制
ヲ 当該株式会社の監査等委員の職務の執行（監査等委員会の職務の執行に

関する者に限る）について生ずる費用の前払または償還の手続その他の当該職務の執行について生ずる費用または債務の処理に係る方針に関する事項

ワ　その他当該株式会社の監査等委員会の監査が実効的に行われることを確保するための体制

　かかる内部統制システムの基本方針の内容自体は、監査役設置会社の場合と概ね同様であるが、違いとしては、(i)独任制が採用されていない関係上、報告等の対象が監査等委員会とされていること、(ii)監査等委員会の職務を補助すべき者として使用人に加え取締役（ここでの補助すべき取締役としては、監査等委員でない取締役であって、業務執行取締役でない者や内部統制システムの構築・運用に関与している者などをこれに充てることが考えられる）が挙げられていることなどがある。

　監査等委員会監査等基準17条によれば、監査等委員会は、監査等委員会に関する内部統制システムの基本方針の内容について、監査等委員会としての基本方針を決定または決議し、取締役会に対して報告もしくは提案または意見の表明を行わなければならないとされている。また、同基準20条によれば、監査等委員会は、内部監査部門その他内部統制システムにおけるモニタリング機能を所管する部署等と緊密な連携が保持される体制を整備するとともに、必要に応じて取締役会または取締役に対して体制の整備に関する要請または勧告を行わなければならないとされている。さらに、同基準25条によれば、監査等委員会は、内部統制システムの構築・運用の状況に関する報告を取締役に対し定期的に求める等の方法で内部統制システムの構築・運用の状況を監視・検証し、必要に応じて、改善を助言または勧告しなければならないとされている。その他組織監査に関して注意すべきポイント等については、同基準39条〜45条に定めがある。

　なお、内部統制システムに関する監査については、公益社団法人日本監査役協会が、「内部統制システムに関する監査等委員会監査の実施基準」（平成27年9月29日制定）を公表しており、こちらも参考となる。

3 監査等委員会規則

これまで述べてきた事項を含め，監査等委員会の運営に関する細目的事項については，内規によって，これを定めることが考えられる。指名委員会等設置会社における監査委員会と異なり，監査等委員会は取締役会からは独立した機関であることから，かかる内規を制定する権限は監査等委員会が有すると考えられる。

公益社団法人日本監査役協会の公表する監査等委員会規則のひな型（平成27年7月23日制定）は，以下のとおりである。

監査等委員会規則（ひな型）

第1条（目的）
　本規則は，法令及び定款に基づき，監査等委員会に関する事項を定める。

第2条（組織）
1．監査等委員会は，すべての監査等委員である取締役（以下，本規則において「監査等委員」という。）で組織する。
2．監査等委員会は，監査等委員会の長を置く。
3．監査等委員会は，常勤の監査等委員を置く。

第3条（監査等委員会の職務）
　監査等委員会は，次に掲げる職務を行う。
一　取締役の職務の執行の監査及び監査報告の作成
二　会計監査人の選任及び解任並びに不再任に関する議案の内容の決定
三　取締役（監査等委員である取締役を除く。以下，本条において同じ。）の選任若しくは解任又は辞任についての監査等委員会の意見の決定
四　取締役の報酬等（報酬，賞与その他の職務執行の対価として受ける財産上の利益をいう。以下，本規則において同じ。）についての監査等委員会の意見の決定
五　その他法令及び定款に定められた職務

第4条（開催）
　監査等委員会は，定期に開催する。ただし，必要あるときは随時開催することができる。

第5条（招集権者）
1．監査等委員会は，監査等委員会の長が招集し運営する。
2．各監査等委員は，監査等委員会の長に対し監査等委員会を招集するよう請求することができる。
3．前項の請求にもかかわらず，監査委員会の長が監査等委員会を招集しない場合は，その請求をした監査等委員は，自らこれを招集し運営することができる。

第6条（招集手続）
1．監査等委員会を招集するには，監査等委員会の日の1週間前までに，各監査等委員に対してその通知を発する。
2．監査等委員会は，監査等委員の全員の同意があるときは，招集の手続を経ることなく開催することができる。

第7条（決議の方法）
1．監査等委員会の決議は，議決に加わることができる監査等委員の過半数が出席し，その過半数をもって行う。
2．前項の決議について特別の利害関係を有する監査等委員は，議決に加わることができない。
3．決議にあたっては，十分な資料に基づき審議しなければならない。

第8条（監査等委員会の決議事項）
1．監査等委員会は，法令又は定款に別段の定めがある場合を除き，下記の事項を決議する。
　一　監査等委員会の長の選定又は解職
　二　常勤監査等委員の選定又は解職
　三　第9条に掲げる事項を行う監査等委員（以下，本規則において「選定監査等委員」という。）の選定
　四　第10条に掲げる事項を行う監査等委員（以下，本規則において「特定監査等委員」という。）の選定
　五　監査等委員会監査基準の策定
　六　監査の方針，監査計画，監査の方法，監査職務の分担等に関する事項
　七　監査費用の予算，選定監査等委員が行う職務の遂行に関する事項など監査等委員がその職務を遂行するうえで必要と認めた事項
　八　監査報告の作成
　九　会計監査人の解任又は不再任の決定の方針
　十　会計監査人を再任することの適否の決定

十一　株主総会に提出する会計監査人の解任又は不再任に関する議案の内容の決定
十二　株主総会に提出する会計監査人の選任に関する議案の内容の決定
十三　会計監査人が欠けた場合の一時会計監査人の職務を行うべき者の選任
十四　取締役の利益相反取引についての承認
十五　取締役（監査等委員である取締役を除く。）の選任若しくは解任又は辞任についての監査等委員会の意見の決定
十六　取締役（監査等委員である取締役を除く。）の報酬等についての監査等委員会の意見の決定
十七　監査等委員の選任を株主総会の会議の目的とすることの請求の決定
十八　監査等委員の選任に関する議案を株主総会に提出することの請求の決定
十九　支配権の異動を伴う募集株式の発行等が行われる際に株主に対して通知しなければならない監査等委員会の意見表明
二十　その他監査等委員会の職務の執行に関し，監査等委員会が必要と認めた事項

第9条（選定監査等委員）
1．監査等委員会は，次に掲げる事項を行う選定監査等委員を定める。
　一　取締役及び支配人その他の使用人に対し，その職務の執行に関する事項の報告を求め，又は会社の業務及び財産の状況の調査をすること
　二　子会社に対して事業の報告を求め，又はその子会社の業務及び財産の状況の調査をすること
　三　会計監査人に対してその監査に関する報告を求めること
　四　第12条第1項第1号に定める手続に従い会計監査人を解任した場合の解任後最初の株主総会における解任の旨及びその理由の説明
　五　取締役会の招集
　六　株主総会における取締役（監査等委員である取締役を除く。以下，本条において同じ。）の選任若しくは解任又は辞任についての監査等委員会の意見の陳述
　七　株主総会における取締役の報酬等についての監査等委員会の意見の陳述
　八　会社と取締役間の訴訟において会社を代表すること
　九　その他訴訟提起等に関し会社を代表すること
2．前項第1号又は第2号に掲げる事項を行う選定監査等委員は，当該各号の報告の徴収又は調査に関する事項についての監査等委員会の決議があるときは，

これに従わなければならない。
第10条（特定監査等委員）
1. 監査等委員会は，その決議によって次に掲げる職務を行う者（以下，本条において「特定監査等委員」という。）を定める。
   一 監査等委員会が受領すべき事業報告及びその附属明細書並びに計算関係書類を取締役から受領し，それらを他の監査等委員に対し送付すること
   二 事業報告及びその附属明細書に関する監査等委員会の監査報告の内容を，その通知を受ける者として定められた取締役（以下，本条において「特定取締役」という。）に対し通知すること
   三 特定取締役との間で，前号の通知をすべき日について合意をすること
   四 会計監査人から会計監査報告の内容の通知を受け，当該監査報告の内容を他の監査等委員に対し通知すること
   五 特定取締役及び会計監査人との間で，前号の通知を受けるべき日について合意をすること
   六 計算関係書類に関する監査等委員会の監査報告の内容を特定取締役及び会計監査人に対し通知すること
   七 特定取締役との間で，前号の通知をすべき日について合意をすること
2. 特定監査等委員は，常勤の監査等委員とする。

第11条（監査等委員会の同意事項）
監査等委員会の同意を要する下記の事項については，法令又は定款に別段の定めがある場合を除き，監査等委員会の決議によって行う。
   一 取締役が監査等委員の選任に関する議案を株主総会に提出すること
   二 会計監査人又は一時会計監査人の職務を行うべき者の報酬等

第12条（監査等委員の全員の同意事項）
1. 監査等委員の全員の同意を要する下記の事項については，監査等委員会における協議を経て行うことができる。
   一 会計監査人を法定の解任事由に基づき解任すること
   二 取締役の責任の一部免除に関する議案を株主総会に提出すること
   三 取締役会決議によって取締役の責任の一部免除をすることができる旨の定款変更に関する議案を株主総会に提出すること
   四 定款の規定に基づき取締役の責任の一部免除に関する議案を取締役会に提出すること
   五 非業務執行取締役との間で責任の一部免除の契約をすることができる旨の

定款変更に関する議案を株主総会に提出すること
　六　株主代表訴訟において会社が被告取締役側へ補助参加すること
２．前項の同意は，緊急の必要がある場合には，書面又は電磁的記録により行うことができる。

第13条（監査等委員の権限行使に関する協議）

　　監査等委員は，次の事項に関する権限を行使する場合又は義務を履行する場合には，事前に監査等委員会において協議をすることができる。
　一　株主より株主総会前に通知された監査等委員に対する質問についての説明
　二　取締役会に対する報告等
　三　株主総会に提出しようとする議案及び書類その他のものに関する報告
　四　取締役による会社の目的の範囲外の行為その他法令又は定款違反行為に対する差止め請求
　五　監査等委員の選任，解任，辞任及び報酬等に関する株主総会での意見陳述

第14条（報酬等に関する協議）

　　監査等委員の報酬等の協議については，監査等委員の全員の同意がある場合には，監査等委員会において行うことができる。

第15条（監査等委員会に対する報告）

１．監査等委員は，自らの職務の執行の状況を監査等委員会に定期かつ随時に報告するとともに，監査等委員会の求めがあるときはいつでも報告しなければならない。
２．会計監査人，取締役，内部監査部門等の使用人その他の者から報告を受けた監査等委員は，これを監査等委員会に報告しなければならない。
３．監査等委員会は，必要に応じて，会計監査人，取締役，内部監査部門等の使用人その他の者に対して報告を求める。
４．前３項に関して，監査等委員，会計監査人，取締役又は内部監査部門等の使用人その他の者が監査等委員の全員に対して監査等委員会に報告すべき事項を通知したときは，当該事項を監査等委員会へ報告することを要しない。

第16条（監査報告の作成）

１．監査等委員会は，その決議により，監査報告を作成する。
２．監査報告の内容が各監査等委員の意見と異なる場合であって，かつ，当該監査等委員の求めがあるときは，監査等委員会は，当該監査等委員の意見を監査報告に付記するものとする。
３．監査等委員会の監査報告には各監査等委員が署名又は記名押印（電子署名を

含む。)する。常勤の監査等委員及び社外取締役である監査等委員はその旨を記載又は記録する。
4．前3項の規定は，会社が臨時計算書類又は連結計算書類を作成する場合には，これを準用する。

第17条　（議事録）
1．監査等委員は，次に掲げる事項を内容とする議事録を作成し，出席した監査等委員がこれに署名又は記名押印（電子署名を含む。）する。
　一　開催の日時及び場所（当該場所に存しない監査等委員，取締役又は会計監査人が監査等委員会に出席した場合における当該出席の方法を含む。）
　二　議事の経過の要領及びその結果
　三　決議を要する事項について特別の利害関係を有する監査等委員があるときは，その氏名
　四　次に掲げる事項につき監査等委員会において述べられた意見又は発言があるときは，その意見又は発言の内容の概要
　　イ　会社に著しい損害を及ぼすおそれのある事実を発見した旨の取締役からの報告
　　ロ　取締役の職務の執行に関し不正の行為又は法令若しくは定款に違反する重大な事実があることを発見した旨の会計監査人からの報告
　五　監査等委員会に出席した取締役又は会計監査人の氏名又は名称
　六　監査等委員会の議長の氏名
2．第17条第4項の規定により監査等委員会への報告を要しないものとされた場合には，次の各号に掲げる事項を内容とする議事録を作成する。
　一　監査等委員会への報告を要しないものとされた事項の内容
　二　監査等委員会への報告を要しないものとされた日
　三　議事録の作成に係る職務を行った監査等委員の氏名
3．会社は，前2項の議事録を10年間本店に備え置く。

第18条　（監査等委員会事務局）
　監査等委員会の招集事務，議事録の作成，その他監査等委員会運営に関する事務は監査等委員会スタッフ等の監査等委員会の職務を補助すべき使用人がこれにあたる。

第19条　（監査等委員会監査等基準）
　監査等委員会及び監査等委員の監査等に関する事項は，法令又は定款若しくは本監査等委員会規則に定める事項のほか，監査等委員会監査等基準による。

第20条（本規則の改廃）
　本規則の改廃は監査等委員会が行う。

　附　則
　本規則は，平成〇年〇月〇日より実施する。

索　引

あ行

意見陳述権‥‥‥‥‥‥‥‥‥‥‥‥‥‥117
意見陳述権（選任に関する）‥‥33, 171, 293
意見陳述権（報酬に関する）‥‥79, 172, 294
一時委員‥‥‥‥‥‥‥‥‥‥‥‥‥‥‥252
一時監査役‥‥‥‥‥‥‥‥‥‥‥‥‥50, 61
一時取締役‥‥‥‥‥‥‥‥‥‥‥‥248, 280
員数‥‥‥‥‥‥‥‥‥‥‥‥‥40, 247, 279
運営‥‥‥‥‥‥‥‥‥‥‥‥‥85, 265, 299

か行

会計監査‥‥‥‥‥‥‥‥‥‥‥‥‥102, 227
会計監査人からの報告受領権‥‥‥‥‥‥121
会計監査人に対する報告請求権‥‥‥‥‥122
会計監査人の選任等および報酬等に関
　する権限‥‥‥‥‥‥‥‥‥‥‥261, 294
会社代表権‥‥‥‥‥‥‥‥‥‥‥‥‥‥131
会社の支配に関する基本方針‥‥‥‥‥‥236
解職‥‥‥‥‥‥‥‥‥‥‥‥‥‥‥‥‥251
解任‥‥‥‥‥‥‥‥‥‥‥‥‥‥‥52, 283
解任の訴え‥‥‥‥‥‥‥‥‥‥‥‥‥‥55
株主総会出席義務‥‥‥‥‥‥‥‥‥‥‥183
株主総会における説明義務‥‥‥‥‥‥‥183
株主総会に提出する議案等の調査義務
　‥‥‥‥‥‥‥‥‥‥‥‥‥‥‥259, 291
監査委員会規則‥‥‥‥‥‥‥‥‥‥‥‥271
監査委員会の職務を補助すべき取締役‥‥249
監査委員の予選‥‥‥‥‥‥‥‥‥‥‥‥251
監査環境の整備‥‥‥‥‥‥‥‥‥‥‥‥218
監査計画‥‥‥‥‥‥‥‥‥‥‥‥‥‥‥231
監査スタッフ‥‥‥‥‥‥‥‥‥‥‥249, 281
監査等委員会規則‥‥‥‥‥‥‥‥‥‥‥306
監査等委員会の職務を補助すべき取締役
　‥‥‥‥‥‥‥‥‥‥‥‥‥‥‥‥‥281

監査範囲の限定‥‥‥‥‥‥‥‥‥‥‥‥103
監査費用‥‥‥‥‥‥‥‥‥‥‥177, 263, 297
監査報告‥‥‥‥‥‥‥‥‥‥‥147, 252, 284
監査報告の記載事項‥‥‥‥‥‥‥‥‥‥152
監査役会規則‥‥‥‥‥‥‥‥‥‥‥‥‥94
監査役会の権限‥‥‥‥‥‥‥‥‥‥‥‥82
監査役監査基準‥‥‥‥‥‥‥‥‥‥‥‥217
監査役スタッフ‥‥‥‥‥‥‥‥‥‥‥‥178
機関設計‥‥‥‥‥‥‥‥‥‥‥‥‥‥‥7
企業集団における監査の方法‥‥‥‥‥‥233
企業不祥事発生時の対応‥‥‥‥‥‥224, 225
議事録‥‥‥‥‥‥‥‥‥‥‥‥88, 266, 300
業務監査‥‥‥‥‥‥‥‥‥‥‥‥‥102, 221
業務財産調査権‥‥‥‥‥‥‥‥‥‥‥‥109
業務の分担‥‥‥‥‥‥‥‥‥‥‥‥‥‥231
金融商品取引法による責任（監査役）‥‥210
刑事責任（監査役）‥‥‥‥‥‥‥‥‥‥211
欠員の場合の処置‥‥‥‥‥‥‥60, 248, 280
欠格事由‥‥‥‥‥‥‥‥‥‥‥‥‥‥‥11
決議の瑕疵（監査役会）‥‥‥‥‥‥‥‥93
決議方法‥‥‥‥‥‥‥‥‥‥‥87, 266, 300
権限‥‥‥‥‥‥‥‥‥‥‥82, 108, 259, 291
権限（会計監査人に関する）‥‥173, 261, 294
兼任禁止‥‥‥‥‥‥‥‥‥‥‥16, 248, 280
子会社調査権‥‥‥‥‥‥‥‥‥‥‥‥‥113

さ行

差止請求権（違法行為に対する）
　‥‥‥‥‥‥‥‥‥‥‥‥‥‥‥123, 260, 292
資格‥‥‥‥‥‥‥‥‥‥‥‥‥11, 15, 248, 280
事業報告請求権‥‥‥‥‥‥‥‥‥‥‥‥109
事業報告等の監査‥‥‥‥‥‥‥‥‥‥‥226
自己監査‥‥‥‥‥‥‥‥‥‥‥‥‥‥‥21
社外監査役‥‥‥‥‥‥‥‥‥‥‥‥‥‥44
社内会議への出席権‥‥‥‥‥‥‥‥‥‥117

終任………………………………… 50	特定取締役……………………160, 253
就任登記………………………… 35	独任制……………………………269
就任の効力の発生……………… 34	取締役会出席権…………………117
常勤監査役……………………… 41	取締役（会）に対する報告権…143
常勤の監査委員…………………248	取締役会の招集権………143, 263, 296
常勤の監査等委員………………280	取締役会への報告義務………258, 290
招集………………… 85, 265, 299	取締役からの報告受領権………120
賞与……………………………… 73	**な行**
職務執行停止の仮処分………… 36	内部監査部門等……………112, 232
職務代行者選任の仮処分……… 36	内部統制システム
職務分担…………………………192	……………112, 115, 182, 192, 269, 303
責任……………………188, 264, 296	日常監査の方法…………………233
責任の一部免除（取締役等）…141, 261, 292	任意の委員会……………………246
責任の免除……………196, 264, 298	任期………………… 36, 49, 250, 282
是正権限………………123, 260, 292	**は行**
善管注意義務…………180, 264, 298	平成26年会社法改正………7, 243, 279
選定………………………………251	報酬……………………… 68, 264, 297
選任……………………… 25, 283	補欠監査役…………………… 38, 48
選任議題・議案の提案権……… 33	補欠取締役…………………248, 280
訴訟上の和解……………………138	補欠の監査委員…………………251
た行	補助参加…………………………137
第三者に対する責任……………204	**ま行**
第三者割当………………………236	民事責任（監査役）……………188
退職慰労金……………………… 75	モニタリング・モデル…………242
退任登記………………………… 60	**や行**
代表訴訟（株主）……134, 199, 261	横すべり監査役………………… 20
妥当性監査……………104, 268, 302	**ら行**
調査権限………………109, 259, 291	利益相反取引の事前承認権限…296
提出議案等の調査結果報告権（株主総会に対する）………………145	連帯責任…………………………209
適法性監査……………………268, 302	
同意権（選任に関する）……… 31, 171	
特定監査役……………………160, 254	

〈著者紹介〉

奥田　洋一（おくだ　よういち）
〔略　歴〕
昭和35年2月1日生まれ
昭和58年　東京大学法学部卒業
昭和61年4月　弁護士登録（第二東京弁護士会）
〔主要著書〕
『企業危機・不祥事対応の法務』（商事法務，2014年，共著）
『実務に効くコーポレート・ガバナンス判例精選』（有斐閣，2013年，共著）
『新・裁判実務大系28　新版破産法』（青林書院，2007年，共著）

石井　絵梨子（いしい　えりこ）
〔略　歴〕
昭和56年1月3日生まれ
平成15年　慶應義塾大学法学部卒業
平成16年10月　弁護士登録（第二東京弁護士会）
平成22年　コロンビア大学ロースクール卒業
平成23年11月　ニューヨーク州弁護士登録
〔主要著書〕
『上場株式取引の法務』（中央経済社，2014年，共著）
『エクイティ・ファイナンスの理論と実務〔第2版〕』（商事法務，2014年，共著）
『詳説ライツ・オファリング』（中央経済社，2012年，共著）

河島　勇太（かわしま　ゆうた）
〔略　歴〕
昭和58年2月6日生まれ
平成17年　東京大学法学部卒業
平成19年　東京大学法科大学院修了
平成20年12月　弁護士登録(第二東京弁護士会)
〔主要著書〕
『平成26年改正会社法—改正の経緯とポイント〔規則対応補訂版〕』（有斐閣，2015年，共著）
『自己株式の会計・税務と法務 Q&A』（清文社，2013年，共著）
『新しい事業報告・計算書類 経団連ひな型を参考に〔第4版〕』（商事法務，2012年，共著）
『事業譲渡・譲受けの法務』（中央経済社，2011年，共著）

新・会社法実務問題シリーズ・6
監査役・監査委員会・監査等委員会

2016年2月1日　第1版第1刷発行
2024年6月20日　第1版第6刷発行

編　者　森・濱田松本法律事務所
著　者　奥　田　洋　一
　　　　石　井　絵梨子
　　　　河　島　勇　太
発行者　山　本　　　継
発行所　㈱中央経済社
発売元　㈱中央経済グループ
　　　　パブリッシング

〒101-0051　東京都千代田区神田神保町1-35
電話　03（3293）3371（編集代表）
　　　03（3293）3381（営業代表）
https://www.chuokeizai.co.jp
印刷／文唱堂印刷㈱
製本／誠製本㈱

©2016
Printed in Japan

＊頁の「欠落」や「順序違い」などがありましたらお取り替えいたしますので発売元までご送付ください。（送料小社負担）

ISBN978-4-502-15451-5　C3332

JCOPY〈出版者著作権管理機構委託出版物〉本書を無断で複写複製（コピー）することは，著作権法上の例外を除き，禁じられています。本書をコピーされる場合は事前に出版者著作権管理機構（JCOPY）の許諾を受けてください。
JCOPY〈https://www.jcopy.or.jp　eメール：info@jcopy.or.jp〉